AF502359

LE TIERS LIVRE

de Amadis de Gaule, conte-
nant les guerres & dif-

cordz qui furuindrent en la grand' Bretaigne,& es
enuirons, à l'occafion du mauuais confeil que
receut le Roy Lifuart de Gandâdel & Bro
cadan , contre Amadis & les fiens,
dont depuys maintz bons Che
ualiers d'vne part & d'autre,
finirent cruellement
leurs iours.

Acuerdo Oluido.

Auec priuilege du Roy.

1 5 4 7.

On les vend au Palays en la gallerie par ou l'on va à la Chancelerie,en
la boutique de Vincent Sertenas , & au mont faint Hilaire à l'hoftel
d'Albret.

Il est deffendu par lettres paten-

tes du Roy noſtre Sire, à tous imprimeurs, libraires & marchans , de non
imprimer en ce royaulme, ou expoſer en vente les quatre premiers liures
d'Amadis de Gaule dedans ſix ans, à conter du iour qu'ilz ſeront acheuez
d'imprimer, ſur les peines contenues audit priuilege, ſur ce depeſché, ſi-
gné. Par le Roy. De la Cheſnaye: Si n'eſt par le congé & permiſsion du ſeigneur des Eſſars. N. de Herberay, qui les a traduitz, & eu la charge de les
faire imprimer par ledit Seigneur.

Mathurin Beheu Bailly de

GINAVDAN AV SEIGNEVR DES
Eſſars, ſur le ſubiect d'Amadis de Gaule.

D'Vn rude roc ſourd la claire fontaine,
Qui a le cours plaiſant & amoureux,
Et des Eſſars ta gracieuſe vene,
Sort de l'aigreur de combatz furieux
Grand proffit fait le ruiſſeau fluctueux,
Qui du rocher vient arroſer la plaine,
Mais il n'eſt point, amy, ſi fructeux
Que la doulceur dont voy ta muſe pleine.

Luy meſmes au lecteur.

SI tu veulx voir l'amytié, le diſcord,
L'aigre & le doulx, paix & la guerre enſemble
En vn cahos tous vniz & d'accord,
Lis Amadis, là verras ce me ſemble
Que des Eſſars, Mars & Venus aſſemble
Si proprement par ſes maulx gracieux,
Qu'il ſemble à voir que Mars ſoit amoureux,
Et que Venus pour Mars prend la querelle
Et fait coucher (qui eſt encores mieux)
Mars le felon auec Venus la belle.

Cy commence la Table du
TIERS LIVRE D'AMADIS DE GAVLE.

Et premierement.

ã iii   champs

Fin de la Table de ce present liure
d'Amadis de Gaule.

Le Tiers liure d'Amadis de Gau-

le, contenant les guerres & difcordz qui furuindrent en la grãd Bretaigne
& es enuirõs, à l'occafion du mauluays cõfeil que receut le Roy Lifuart
de Gandandel & Brocadan contre Amadis & les fiens, dont depuys
maintz bons cheualiers d'une part & d'aultre finerent cruellement leurs
iours.   Chapitre premier.

E   Stans deffaictz (ainfy que auez entendu) les enffans de Gandandel & Brocadã, les cheualiers de l'ifle ferme vindrét querir Angriotte & fon nepueu, & en grand ioye les conduirent en leurs
pauillons. Or f'eftoit le Roy Lifuart retiré en fa chambre vn peu au parauant cefte victoire, non pour bien qu'il voulfift aux vaincuz, congnoiffant defia la trahyfõ de leurs mefchãs peres, Mais pour ne veoir chofe qui
redondaft à la gloire d'Amadis, lequel il auoit en fi grãd haine, que pour
la luy faire mieulx entédre, à grãd peine voullut il dõner loyfir aux deux
vaincqueurs de faire regarder à leurs playes, qui leur enuoya haftiuement
dire, quilz euffent à fortir de fes pays, fans que de la enauãt ilz y rétraffent
plus, Aultremét quil y pouruoyroit ainfiqu'il auiferoit, ce que entédu par
eulx furét tãt defplaifãs qu'à l'heure, ilz f'en plaignirent à don Grumedã,
Brian de moniafte, & autres gétilzhõmes qui lesvifitoiét fouuét: aufquelz
ilz dirét que puis que le Roy (oubliãt les feruices qu'ilz luy auoient faictz
par le paffé) les traictoit & feflongnoit fi eftrangemét de luy, qu'il ne tro
uaft auffy eftrãge fi (l'ayãt habãdõné) ilz effayoiét de luy porter dõmage
à leur poffible. Et auffy toft feirent amener leurs cheuaulx, & prindrent
eulx & leurs cõpaignõs le chemin de lifle ferme, en forte que le troifiefme
iour enfuyuãt arriuerét en vng hermitaige, ou ilz trouuerent la niepce de
Brocadan amye de Sarquilles, par le moyé de laquelle la trahyfon prece-
A   dente.

déte auoit esté descouuerte.Et pource que son oncle la menassoit elle s'e-
stoit absétée secretemét de la court,lors l'aduisãt Sarquilles vint l'embras
ser,& feist tãt qu'il l'amena quãt& eulx.Mais entendez que tost apres que
Angriotte & ses compaignons furent deslogez, Grumedan(qui les auoit
cõduictz)vint vers le Roy Lisuart,auquel il feit entendre tout ce que An
griotte luy auoit dict,a quoy il pensa longuement, puis respõdit : Ie sçay
bié que patiéce est vne vertu fort recõmãdée:& grãdemét profitable. Neantmoins elle engendre bien souuét d'ung petit mal vne tresgrãde ruyne.
Et que ainsi soyt, si ie eusse du commencement monstré à Angriotte &
aux aultres le visage que ie deuoys,sans les receuoir si benignement com
me i'ay faict,ilz n'eussét peult estre eu l'audace(nõ seulemét d'vser de me
nasses enuers moy)mais d'étrer en mes pays si priuement,toutesfoys ayãt
faict ainsy que la rayson me obligeoit, Dieu(si luy plaist)m'en sçaura gré,
& redondera le tout à mon honneur & à leur cõfusion,Et pour le leur faire cõgnoistre,ieveulx(sans plus téporiser)les enuoyer deffyer & Amadis
principallement,qui est aucteur de tout ce mal,à ce que par mesme moyé
leur audace soyt chastiée . Or estoit la present le Roy Arbã de Norgalles
(l'ung des plus saiges & vertueulx princes de la terre)lequel voyant la sou
daine entreprise que faisoit le Roy,luy dit.Syre ie seroys bié d'aduis(auãt
que de ce faire)que vous eussiez l'aduis des haulx hõmes de voz pays, car
vous sçauez que Amadis & ceulx de sa lignée sõt bõs cheualiers à merueil
les,& puissans grandemét par les amys qu'ilz ont,daduantaige il n'y à cel
luy quy n'ait congneu, que saulcement ilz ont esté accusez deuant vostre
maiesté,dõt la victoire que Angriotte& Sarquilles ont obtenue(ces iours
passezcõtre leurs accusateurs)a rédu bõ tesmoignaige.Et si le droict n'eust
esté de leur costé(encores qu'ilz soient bons cheualliers)si ne se fussent ilz
despechez sy aysément des enffans de Gãdandel,ne de Adamas,qui dõne assez à entédre,que nostre seigneur les a voulu maintenir en leur iusti
fication.Et pourtãt(sire)sil vous plaisoyt oublier le mal que vous leur por
tez,& les r'appeller à vostre seruice,ce seroit(ce me séble) pour le mieulx,
veu que l'õ ne approuue pas beaucoup,que le prïce face guerre cõtre ceulx
qu'il peult facilemét(& à son honneur)attirer à amytié & seruice,attendu
que faisant aultrement,c'est bien souuét pere de gens,despéce extresme,&
amoindrissemét de auctorité,chose qui cause puys apres aux seigneurs cir
cõuoysins desir de faire nouuelles entreprises,pour sortir de subgection,
& r'entrer en plus de liberté qu'ilz n'auoient au paruãt.Et partant,le prin
ce saige(sil est possible)ne doibt iamais dõner occasiõ à ses vassaulx d'eulx
eslongner de la crainte & reuerence qu'ilz luy doibuent, mais fault qu'il
essaye par tous moyés,à les gouuerner par discretiõ téperée,gaignãt leurs
cueurs & voulluntez, plus par fidelle amour, que par rigeur & tyrannie,
cõme faict le bõ pasteur enuers ses ouailles. Parquoy sire,il est requis estai
dre le feu ia allumé,auant qu'il soit du tout embrasé:Car bié souuét apres

la

la faulte cogneue, le rem ede fe trouue par trop eflongné, Amadis eft fi
humble & tât voftre, que fi l'enuoyez rappeller, vous le recouurez facillement auec ceulx qui l'ont fuyui, defquelz pourrez mieulx (que iamays)
eftre feruy & difpofer. Ie congnoys bien, dit le Roy, que voftre aduis eft
tres bon, mais ilz m'ont demâdé chofe que ie ne leur puis dôner, l'ayât
au parauant promis à ma fille Leonor. Et fi fçay bien auffi, que leur puiffance, n'eft en rien efgalle à la mienne. Et pourtant ne m'en parlez plus,
& vous tenez preftz pour me accompaigner: Car demain Cendil de Ganote les ira deffier tous en l'ifle ferme. Vous ferez ce qu'il vous plaira, dit
le Roy Arban. Lequel voyât que le Roy entroit en fa collere: ne luy voul
lut plus contefter. Ains fans faire femblant de rien, fe retira en fon logis.
Mais entendez que Gandandel & Brocadan côgnoiffant leur trahyfon
eftre tant manifeftée, par la mort de leurs enffâs (eulx ennuyez de plus viure entre gens de bien, & de vertu) firent prendre les corps mors, puys
eulx & leur famille, f'embarquerent en vn nauire. Et faifant voille arriue-
rêt en vne petite ifle, ou ilz acheuerêt le refte de leur vie malheureufe. Par
quoy noftre hyftoire n'en fera plus mention, & retourne au Roy Lifuart,
lequel apres auoir longuement refué à ce que Angriotte luy auoit mâdé
& au propos que luy auoit tenuz le Roy Arban, feit appeller grâd nombre de fes cheualliers, & commenda à fe plaindre grandement à eulx, de
Amadis & fes compaignons, leur remonftrât les temeraires parolles, &
aduentageulx propos que Angriotte luy auoit mandez par Grumedan,
Et pourtât mes amys difoit il, ie vous prie me côfeiller côme ie me doibz
gouuerner en cela: Car fi i'endure ceft iniure, elle ne redondera moins à
voftre deshôneur, que à mon defauâtage, veu que le prince ne peult eftre
iniurié que fes fubgeǎz nen reçoiuent blafme, f'ilz le feuffrêt l'en pouant
deffendre. Lors par tous les affiftâs luy fut refpondu, qu'ilz sftoiét preftz
de le feruir en ce qu'il luy plairoit d'entreprendre. Et de fait la guerre fut
conclue noz Amadis & fes alliez. Au moyen dequoy il appella Cendil
de Ganote, & luy dit. Allez en l'ifle ferme ou vous trouuerez Amadis, dites luy que deformays il ne foyt fi hardi, ne nul de fes amys, d'entrer
(pour qu'elle occafiô que ce foit) en mes pays, car fi ie les y puis faire prê-
dre, ie les mettray en lieu duquel ilz ne fortirôt pas à leur ayfe, dites leur
auffy que ie les deffie, & qu'ilz foyent affeurez que ie les ruineray, & de
corps & de biens, ou ie les rencôtreray. Et pource qu'ilz fe fontvêtez d'ayder à Galuanes contre moy, ie fuis deliberé aller en perfonne prendre pof
feffiô de l'ifle de Môgaze, ou f'ilz fe ingerêt de venir, ie les feray pêdre &
eftrâgler. Aîfi fen partit Cêdil, & ce iour mefmes fe deflogea le Roy pour
venir feiourner en fa ville de Gracedoine, & la affembler fon armée, dont
Oriane fut trefayfe, côgnoiffant le têps approcher, qu'elle debuoit enfanter, & que la, mieulx qu'en nul aultre lieu, elle pourroit celler fon incôue-
nient. En ce mefme têps les douze cheualliers qui côduifoient Madafime

A ii　　chemi-

cheminerét tant & fi longuemét qu'ilz arriuerét à deux lieues de l'ifle ferme,ou ilz trouuerét Amadis auec plus de deux mille cheualiers,defquelz
ilz furét tresbien receuz:Car ilz fçauoiét defia quelle fin auoit eue leur en
treprife.Et ainfi qu'ilz fenqueroient des nouuelles du Roy Lifuart, veirét
de loing venir Cendil de Ganote qui defcendoit de lóg de la mótaigne,
lequel aduifant fi groffe troupe de cheualliers tát bien montez & armez,
les larmes luy vindrent aux yeulx, confiderant la perte que auoit faiét le
le Roy fon maiftre,efloignant de fon feruice tant de preudhommes, toutesfoys approchant d'eulx, demáda(auec vne cótenáce affeurée) ou eftoit
Amadis, lequel on luy monftra parlát à Madafime & aux aultres nouuel
lement arriuez,lors picqua fon cheual,& paffant oultre, f'adreffa à luy,&
apres l'auoir falué,&ceux qui l'acompaignoient leur dit:Seigneurs ie fuis
enuoyé icy vers vous,de la part du trefpuiffant Roy Lifuart mon fouuerain feigneur, ou nom duquel ie vous deffie & tous voz parens amys ou
alliez. Et de par luy vous declaire,que f'il vous trouue iamais en la grand
Bretaigne,ou en l'ifle de Mongaze, qu'il vous fera prédre & traiéter com
me fes mortelz ennemis,pourtát gardez vous dorefnauát fi pouuez : car
il a entreprins de vous courir fus,& ruiner entieremét f'il en a le moyen.
Quád Quedagát entédit fi grand menaffe,il ne peult fe contenir qu'il ne
refpondit fur le cháp à Cendil:Par dieu il fiet mal au Roy voftre maiftre
d'aifi nous menaffer,pourtát diétes luy, que combié qu'il foit Roy & puif
fant prince,fi aymay-ie autant mon corps pauure,que il fait le fié riche,&
fi ne fuis riés moindre que luy en nobleffe,eftát yffu auffi bien qu'il eft de
lignéeRoyalle des deux coftez.Et que puys qu'il fault que ie me dóne gar
de de luy,que femblablemét,luy ne les fiés,ne faffeurét de moy.Seigneur
Quedragát refpódit Amadis,ievous prie differez que nous luy donnions
refponce pour nous tous enféble. Car le Roy Lifuart n'étrepréd la guerre contre vous feul,mais contre nous auffy,& f'il plaift à Cédil il viendra
auec nous iufques en l'ifle ferme,& attendát fa defpeche,il pourra (fi bon
luy femble)veoir les merueilles du lieu,fpeciallement l'arc des loyaulx a-
mans,ou il fera efpreuue de la loyaulté qu'il garde à f'amye, pour en dire
des nouuelles aux dames de la court.Par ma foy refpondit Cendil,ie fuis
contét n'auoir iamais aultre tefmoignage de més amours , que celluy que
mon cueur m'en promeét,toutesfois ie attendray tant qu'il vous plaira, &
dieu vueille que tout vienne à bonne fin,ainfi prindrét tous le chemin de
l'ifle,laquelle Cédil n'auoit oncques veue,Mais quád il aduifa laffiete du
lieu fi difficille à affieger,la fertilité du pays, & l'abondance du peuple y
refidant, il penfa bien que c'eftoit l'vne des plus fortes contrées du monde , & que mal ayfément le Roy Lifuart pourroit executer la Ruyne d'i-
celle, Or le feit Amadis honnorablement receuoir & feftoyer tout le
temps qu'il y feiourna , combien que le lendemain de grand matin
fe affem-

ſe aſſéblaſſent les príncipaulx cheualliers pour aduiſer à la reſponce qu'ilz
feroient au Roy Liſuart. Et apres pluſieurs oppinions debatues, le deuxieſ
meiour enſuiuant ilz conclurent de luy enuoyer ſéblable deffimét qu'il
leur auoit fait. Et pour ce executer fut commis Sadamon l'vn des plus acó
plis cheualiers qui fuſt en leur troupe, lequel eſtoit venu en la compagnie
de Dragonis & Palonis enffás de Graſugis Roy de la profúde Almaigne,
qui auoit eſpouſé Saduue ſeur du Roy Perion de Gaule. Pas ne refuſa ceſte
commiſſion, car il hayoit le Roy Liſuart, pour l'ingratitude dont il vſoit
enuers eulx. Et eut Sadamon charge expreſſe (par toute la compagnie) de
luy declairer, que puis qu'il les menaſſoit & deffioit, qu'il ſe gardaſt áuſſi
d'eulx à l'aduenir, car ilz luy pourchaſſeroiét tout le mal dont ilz ſe pour
roiét aduiſer, l'aſſeurát qu'ilz paſſeroiét le plus toſt qu'il leur ſeroit poſſible en liſle de Mongaze, pour remettre Galuanes & Madaſime en leurs ter
res, & la congnoiſtroit ſ'il les venoit aſſaillir, l'éuie qu'ilz auoiét de luy bié
faire: Et ſ'il vous met en auát (dirét ilz) quelque nouuelles menaſſes, vous
luy pourrez reſpondre ſaigemét comme cheualier aduiſé que vous eſtes,
tát y a qu'il ſe doit tenir ſeur, de n'auoir iamais paix ne amitié à tous tant
que nous ſommes, ſ'il ne réd à Galuanes ce qu'il luy a vſurpé. Et ainſi que
Sadamó prenoit congé d'eux Amadis appella Gádales & luy dit. Mó pere ie vous prie aller auecq' luy, & dites au Roy Liſuart que ie vous enuoye
particulieremét deuers luy pour l'aduertir que i'eſtime moins ſes menaſſes, qu'il ne penſe. Et que ſi i'euſſe ſceu le peu de gré qu'il me porte de tát
de ſeruices qu'il a receuz de moy, que ie me feuſſe tresbien gardé d'entrer
ſi ſouuent aux dangers ou ie me ſuis mis pour le bié de luy & de ſon royaulme, qui n'euſt peu eſtre (aultremét) demeuré ſi entier qu'il eſt à preſét.
Mais i'eſpere en Dieu, qu'auec le téps il cognoiſtra ceſte ingratitude, plus
par force que de ſon gré. Et quant à ce qu'il pourchaſſe mon inimitié, aſſeurez le, qu'il l'aura tant qu'il mettra en oubly ce que moy & les miens
auons faiçt pour le deffendre. Et touteſſois dites luy, que puys que moy
ſeul luy conquis l'iſle de Mongaze, que ie n'y mettray iamais le pied pour
la luy faire perdre, ne en lïeu ou ie penſe donner ennuy à la Royne pour
l'hóneur d'elle. Gádales, dit Agraies, ſi vous la voyez, baiſez luy les mains
de ma part, & luy dites que ie luy ſupplie humblement, puis que les choſes ſont en telz termes, qu'elle me renuoye ma ſeur Mabile: Car il me ſemble qu'elle ne luy doit deſormais ſeruir que d'empeſchemét. Quand Ama
dis entendit ceſte parolle, il changea coulleur du grand ennuy qu'il re-
ceupt, pource que en Mabile ſeule il eſperoit le ſalut de la princeſſe Oriane, & la luy oſtant, il ſçauoit le deſplaiſir qu'elle en prendroit. Toutesfois
il n'y oſa contrediſe: craignant deſcouurir aucunement ſes affeçtions. Et
ſur ce point Gandales print congé deulx, & ſuyuit Sadamon & Cédil, leſquelz cheminerent tát, que le dixieſme iour enſuiuát ilz arriuerent en la
court du Roy Liſuart, qui les receut treſgracieuſement, encores qu'il euſt

A iii   eſté

esté au parauant aduerty, venoient le deffier. Et apres que Gádales & Sadamó luy eurent fait la reuerence, il leur cómáda dire ce qu'ilz voudroiét.
Sire refpódit Gádales voicy Sadamó qui à charge de (par tous les cheualiers qui font à prefent en l'ifle ferme) vous declarer leur deliberatió, quát
à moy ie viens vers vous particulierement, ainfi que (de par monfeigneur
Amadis) vous feray entendre, & pource me permetterez (f'il vous plaift)
veoir la Royne, cóme celuy qui defireroit grádement luy faire treshúble
feruice, & à vous aufsi, mó hóneur faulue. Par ma foy Gádales mó amy, re
fpódit le Róy, ie ne vous fçay aucú mal gré de tenir le party de Amadis:
Car ie croy que vous l'eftimez autát que voftre propre filz. Et quant à ce
que defirez veoir la Royne i'en fuis trefcótant, pour l'amour de vous, qui
auez fi bien traifté fa fille Oriane, durant qu'elle feiourna en Efcoffe: & ce
pendát puis que Sadamon eft principal ambaffadeur en l'affaire pour laquelle vous eftes venuz vers moy, die ce que bó luy femblera. Lors f'adué
cea Sadamon, & d'vne bóne grace, cómencea fon propos, remóftrant premierement au Roy le tort qu'il faifoit à Galuanes & Madafime, & gene-
rallement à tous les parens & amys de Amadis, de par lefquelz il dit, Roy
Luyfart, ie vous defie & denóce, qu'ilz font, & feront voz mortelz ennemys, tant que pretendrez droit en l'ifle de Mongaze, laquelle vous effor-
cez de occuper a tort, puys fuyuant pertinemment fon propos, ne oublia
vn feul point de fa charge. Comment? refpondit le Roy, ilz penfent donc
par menaffes m'efpouanter? non, non, ilz n'auront ce qu'ilz demádent, &
moins la paix auec moy. Et pour mieux leur monftrer leur folie, ie fuis
content ne porter de ma vie couronne, ny d'eftre digne de nó de Roy,
fi ie ne leur fçay abatre leur trop gráde audace. Sire dit Sadamon vous co
gnoiffez la plus part d'eulx, & fçauez ce qu'ilz fçauent faire, parquoy fi
vous y penfez bien vous iugerez peult eftre, qu'ilz ne font fi ayfez à deffai
re que vous les eftimez. Il y pareftra, refpondit le Roy, fuffize vous pour
cefte heure, & vous retirez vers eux le pluftoft que pourrez. Sire dit Galua
nes, monfeigneur Amadis m'a donné charge vous dire auffi de par luy
feul, tout ce que vous a fait entendre Sadamó, fors qu'il vous mande, qu'il
ne fe trouuera point en l'ifle de Mongaze, car puis qu'il la vous à cóquife,
il neveult eftre occafió de la vous faire perdre, & fi fe delibere n'eftre pour
iamais en lieu ou la Royne preigne ennuy, pour l'honneur delle. Qu'il fa
ce (refpondit le Roy) ce qu'il pourra, il ne me chault pas beaucoup s'il s'y
treuue ou non. Et cóbien qu'il ne feit pour l'heure cas (deuant les gens) de
cefte honnefte offre, fi penfoit il tout autrement qu'il ne difoit, auffi n'y
euft il celuy des affiftás qui n'en eftimaft Amadis grádemét. Lors fe leua
le Roy, & cómáda que l'ó menaft Gádales & Sadamó difner en fa falle, &
qu'ilz fuffét affis ioingnát Giátes fó nepueu, Guiló, & quelques autres che
liers des plus eftimez, aufquelz pour leur proueffe, il faifoit ordinairemét
trefgrád hóneur, q̃ dónoit defir à maítz de les imiter, en efperáce de parue

nir à

ñir à leur degré. Et aufsi toft que les nappes furét leuées, il fit conduire Gá
dales vers la Royne, lequel entra en fa chambre ainfi qu'Oriane & Mabile
parloient de luy. A donc leur fit la reuerance, & s'aprochant de la Royne
luy baifa les mains, puis elle le fit feoir au pres d'elle, & luy monftrant O-
riane luy dift: Gandales mon amy, cognoiffez vous cefte damoyfelle que
vous auez aultrefois tát bien feruie? Ma dame refpondit il, fi ie luy ay fait
quelque feruice, ie m'en tiens grandement heureux, & feray quand i'auray
le moyen de ce faire, à vous ou à elle. Or ça dit elle, quelles nouuelles nous
apportez vous d'Amadis? Ma dame, refpondit Gandales, il m'a expreffément commádé de vous voir, s'il eftoit poffible, & vous prefenter fes tref-
húbles recómédations à voftre bonne grace, & au furplus vous auifer qu'il
eft trefdeplaifant d'auoir efté ainfi cótraint habádóner voftre feruice, au-
autát m'en a dit mófeigneur Agraies, lequel vous fuplye que puis que luy
& don Galuanes fon oncle font en la haine du Roy, qu'il vous plaife luy
renuoyer fa feur, croyant certainement qu'eulx eftans fi defauorifez, qu'el
le ne pourroit deformais eftre bien venue en cefte court. Quád Oriane en
tendit cefte parolle, oncques femme ne fut plus ennuyée, pource qu'outre
l'amytié qu'elle luy portoit, elle feulle eftoit principalle garde de fes plus
priuez fecretz, puis elle congnoiffoit aprocher l'heure de fon enfantemét,
qui luy redoubloit du tout fa trifteffe: car la perdant, elle ne fçauoit plusen
qui fe fier: mais Mabile qui luy veid la larme en l'œil, luy dit tout bas, par
ma foy, ma dame, fi le Roy me fait le tort de me feparer devoftre cópagnie
ce fera entieremét maulgré moy. De quoy vous fafchez vous? refpódit Gá
dales, ne ferez vous aufsi bien venue en la court du Roy Perió voftre oncle
auec la Royne Elifene & Melicie voftre coufine, qui defire tant vous vóir?
Certes Gádales, dit la Royne, Agraies ne me fait pas plaifir de me demander maintenát fa feur. Et aufsi deuant que la luy enuoyer, i'en parleray au
Roy: tant y a, s'il croit mon confeil, que vous ne l'aurez pas encores, ny ne
partira de ceans, s'il luy plaift y demeurer. Ma dame refpondit Gandales
ie vous fuplye me defpecher le pluftoft qu'ilvous fera poffible, pource que
ie ne puis faire ceans long feiour. Et comme ilz eftoient fur ces propos le
Roy entra en la chambre. Lors Oriane s'aprochát de luy & pleurát tendre
ment luy dit. Sire vous fçauez le bon traitement & grant honneur que me
firent le Roy & la Royne d'Efcoffe durant le temps que vous me laiffa-
ftes en leur garde, lefquelz ont eu tant de fiance en vous, que pour me tenir cópagnie ilz enuoyerét quant & moy leur fille. Et maintenant fi vous
me l'oftez, ie croy qu'il fera impoffible que ie puiffe plus viure: car en elle
plus qu'en nul autre i'ay amytié & cópagnie finguliere, & toutesfois A-
graies fon frere veult qu'elle aille vers luy, & enuoye prier la Royne par
Gandales la luy renuoyer. Faifant Oriane cefte requefte, Mabile eftoit pre
fente, laquelle fe getant aux piedz du Roy, le fuplya humblement ne vou
loir permettre qu'elle habandonnaft encores la Princeffe Oriane. Et que

A iiii

fans

sans auoir regard aux discorz suruenuz entre luy & ses parēs, il luy pleust
la tenir tousiours en sa bonne grace , ce qui esmeut tellement le Roy à pitié, qu'il luy respondit: Ma cousine, pensez vous que pour le diferent d'en
tre eulx,& moy, ie vueille mettre en oubly les plaisirs que vous auez faitz
à ma fille? croyez que pour l'amour de vous, vous n'auez parent que ie ne
reçoiue en ma maison (quand il y voudra venir) aussi voluntiers que ie feis
oncques, & à qui ie ne feisse du bien quand il viendroit a propos . Car la
haine d'aucuns, ne me sçauroit reffredir en l'amytié de ceux qui m'ayment
speciallement enuers vous, que ie congnois de si long temps. Lors elle luy
voulut baiser les mains: mais il la print, & la mena vers la Royne, qui parloit à Gandales, lequel auoit entendu tout le propos du Roy, & à ceste cau
se il dit à Mabile. Ma dame puis que vous trouuez si bien en ceste compagnie,& que le Roy & la Royne vous y demandent tant, ie ne suis pas d'a-
uis que vous en partez encores, il me sufit d'auoir faict mon message. Partant aduisez ce qu'il vous plaist mander à monsieur vostre frere. Seigneur
Gandales, respōdit la Royne, vous luy direz qu'il ne se soucie de sa seur,&
que ie la feray traicter comme ma fille. Gandales , dit le Roy, dites aussi à
Amadis que quant à ce qu'il me mande (par vous) qu'il n'ira point en l'Isle
de Mongaze (puis qu'il me la conquise) que ie congnois bien qu'il le faict
plus pour son profit, que pour auancer mon honneur, & que ie l'en remer
cie ainsi que ie l'entends. Et pourtant, que d'icy en auant chacun face com
me il l'entendra. Ce disant sortit de la chambre, & demeura Gandales seul
auec la Royne, qui luy dit, ie vous prie, beau sire, ne prendre garde à la cō-
lere du Roy: mais essayez à mettre paix entre luy & Amadis , ainsi que ie
feray de ma part si ie puis, & luy dites que ie luy sçay tres bon gré de l'hon
neste offre qu'il me faict , promettant de ne se trouuer en lieu ou il pense
me faire ennuy,& que bien tost il aura de mes nouuelles. Madame, respon
dit Gandales, ie feray ce que commandez, puis print congé d'elle, lors l'ap
pellerent Oriane & Mabile , & le tirant à part luy dit Oriane: Ie ne sçay,
Gandales, comme ie pourray recongnoistre enuers vous le bien que vous
m'auez faict: mais i'espere auec le temps acquiter ceste grande obligation.
Ce pendant ie vous prie saluer Amadis de ma part,& luy dites, que ie suis
fort ennuyée du discort qui est entre luy & mon pere, preuoyant (selon
que ie congnois les cueurs des deux) le mal qui en aduiendra , si Dieu par
sa grand bonté ny pouruecit . Et qu'il se souuienne des choses qui luy
sont suruenues, tandis qu'il a esté en ceste court, speciallement de l'amytié
que le Roy luy portoit, Gandales, dit Mabile, ie vous prie faire mes hum-
bles recommandations à la bonne grace de mon frere , & luy dites qu'il
ne se soucie de moy, & qu'il ne mette doresnauant peine de me separer
de la compagnie de ma Dame : car il perderoit son temps, & baillez ceste
lettre à mon cousin Amadis , en laquelle il trouuera vn discours de toutes noz nouuelles, qui luy sera plaisir comme ie croy. Ma dame, respondit

il

il,ie le feray: Or vous en allez donc, que Dieu vous conduye dirent elles.
Ainſi s’en partit,& luy & Sodamon monterent à cheual:mais au ſortir de
la ville,ilz aduiſerent grand nombre de gens de guerre,faiſans leur monſtre pour paſſer en l’Iſle de Mongaze,& les auoit fait venir le Roy expreſſement en ce lieu,à ce qu’ilz les veiſſent en paſſant. Entre leſquelz eſtoient
le Roy Arban de Norgalles , & Gaſquilan le fellon , filz de Madraque le
braue Geát de l’Iſle Triſte,& de l’vne des ſeurs de Lãcine Roy de Sueſe, le
quel eſtoit ſi hardy cheuallier,que mourãt Lãcine ſon oncle,fut eſleu Roy
par ceux du pays,& eſtoit venu expres en la grãd Bretaigne pour cõbatre
Amadis & ſes parens,à l’inſtance d’vne dame qu’il aymoit grãdement, cõ
me plus au lõg pourrez entédre au quatreieſme liure:Ainſi s’en allerét Gã
dales & Sadamõ deuiſans de l’armée,& apareil que faiſoit le Roy Liſuart:
mais par Dieu diſoient ilz,ilz auront affaire à gens qui peu les doubterõt,
& tant cheminerent qu’ilz arriuerét en l’Iſle Ferme,lors en la preſence de
tous les cheualiers reciterent ce que le Roy leur mandoit,& le grand nom
bre de gens qu’ilz auoient trouuez,preſtz à paſſer au lac ardent, deſquelz
eſtoient chefz & conducteurs le Roy Arban de Norgalles , & Gaſquilan
Roy de Sueſe, & que icelluy Gaſquilan eſtoit venu de ſi loing, expres
pour combatre contre Amadis , & ſes parens . Et eſtoit eſtimé par ceulx
qui le congnoiſſoient l’vn des meilleurs cheualliers , & plus à droict que
l’on peuſt trouuer.Sur ma foy,reſpondit Garuate du val craintif,il trouue
ra don Floreſtan, & Quedragant, aſſez experimentez pour luy faire paſſer la doulleur qui le tourméte de trop entreprédre.Et s’il ſont empeſchez
ailleurs,ie luy preſenteray ma perſonne pour ſuplier à leur default.Car ce
ne ſeroit raiſon qu’il feuſt venu de ſi loing pour s’é retourner ſãs trouuer ce
qu’il demande.A ce que ie voy,dit Amadis,ſi i’eſtoys entaché de ceſte ma
ladie(comme il eſt) ie mettroys pluſtoſt ma fiance en Dieu , qu’en la me-
decine que luy ordonnez.Ie ſuis d’aduis,reſpondit Brian,qu’il ſoit ſecouru le plus briefuemét que l’on pourra,à ce qu’il puiſſe raconter en ſes pays
loingtains,quelz bõs maiſtres il aura trouuez par deça.N’y a il nul icy qui
le congnoiſſe?dit Amadis,Par ma foy,reſpondit Liſtoran de la tour blan
che ie l’ay autresfoys veu.Lors leur recita comme il fut eſleu Roy de Sueſe
pour la grãde cheuallerie qui eſtoit en luy , par laquelle dit il, n’eſt reputé
entre ſes voyſins plus que nul aultre , & à ce que i’entends il n’a encores
trouué(depuis huit ans qu’il ſuit lesarmes)cheuallier ayant la hardieſſe de
s’eſgaller à luy.Mais ie croy bien que rencontrant ce qu’il cherche , il aura
affaire à d’autres qui luy feront perdre ceſte bonne reputation, & me ſou
uient que vne foys ie me trouuay contre luy en vn tournay au val de
terre,& rompiſmes noz glaiues l’vn ſur l’autre ſi rudement,que tous deux
feuſmes renuerſez en terre, & noz cheuaulx ſur nous. Et ainſi que nous
taſchions à nous releuer pour venir au cõbat de l’eſpée, nous feuſmes en-
ueloppez de ſi grand troupe de cheualliers d’vne part & d’aultre, que for-

ce fut

ce fut nous feparer, & à la fin ceulx de mon cofté eurent du pire, pour le peu de deuoir qu'ilz feirent, & l'effort extrefme en quoy fe meit celuy du quel nous parlons, qui emporta ce iour l'honneur du tournay. Vrayment, dit Amadis, vous parlez grandement à fon aduantaige, & cognois bien maintenant que fa venue par deça ne luy part que de grand cueur & pour fe faire congnoiftre entre les preudhommes. Il fe debuoit doncques ioindre auec nous, refpondit Quedragant, pour mieux fe effayer contre ceux du Roy Lifuart qui fe eftiment tant. Or y auoit il huit iours entiers qu'ilz attendoient temps propre à eulx embarquer pour paffer en l'Ifle de Mon gaze: Et ainfi qu'il deuifoient enfemble, les mariniers leur vindrent dire qu'il falloit defloger, s'ilz neuouloiét retarder leur étreprife: car ilz auoiét vent commode. Parquoy il n'y eut celluy qui ne fe meit en debuoir d'entrer en fon nauire. Lors fonnerent de toutes pars trompettes & clairons: Et comme ilz eftoient preftz à tirer les ancres, Amadis qui ne vouloit aller auec eulx, fe meit dans vng efquif auec Bruneo, & alloient de vaiffeau en vaiffeau, prendre congé de leurs amys, les perfuadans de bien faire leur debuoir, & leur difoit Amadis: Ie vous prie mes compagnons vous fecourir l'vn l'autre. Et penfer que d'autant que vous allez contre vn Roy puiffant, la gloire que vous acquerrez (fi vous le combatez) en fera plus gráde. Ie fçay bien qu'il n'y à celluy de vous tous qui ne foit tenu à preudhóme & hardy cheualier, qui me donne efperance que auec l'aide de Dieu, & le bon droit de celluy qui vous conduict, vous remettrez vne poure Damoyfelle desheritée en fes premiers biens, puis entra en la nef ou eftoient enfemble Galuanes, Quedragant, Floreftan, Brian, & Agraies, adonc les larmes luy vindrent aux yeulx, & en les ambraffant l'vn apres l'autre leur dit: Ie ne fuz de ma vie fi ennuyé de faulfer fi bonne compagnie comme ie fuis à prefent: mais il n'y a celuy qui ne me doiue excufer, que pleuft à Dieu que l'occafion euft aprefté aultre moyen pour ne nous fepare, d'vne chofe vous vueil bien prier, c'eft que vous n'ayez difcort l'vn auec l'autre, ains que vous viuez enfemble comme compaignons & amys, aultrement affeurez vous que la ruyne tumbera de voftre part. Ce difant les commanda à Dieu & vint prendre congé de Madafime qui deuifoit dans le nauire auec fes femmes, puis r'entra en fon bateau, & commencerent les mariniers à haulcer les voylles, dans lefquelles le vent fingla de forte, qu'ilz perdirent incontinent de veue l'Ifle Ferme, & le fixiefme iour enfuyuant arriuerent auant l'aube du iour, pres du lac ardant: lors feirent fecretement dreffer pontz & bateaux, pour defcendre en terre: Car ilz fçauoient que le conte Latin eftoit la auec groffe trouppe de cheualiers pour la deffence du lieu. Et ainfi qu'ilz faifoient diligence, la guette les defcourit, qui auffy toft en aduertit le comte, & Galdar de Rafcuil, lefquelz incontinant feirent armer leurs gens, & vindrent trouuer leurs ennemys fur le bort de la mer. A leur arriuée y eut dur conflict d'vne part & d'autre

les vns

les vns pour prendre port, les antres pour les engarder, toutesfoys les cheualliers de l'Ifle Ferme furét repoulfez iufques dás leurs vaiffeaux. Ce que
voyant Florestá, Galuanes, Agraies, Orládin, & la plus part d'eulx, fe lan-
cerent en l'eaue, en forte que maulgré les gens du conte, ilz prindrét terre,
Car ilz furent fuyuiz par leurs compaignons de telle furie que les aultres
recullerent & cómancerent à branfler, pres à eulx mettre en routte. Ce que
preuoyant le conte, fe retira au pas, efperant rentrer à fon ayfe dedás la vil
le. Mais à l'inftát nouuelles luy vindrent, que les habitans s'eftoient reuoltez, & qu'il n'y auoit plus qu'vne porte tenant fort pour eulx. Auffy que
Dandafide, filz de la vielle geante (qui auoit ce iour precedant efté mis
prifonnier au chafteau auec vingt aultres gentilz hommes de la villes)au-
roient rompu les prifons, ainfy que leurs gardes s'amufoient à regarder le
combat de la marine, & les ont (difoit celuy qui portoit ces nouuelles)
tous mis en pieces, puis ont donné lalarme à la ville, & ont les habitans
mis à mort tous ceulx qu'y auiez laiffez pour la garder. Ceft aduertiffemét
efpouenta en forte le conte Latin, & ceulx de fa trouppe, qu'ilz cuyderent
tourner doz, & gaigner la montaigne. Toutesfoys à la fin congnoiffans
qu'ilz fe pourroient encores mieux fauluer par le portail qui tenoit pour
eulx, & auoir quelque compofition auec leurs ennemis, s'y retirererent
tous: parquoy Galuanes ne voullut les fuyure plus auant. Ains feit retirer fes gens, attendant que le refte de fon armée feuft defcendue: Et ainfy
qu'il ordonnoit fon camp, arriua vers luy vn cheuallier de la part de Dandafide, l'aduertir qu'ilz eftoiét feigneurs de la ville, & du chafteau, s'il luy
plaifoit les fecourir, & que le Cóte & fa trouppe ne tenoient plus qu'vne
fimple porte, par laquelle ilz s'esforçoiét de reconquerir ce qu'ilz auoient
perdu, & pourtant que fon plaifir fuft d'y pouruoir. A quoy Galuanes
entendit diligemment. Car aufsi toft il partit auec fon armée, & marcha
droit à la ville, códuifant Madafime, pour donner toufiours plus de cueur
& de bon vouloir à fes fubgeétz, lefquelz vindrent la recepuoir en tout hó
neur & reuerence. Ainfi entrerent les cheualliers de l'Ifle Ferme dans la
place, & tandis que l'on menoit les dames au Chafteau, Galuanes tint con
feil pour fçauoir qu'il eftoit de faire, pour chaffer du tout leurs ennemys.
Car il faifoient femblant de fe voulloir fortifier au portail qu'ilz tenoiét.
Premier parla Agraies, difant. Qui me vouldra croire, ie fuis d'aduis que
fans leur donner loyfir de pouruoir à leur infortune, ilz foient prefentement affaillis fi vifuement, qu'il ne s'en faulue aucun. Seigneur Agraies,
refpondit Floreftan, ferons mieux, & s'il plaift à cefte compagnie(fans hazarder noz gens) nous enuoyrons les fommer d'eulx rendre à noftre volunté. Ce que peult eftre ilz accepteront voluntiers, qui nous fera autant
d'honneur, que faifant aultrement. A cefte oppinion s'accorderét tous, &
furent Angriotte & Garnote ordonnez pour aller vers le conte. Et des l'in
ftant le vindrent trouuer, puys luy feirent entendre ce dont ilz eftoient
                                                    chargez.

chargez, l'affeurant que s'il ne fe rendoit promptement, qu'il feroit dès le
iour mefmes affailly, fans prendre nul d'eulx à mercy. Affez facillement
accepta le conte, & ceulx de fa trouppe le party que luy offroit Galuanes,
voyans le dáger ou ilz eftoiét tát pour le grand nóbre de leurs gens cruellement naurez, que pour eftre le pays du tout reuolté contre eulx, & ay-
merent trop mieux entrer en la mercy de telz cheualiers, que follemét attendre le fiege en ce portail, ou tépter la fortune, foubz l'efperance d'eulx
fauluer, fe geétans en la campaigne entre les paifans, dequoy les cheualiers de l'ifle furent trefioyeulx. Car ilz eftoient quafi tous naurez, ou tant
rompuz du combat qu'ilz auoient fouftenu tout le iour, que à grand peine pouuoient ilz porter cuiraffe en doz, combien que ce plaifir leur dura
peu, pource que quafi auffy toft, on leur apporta nouuelles, que le Roy Ar
ban de Norgalles, & Gafguilan Roy de Suefe eftoient defcenduz en lIfle,
auec mille cheualiers ou plus, de la part du Roy Lifuart, ce qui les efton-
na merueilleufemét. Toutesfoys ilz delibererét d'eulx bien deffendre, &
tenir la place forte, fans combatre, premier qu'ilz ne fuffent raffrefchiz &
gueriz. Mais pour ne trop ne nous efloingner de ce qui aduint à Amadis
eftant retourné en l'Ifle Ferme, auec Bruneo, Nous les laifferons attendás
leurs ennemys, pour vous declairer ce qui s'enfuyt.

Comme Amadis eftant en

l'Ifle Ferme, s'enquift à Gandalles des nouuelles
de la court du Roy Lifuart, deliberant
paffer en Gaule auec Bruneo pour
euiter fa melencollie. Et des
auantures qui luy fur-
uindrét par la tem
pefte qui le ge-
éta en l'Ifle
Trifte.

Chapitre.   II.

APres que ceste armée de mer eut fait voylle,&qu'Amadis l'eut per
due de veue, luy & Brunco retournerent en l'Ifle Ferme. Et pour
ce qu'il n'auoit eu le loyfir de s'enquerir à Gandales des nouuelles de la court du Roy Lifuart,pour le foudain partement de fes cópagnós
le iour mefmes fe pourmenant dans vn iardin le fit appeller, le priant luy
dire s'il auoit veu la Royne& fa coufine Mabile.Par ma foy,refpondit Gã
dales,i'ay parlé à elles deux,& à ce que ie puis cognoiftre,ellesvous portét
grand amytié,fpecialement la Royne,qui vous prie tant qu'il luy eft poffi
ble faire paix auec le Roy,puis luy prefenta la lettre que Mabile luy efcriuoit,& luy dit:ma Dame Oriane &voftre coufine fe recommãdét bié affe
ctueufemét àvoftre bóne grace,& fót fort ennuyées de la mauuaife opinió
que le Roy a contre vous,& fi vous mãde par moy ma Dame Oriane, que
vous ayez fouuenãce du bié & plaifir que vous auez autresfoys receu en la
maifon du Roy fon pere,& m'a voftre coufine baillé cefte lettre , laquelle
vous informera plus au long de fes nouuelles.Adonc Amadis la print, &
tournãt le dos à Gãdales (craignãt mutation de vifage)l'ouurit, & vit dedãs que fa lignée s'augmétoit,eftant Oriane prefte de faire enfant,dont il
fut fi ayfe que rié plus. Toutesfois l'abféce d'elle, luy caufoit tãt d'ennuy,
qu'il ne fçauoit trouuer repos en fon efprit, ains foufpiroit à tous propos.
Au moyé dequoy il delibera aller voir le Roy Perió fon pere, & paffer en
Gaule,& à cefte caufe commanda à Gãdalin faire aprefter vn nauire pour
s'ébarquer le lédemain,en la cópagnie de Bruneo.Ce que fit Gãdalin dili
gément,en forte que le iour enfuyuãt entrerét en mer,ayãt du commence
mét vent affez propre:mais à la fin fi cótraire,que la tépefte les ietta aupres
d'vne ifle,laquelle leur fembla trefplaifãte,pour le grãd nombre d'arbres
qui y eftoient plãtez:Et pource qu'ilz fe fentoient las du trauail de la mer,

B   Bruneo

Bruneo dit à Amadis, Sire voyez le plaifant feiour que voicy, pour nous
repofer vn peu, s'il vous eft agreable : Et peult eftre y trouerons nous aufsi
quelque auāture eftrāge. I'en fuis biē côtēt, refpōdit Amadis : Et cōmanda
au patron, de mettre le nauire à bort. Ha feigneur, refpondit il, Dieu vous
gard de ce mal. Et pourquoy? dit Amadis. Vous eftes mortz refpōdit le pa
trō, fi vous y defcédez. C'eft l'Ifle Trifte, ou fe tiēt le cruel géāt Madraque,
qui eft le plus dur tirāt qui foit en toutes les Ifles de cefte mer. Et fi vous a-
uife que depuis quīze ans, il n'y eft étré cheualier, ne damoyfelle, qui n'ait
fouffert piteufe mort, ou prifō malheureufe. Quād Amadis & Bruneo, l'é
tendirent, il n'y eut celuy d'eulx ā qui le courage ne creuft, defirāt de tout
leur pouoir deftruire tant dānables couftumes, & pourtāt dirent au patrō,
qu'il ne fe fouciaft que de prendre port, le côtraignant par force à ce faire,
puis s'armerēt, & mōtās à cheual fans autre côpagnie que de leurs efcuyers
Gādalin & Salinde, marcherēt au trauers de l'Ifle, leur cōmandant, que fi
par fortune ilz eftoiēt affailliz d'autres que de cheualiers, qu'ilz leur aydaf
fent à leur pouoir. Ainfi cheminerēt tant qu'ilz vindrēt au deffus d'vn tar
tre, ou ilz defcouurirét vn chafteau, lequel leur fembla fort & beau en per
fectiō. Là prindrent leur adreffe, & aprochās pres, entédirent fōner vn cor
par fi grād force, que toute l'Ifle retentit : Par Dieu dit Bruneo, le patrō du
nauire nous a dit, que quād ce cor fonne, le Géāt fort hors de la fortereffe,
pour côbatre ceux que fes gés ne peuuét vaincre, & à l'iffue eft tāt furieux,
que bien fouuét il met à mort tout ce qu'il rencōtre, & les fiés propres. Al-
lōs, refpōdit Amadis, voir que c'eft : mais ilz n'eurent gueres cheminé plus
auāt, qu'ilz ouyrent grād bruit de gens, & de coups qu'ilz fe dōnoient : par
quoy s'equiperent pour eux defendre, s'ilz eftoient affailliz. Lors auiferét
deux cheualiers fi rudement pourfuyuiz par grand nōbre de gens de cheual, & de pied, qu'ilz eftoient quafi hors d'aleine : car leur cheuaux auoient
efté tuez fouz eux, neātmoins ilz fe defendoient hardiment. Et s'aprochās
pres d'eux, Ardā le Nain cōgneut Amadis à l'efcu qu'il portoit, & fe print
à crier : Ha mōfeigneur, fecourez voftre frere Galaor, & le Roy Cildadan
fon grād amy. Amadis & Bruneo eftōnez de cefte nouuelle (fans refpōdre
à Ardā) dōnerent des efperōs à leur cheuaux : mais fur l'heure virent aprocher Madraque, mōté fur vn cheual noir, couuert de lames de fer : lequel te
noit en fon poing vn efpieu fi pefant, que mal ayfément autre cheualier
l'euft peu leuer de terre, & menaçoit fes gens, leur difant : Canaille malheu
reufe, ne pouezvous defaire deux cheualiers recreuz? tirezvous chetifz, à ce
que moy feul aye le plaifir de leur tirer le fang du corps. Or levoyoit Ama
dis aprocher de fon frere & du Roy Cildadā, auec vne trop eftrāge fureur,
parquoy doutant qu'ilz ne luy peuffent refifter, pour leur grād laffeté, dit
à Bruneo, mon côpagnō fecourez mon frere, & me laiffez le côbat de Madraque. Ce difant luy va fouuenir qu'autresfois il auoit defait le Roy Abies, qui n'eftoit moindre en puiffance que celuy à qui il fe vouloit adreffer,
& par mefme moyen va péfer au plaifir qu'il eut par la letre que luy aporta
la da-

la damoyſelle de Dánemarc, dót il eut le cueur tát haulcé, que ſans tarder
mit la lance en l'arreſt, & courut de droit fil encontre, l'attaignant en l'e-
ſtomach ſi viſuemét, qui luy doubla les reins, & cóme il ſe courboit tira ſi
fort les reſnes du cheual, qu'il ſe réuerſa ſur luy, en ſorte que par ceſte cheu
te il en eut la iábe rópue, & demeura le cheual eſpaulé. Au moyen dequoy
Amadis paſſant oultre, & le voyant ſans ſe mouuoir, courut au ſecours de
ſes compagnons, criant à haulte voix: Aux autres mon frere, au autres, A-
madis eſt venu à temps pour vous ſecourir. Et comme il ſe vouloit meſler
au fort de la preſſe, il aduiſa Bruneo peſle meſle, faiſant tant d'armes que
du premier coup de lance qu'il donna, meit à mort le nepueu de Madraque, puis mettát l'eſpée au poing faulça l'armet d'vn autre, qu'il deſarçon
na. Lors Galaor qui en eſtoit ioignànt ſaiſit le cheual, & ſe ietta legeremét
deſſus. Ce pendant Gandalin trouua façon de s'approcher du Roy Cildadan, lequel eſtoit tant las de combatre à pied, qu'il n'en pouoit quaſi plus,
& luy baillant Gandalin ſon cheual, luy dit: Sire, prenez ceſte monture
qui bien vous ſeruira à ce beſoing. Haa Gandalin, reſpondit le Roy, tu ne
pourras de ta vie (comme ie croy) mieux me ſecourir à propos: & ſoubdai
nement ſe ieta deſſus. Ainſi furent les cheualiers remontez, dont leurs ennemys s'apperceurent toſt apres: car ilz les chargerent ſi aſprement, qu'ilz
en occirent la plus part, & les autres gaignerent à fuyr vers le chaſteau, cuy
dans trouuer la porte ouuerte: mais ilz furent ſuyuiz de pres, & oultre ce
le Geant auoit defendu de n'y laiſſer entrer aulcun, premier que luy meſmes retournaſt en perſonne. Et à ceſte cauſe, eulx ne trouuans remede en
leur ſaluatió que de crier mercy, mirent bas les armes, & ſe ietás aux piedz
d'Amadis luy demanderent miſericorde, à quoy Galaor, ne Cildadan ne
vouloient entendre, pour les oultrages qu'ilz auoient receuz d'eulx: Ains
leur coururent ſus cómme au parauant. Mais Amadis ſe mit entre deux, &
fit en ſorte qu'il les appaiſa, puis retournerent vers le Geant, lequel ſentoit
tát de douleur, qu'il ne pouuoit quaſi ſe remuer, & ſembloit à le voir qu'il
fuſt mort de la peſáteur du cheual qui luy faiſoit perdre lalaine. Au moyé
dequoy Galaor & Cildadan commanderent à leurs eſcuyers le releuer, &
quand il fut allegé, commença grádement à ſe plaindre. Lors Amadis ſur
uint qui mit pied à terre, & tenant l'eſpée nue au poing, faignit luy vouloir trencher la teſte, quand Galaor le pria treſinſtáment de luy ſauluer la
vie, non pour bié que ie luy vueille (diſoit il) mais pour l'amour de ſon filz
Gaſquilã Roy de Sueſe, qui eſt tenu à preud'home. Par Dieu, reſpondit A
madis, s'il ne me promet faire ce que ie luy diray, ie luy prometz bié faire
de luy ce que ie voudray. Helas pour Dieu ſire cheualier, dit Madraque, ne
me tuez, ie ſuis preſt d'acóplir voſtre volunté. Iure moy donques reſpó dit
Amadis, que tu te feras Chreſtien, & que iour de ta vie n'oultrageras cheualier, dame, ou damoyſelle qui entre en ceſte iſle n'ailleurs, ſi n'eſt en te
defendant. Et il luy promiſt, le priant de venir s'esberger en ſon chaſteau.

B ii   Ce qu'A-

ce qu'Amadis luy octoya. Lors firent emporter Madraque par leurs escuy
ers: Car il luy euſt eſté impoſsible de ſe tenir à cheual. Et auſsi toſt qu'ilz fu
rent entrez dans la fortereſſe, les quatre cheualiers ſe deſarmerent & s'em
braſſant l'vn l'autre louerent Dieu de ce que fortune les auoit ainſi raſſem
blez, & à ſi bonne heure. Et comme ilz eſtoiét en ces termes, les ſeruiteurs
du Geant vindrent leur demander s'ilz vouloient pas manger. Par ma ſoy
reſpondit Amadis, ia viande n'entrera en mon corps, premier que les priſonniers de ceans ne ſoient deliurez. Certes ſire, dirent les autres, les voicy
tous qui viennent vers vous. Adonc entrerent en la châbre, & ſe mettans à
genoux deuant Amadis, luy voulurent baiſer les piedz : mais il les releua,
& leur dit : Mes amys, ie vous prie au partir de ceans aller vers la Royne
Bryolanie, & luy dictes qu'vn ſien cheualier de l'Iſle Ferme vous enuoye
à elle, lequel a trouué ſon frere Galaor en ce lieu, dont elle ſera treſayſe
comme ie croy. Sire, reſpondirent ilz: Nous ſommes tant tenuz à vous,
nous ayans deliurez de ce dyable, que tant que viurons demeurerons voſtres, or allez à Dieu. Toutesfois deuant que deſloger, ilz diſnerent enſem
ble, puis prindrent le chemin de Sobradiſe. Et à l'inſtant Amadis & ſes có
pagnós vindrent trouuer Madraque, ainſi qu'il faiſoit regarder à ſon mal,
par vne ſienne ſeur (aiſnée de luy de plus de quinze ans) nommée Andan
doue, la plus grande Geante qui fuſt ſur la terre, layde & decrepite oultre
nature: Car elle auoit les cheueux tous blancs de grand vieilleſſe, & ſi he-
riſſonnez, qu'il ſembloit d'vne droicte hure : mais ſes ans vieulx ne luy a-
uoient en rien amoindry les forces de ſon corps: Ains couroit auſsi legierement qu'vn Cerf, & n'y auoit cheual tant braue ou folaſtre fuſt il, qu'elle
ne domptaſt à ſon plaiſir, ne Ours, Cheureul, ou Sanglier, qu'elle ne tuaſt
de dard, ou de ſagette, à quoy elle prenoit tont ſon deduit, puis ſe veſtoit
de leurs peaulx, & reperoit ordinairement es plus fors halliers, ou elle eſ-
pioit les paſſans qu'elle mettoit cruellement à mort, ſpecialemét ceux qui
eſtoient Chreſtiens, auxquelz elle auoit hayne ſinguliere. Point ne prindrent garde à elle Amadis, ny les autres, entrant en la chambre du Geant:
car elle ſe retira auſsi toſt qu'elle les vid. Toutesfois depuis elle eſſaya à
leur faire beaucoup d'ennuy, cóme il vous ſera recité. Et pour ce que le len
demain ilz vouloient deſloger, Amadis demanda à Madraque, s'il vouloit pas entretenir la promeſſe qu'il auoit faicte, ce qu il luy iura de rechef.
Et croyans les cheualiers qu'il diſt vray, le iour enſuyant monterent à che
ual de grand matin, & vindrent trouuer le nauire qui les attendoit, ou ilz
s'embarquerent pour paſſer en Gaule. Et ainſi qu'ilz coſtoiét l'Iſle, la Geá
te qui lors eſtoit cachée entre les arbres, au ſommet d'vn hault rocher, les
eſpia, & les voyant nauiguer au deſſouz d'elle, brandit de toute ſa puiſſance vn dard dans le nauire, lequel de malheur attaignit la cuiſſe de Bruneo
par ſi grád force, que paſſant oultre, vint ſe rompre contre le tillac, & tant
s'esbranſla ceſte femme à le lancer, que le pied luy faillit, tóbant de ce roc
en la

en la mer:mais au cheoir elle fit si grãd bruit,qu’il sembloit que ce fuſtvne
tour qui se ruynaſt,& penſoient ceux du nauire qu’elle fuſt noyée,toutes-
foys ilz l’aperceurent quaſi auſsi toſt nouer,& fendre les vndes plus legere
ment que ne pourroit faire vn petit poiſſõ. Lors ilz luy tirerent pluſieurs
ſagettes,dõt elle fut naurée en trois endroitz.Cenon obſtant incontinent
qu’elle eut prins terre , ſe print à fuyr au trauers de halliers , en ſorte qu’il
ſẽbloit que le diable l’éportaſt . Or eſtoit elle couuerte d’vne peau d’Ours
noire,& ſe mõſtroit ſi hideuſe,& eſpouentable,que l’on l’euſt prinſe pour
quelque mõſtre marin,ou fantoſme dyabolique,dont il n’y eut celluy qui
n’en euſt frayeur,& firent tout le ſigne de la croix. Et pource que Bruneo
perdoit beaucoup de ſang par ſa playe,il ſe fit ſoudainement penſer.Et cõ
me ce Chirurgié y mettoit le premier apareil, la Geáte vint au ſommet de
la roche,criant à haulte voix:Meſchãs infames,m’eſtimez vous diable,fai
ſant les ſignes que vous faites?Non,non,ie ſuis Andandoue,qui vous don
nera tout l’énuy que ie pourray,ſans aſpergner peine,& trauail qui ſe puiſ
ſe ſouffrir. Ce diſant leur tira deux ou troys fleſches , puis ſe miſt à courir
au trauers de l’Iſle,ou ilz la perdirent de veue.Et ſi Bruneo ne ſe feuſt trou
ué tant mal,elle euſt eſté ſuyuie,& prinſe s’il euſt eſté poſsible,pour en fai
re la punition.Mais craignans qu’il luy ſuruint pis,& que la douleur de ſa
playe le miſt en fieure,ilz ſinglerét en pleine mer, ou Amadis recita à ſon
frere,tout ce qui eſtoit ſuruenu en la court du RoyLiſuart depuis qu’il n’y
auoit eſté,meſmes cõme luy,& la plus grand part de ſes parens & amys e-
ſtoient ſortiz de la grand Bretaigne, tant pour le refuz que le Roy auoit
fait a don Galuanes de l’Iſle de Mongaze,que pour les oultrageuſes parol
les qu’il leur auoit dites.Et croyez,mon frere,diſoit il,qu’il s’en pourra re-
pentir:Car depuys quinze iours il eſt paſſé groſſe armée au lac ardant,que
conduit Galuanes,Agraies,Floreſtan,&Quedragant,tous deliberez de re
duyre l’Iſle en l’obeiſſãce de Madaſime,ainſi que la raiſon veult.Et n’euſt
eſté que ie l’ay conquiſe pour le Roy Liſuart meſme , i’y fuſſe allé en per-
ſonne:mais i’ay trop mieux aymé venir en Gaule,pour le peu d’eſperance
que i’ay de plus retourner en ſa court. Trop dolent fut Galaor d’entendre
ces nouuelles,conſiderant le mal qui en pouuoit auenir auec le temps . Et
d’autre part,il eſtoit deſia ſi affectionné au ſeruice du RoyLiſuart,qu’il ne
le pouuoit habandõner,quelque amytié qu’il portaſt à Amadis,ou autre,
& ne pouuant preſumer qui le mouuoit d’eſlongner ainſi les lieux qu’il a-
uoit tant aymez,il luy en demanda la cauſe.Mon frere,reſpondit Amadis
vous pouuez eſtimer que i’ay eu occaſion de ce faire,que pleuſt à Dieu ny
penſer iamais,veu que le ſouuenir me donne la mort , & pourtant ie vous
prie ne m’en parler plus,ce que Galaor luy accorda . Et deuiſans d’autre
matiere arriuerent pres Monſtrueil, ou ilz prindrent terre, pour ce qu’ilz
furent aduertiz que le Roy Perion y ſeiournoit . Car c’eſtoit la ville plus
prochaine qu’il euſt de la grand Bretaigne , & ſi y eſtoit expreſſément ar-
B iii　　　reſté,

resté, pour auoir nouuelles d'Amadis, & de Galaor, ses enfans. Au moyen dequoy, aussy tost, qu'il auisa la nef a bon port, enuoya sçauoir qui estoit dedans. Lors le messagier qui s'adressa à Amadis, eut respose, que c'estoiét le Roy Cildadan & Bruneo, qui voulloient aller faire la reuerence au Roy lequel entendant ces nouuelles fut moult ioyeulx, esperant qu'il le feroiét certain de ce qu'il desiroit: Et à ceste cause monta à cheual, & vint au deuant d'eux : mais Amadis & Galaor auoient desia pris vn autre chemin: Car ilz vouloient premier voir leur mere, & sçauoir si elle les pourroit co gnoistre. Et de faict, ainsi que le Roy sortoit de la ville, ilz entroiét au cha steau, ou ilz trouuerent vn escuyer à qui ilz dirent: Mó amy, allez s'il vous plaist dire à la Royne, qu'il y a icy deux cheualliers, ses parens, qui desi rent luy faire la reuerence, & parler à elle. L'escuyer y courut legerement, puys retourna leur dire qu'ilz entrassent. Or n'auoit elle veu Galaor, de puis qu'il fut emporté par le Geant n'ayant encores que deux ans. Neant moins aussi tost qu'ilz furent deuant elle, voyant Amadis, presuma sur l'heure que l'autre estoit Galaor, & fut si esprise de grand plaisir, qu'ain si qu'elle les voulloit embrasser, elle tumba sur eulx, sans pouuoir de long temps parler, puis elle s'escria. Ha vierge Marie, qu'est ce cy?helas mes amys Dieu me faict il tant de grace, de vous voir ensemble? Ce disant de meura esuanouye entre leurs bras. Mais elle fut soubdain secourue de ses femmes. La suruint Mellicie qui eut bonne part à ceste nouuelle ioye. Ainsi peult voir la Royne tous ses troys enfans, laquelle se souuenát des in fortunes passées, tant à Amadis que à Galaor, l'vn d'auoir eschappé l'im petueux naufraige de la mer, & l'autre des mains d'Albadá le Geát, crain te du passé, & la seureté presente, luy liuroient vne si forte guerre, qu'el le perdoit toute contenance : toutesfois depuys elle reprint les espritz. Et apres quelques communs propos, elle leur demanda, s'ilz estoient ve nuz seulz en Gaule. Ma dame, respondit Amadis : Le Roy Cildadan est demouré au nauire, qui tient compagnie à Bruneo de Bonnemer, lequel par grande infortune a esté blessé ces iours passez . Et pour ce Madame, qu'il est bon cheualier, preux & hardy, ie vous supplye le recepuoir & fai re traitter comme il merite . Sur ma foy, mon filz, dit elle, il luy sera faict ceans tout l'honneur & bon recueil dont l'on se pourra aduiser, & tant pour l'amour de luy , que pour le bon voulloir que vous luy portez, ie commanderay à vostre seur (qui se congnoist tresbien à guerir tou tes playes)qu'elle soit songneuse de sa personne . Ma seur, dit Galaor, ie vous en suplie. car il est digne d'estr e secouru, & ne sçache gentil homme viuant , plus prompt à faire seruice aux dames , tesmoing en est l'arc des loyaux amans qu'il trauersa pour l'amour d'vne, qui se doit estimer heu reuse estant aymée & seruie d'vn si loyal personnage, qui oncques ne luy fit desloyauté . Quand Mellicie entendit parler son frere Galaor, tant à l'aduantaige de celluy qu'elle aymoit myeulx , que soy mesmes , el-

le ne

le ne fe peult tenir de rougir: Touteffoys, comme faige & aduifée, diffimu
la cefte alteration, & refpondit à Galaor : Monfeigneur puis qu'il plaift à
madame & à vous, ie vous prometz que ie m'employeray de bié bõ cueur
à luy faire feruice . Et comme elle acheuoit cefte parolle, furuindrent les
Roys Cildadan, & Perion. Or n'auoit icelluy Perion encores rien entendu de la venue de fes enffans , lefquelz l'aduifant f'aduancerent pour luy
faire la reuerence, lors il embraffa par grand amour leur demandant cõme fortune les auoit adreffez enfemble, attendu que lon difoit que Galaor eftoit perdu du iour de la bataille que le Roy Cildadan eut contre le
Roy Lifuart. Sire, refpondit Amadis, vous dites vray. Adoncq' luy commença à defcouurir cõme luy & Bruneo eftoiét arriuez en l'ifle trifte. Hà,
dit le Roy Cildadan, puis que vous parlez de Bruneo , ne vous femble il
que vous luy faictes tort, de le laiffer fi long temps dans le nauire? Par ma
confcience il feroit trop mieux en terre. Vrayement, refpondit la Royne,
vous dites vray: car il ne luy eft rié plus contraire que la mer. Et foubdain
commenda que lon l'allaft querir, & que fans tarder il feuft mis en vne des
meilleures chambres du chafteau, ce qui fut faict. Lors les dames le vindrent vifiter, & luy dit la Royne, qu'il fuft le tresbien venu , & qu'il ne fe
fouciaft que de faire bonne chere. Car voicy, dict elle, ma fille, qui entend
tresbien l'art de chirurgie laquelle vous vifitera fouuent. Certes Bruneo
receut cefte parolle tout autrement que la Royne ne l'entendoit, pour ce
que (cõme il vous a efté recité) il aymoit Mellicie de tout fõ cueur, & pour
l'amour d'elle, & nõ d'autre, auoit efprouué & mis à fin partie des aduentures de l'ifle ferme. Touteffois pour l'heure il couurit fa pafsió, & remercia la Royne tresgrandement de l'honnefte offre qu'elle luy prefentoit.
Lors elle fe retira, laiffant fa fille & quelques vnes de fes damoyfelles pour
regarder à ce qui luy eftoit neceffaire. Au moyen dequoy Mellicie fe vint
affeoir tout au plus pres de luy, & en part dont il pouuoit ayfément veoir
l'excellence de fa beauté, qui luy caufoit tant d'ayfe, & de bon heur , qu'il
n'euft voulu eftre fain de fa playe nouuelle, fentant l'anciéne (qu'Amour
luy auoit faicte) receuoir allegement, par les gracieux propos que luy tenoit la ieune príceffe, qui l'affeura qu'en brief il feroit gueri pourueu qu'il
feit entierement ce qu'elle luy commanderoit. Autrement, difoit elle,
vous pourriez tumber en danger de voftre perfonne . Madame, refpondit il, ia dieu ne plaife, que ie vous defobeiffe en tout ce que vous me ordonnerez car ie fuis feur que faifant autrement , ce feroit la fin de ma vie.
Bien cogneut Mellicie à quelle fin tendoit cefte parolle, neantmoins elle
n'en feit femblant, & luy ayant mis le premier appareil , luy dit : Monfeigneur Bruneo , ie vous prie manger vng peu pour l'amour de moy,
puis effayez à repofer fi vous pouuez. Lors luy fit apporter les viádes qui
luy eftoient propres, & elle mefme d'vne main blanche plus que albatre,
tailloit deuant luy, auec tant bonne grace, que Bruneo qui la regardoit, ne

B iiii   fe fou-

fe fouuenoit d'autre mal qu'il euft. Ce fait,elle cõmanda que chafcun for-
tift,& que lon ne feift nul bruit,luy difant , vous m'auez promis d'effaier
à prendre repos,ie verray bien comme vous me obeirez,& ie vous en prie
tant comme ie puis, iufques à ce qu'il foit heure que ievous vienne reuifi-
ter, lors elle mefme fe retira,& appellant Lafinde efcuyer de Bruneo, luy
dit:Mon amy,vous cognoiffez mieux que nul autre, les conditions de vo
ftre maiftre,pourtant demandez ceans ce qu'ilvous fera neceffaire.Or entendoit l'efcuyer trefbié l'amytié d'eulx deux,& à cefte caufe (plus hardi
que n'euft efté vn moins fçauant que luy)luy refpondit:Madame, ie prie
noftre feigneur qu'il luy doint grace d'eftre en lieu ou il puiffe recognoiftre le bien que vous luy faictes. Mais il me femble que qui a le defir alle-
ger celuy qui eft nauré,il eft neceffaire premier donner fecours, à la principalle playe,qui me faict vous fupplier auoir pitié de mõfeigneur,lequel
endure tant, non du mal qu'il à receu nouuellement en la iambe: mais
de l'ancienne bleffure que vous luy auez faict,& qu'il fouffre auec trop de
rigueur . Mon amy , dit elle , ie pourray bien mettre remede au mal qui
m'eft cogneu,mais à l'autre qui m'eft occulte , ie n'y pourroys donner ordre. Certes madame,refpondit l'efcuyer , fi l'vn vous eft euident, l'autre
vous eft affez manifefte : car vous eftes bien certaine que l'ardante & extreme amour qu'il vous porte a efté caufe de luy faire veoir les ymages de
Apolidõ,& de Griman efe en l'ifle ferme.Lafinde,dit elle,ceux qui fõt en
tachez de tel mal , recouurent communément guerifon par dilation de
temps,fans qu'ilz ayent befoing d'autre remede , de celuy qui n'a moyen
de le luy donner,& paffant outre,laiffa l'efcuyer, lequel vint declairer à
fon maiftre tout le propos qu'il auoit eu auec l'infante Mellice,dont il ne
f'ennuya aucunemét,eftimát qu'elle auoit ainfi difcretemét refpondu,ne
fe fiant encores à l'efcuyer, & comme vrays amoureux font fouuentef-
foys, il print le tont fi bien à fon aduantage, qu'il en receut plus de contentement que au parauant, louant Dieu, de ce que Andandoue l'auoit
nauré:Car fouz vmbre de fa playe recente,ilvoyoit fouuent celle,fans laquelle il ne pouuoit auoir ioye ne plaifir. Et quelques iours apres, Amadis,Galaor,& le Roy Cildadan fe pourmenans enfemble, Galaor f'adreffant au Roy Perion(qui y furuint)luy dit:Sire, ie vous fupplie treshumblement me confeiller d'vne chofe dont ie fuis en vne eftrange fantafie,
vous fçauez(monfeigneur)dit il à Amadis,que vous me meiftes auecq' le
Roy Lifuart,me commandát que ie le feruiffe,& fuffe du tout fien,ce que
ie luy promis,& à vous auffi. Et maintenant voyant les differés tát grãds
furuenuz entre vous deux,durant mon abfence,ie me trouue en eftrange
perplexité,confiderant la faute que ie feray tenant fon party contrevous,
& le blafme que ie receuray auffi l'habandonnant à prefent, & à fon trefgrand befoing. Et pourtant ie vous requiers à tous treshumblemét me ad
uifer de ce que i'ay affaire,pour ne tumber en deshonneur d'vne part ou
d'autre,

d’autre,& vſer en cela plus de raiſon,que de volunté. Mon filz, reſpõdit
le Roy Perion, vous ne ſçauriez faillir à ſuyure voſtre frere: à l’encontre
d’vn Roy tant ingrat & outrageux: Car ſi vous vous eſtes donné à luy,
pour le ſeruir contre tous,ce a eſté la perſonne de voſtre frere excepté. A
ceſte cauſe vous pouuez ſortir de ſon ſeruice,puis qu’il ſ’eſt declairé, non
ſeulement ennemy mortel de Amadis: Ains de tous ſes parens & amys,
deſquelz vous deuez tenir le premier lieu. Sire,dit Galaor, il me ſemble
(ſouz correction) que ie me oublieroys grandement, & pourroys receuoir blaſme me retirant d’auecq’ luy,auant qu’il me donne cõgé:Car puis
qu’au temps de paix il m’a faict honneur & bon traictemét, que pourroit
on dire l’abandonnant lors que les affaires luy ſuruiennent ? Bié cogneut
Amadis au propos que tenoit Galaor, qu’il n’auoit volũté de le ſuiure: Et
à ceſte cauſe il ſe formaliza à ſa fantaſie,luy diſant:Mon frere,encores que
nous ſoyons grãdement obligez, de obeir aux commandemens du Roy
noſtre pere : toutesfoys il luy plaira me pardonner, ſi ie luy dy ce qu’il
me ſemble de voſtre entrepriſe. Ie ſuis d’aduis,puis que auez ſi grand deſir de retourner en la grãd Bretaigne,& demeurer auecq’ le Roy Liſuart,
que vous le faciez : car en ce que touche noz differens, i’eſpere qu’il ne
pourra auoir en ſa compagnie tant de bons cheualiers, que Dieu qui eſt
iuſte iuge, ne luy face cognoiſtre à la fin le tort qu’il nous faict, & la trop
grande ingratitude dont il a vſé enuers moy,de qui il a receu tãt de ſerui-
ces.Et pourtant,s’il plaiſt au Roy, il vous laiſſera aller,& ie luy conſeille.
Et bien,reſpõdit le Roy,dieu le vueille cõduire,auecq’ l’eſperãce que i’ay
qu’il pourra eſtre cauſe de mettre quelque iour paix à ſi grande guerre.
Ainſi eut Galaor ſon congé:Et pource que le Roy Cildadan ſe vouloit ex
cuſer de ce qu’il le ſuiuoit,commença à dire: Meſſeigneurs, il n’y a celluy
de vous tous qui n’entende aſſez à qu’elle fin eſt tournée la bataille que
i’euz contre le Roy Liſuart, lequel (par le moyen de vous autres) obtint la victoire de la iournée, pour moy trop malheureuſe: car l’honneur qui m’eſtoit iuſtement deu, ſe mua en ma grand’ confuſion pource que par les conuenans que nous promiſmes l’vn à l’autre au parauant, ie ſuis contrainct le recognoiſtre pour quelque temps à ſeigneur,
& moymeſmes le ſeruir en perſonne auec mes cheualiers, ce qui m’eſt bié
gref d’accomplir. Mais ayant l’honneur plus cher que la propre vie, ie
ſuis content deſnyer & contredire à ma volunté,& luy mener le nombre
de gens que ie luy ay promis pour l’acompaigner,à quoy il m’a deſia faict
ſemondre, & meſmes ce matin: car au ſortir de la meſſe, i’ay receu
lettres de luy à ceſte fin . Ainſi, meſſeigneurs, ie vous ſupplie trouuer
bon, que faiſant ce que ie doy, ie m’en aille vers luy quant & mon compaignon Galaor.Vous ferez ce qu’il vous plaira,dit le Roy Perion,touteſ
foys ie croy que à la fin il ne vous en ſçaura non plus de gré que aux
autres qu’il à chaſſez. Et ſur ce propos ſ’en allerent en leur chambre ou

ilz

ilz demeurerent tant que chacun se retira pour aller dormir, iusques au
poinct du iour qu'ilz vindrent prendre congé du roy,& de Amadis, puis
s'embarquerent en vn bon nauire qu'ilz trouuerent prest, auec vent à propos, parquoy leuant les ancres firentvoille en la grand Bretaigne ou estoit
le Roy Lisuart: lequel auoit eu ce iour mesme nouuelles de la deffaicte du
Conte Latin, & de ses gens, dont il estoit tát despité, que sans attédre l'armée qu'il auoit faict leuer, vouloit partir auec si peu de cheualieurs qui e-
poient pour lors en sa court . Toutessoys il delibera premier aller courre
vn cerf, & y mener les dames, parquoy le lendemain monterent tousà che
ual, & vindrent à l'assemblée au meillieu de la forest, ou il auoit faict dres
ser ses tentes. La leur fut donné maint plaisir de la venerie, mais tout cela
ne luy pouuoit faire oublier l'iniure qu'il auoit receue au lac ardant par
les cheualiers de l'isle ferme, & ne pensoit à aultre chose que à s'en venger
ainsi qu'il vous sera recité.

Comme le Roy Cildadan

& Galaor en allant vers le Roy Luisart, rencontre-
rent douze cheualiers,& vne dame qui con-
duisoient vn ieune damoysel, la-
quelle les pria de supplier le
Roy le faire cheualier.

Chapitre.   III.

Stans don Galaor & le roy Cildadã arriuez en la grãd Bretaigne,
E eurent incontinét nouuelles que le roy Lisuart dressoit son armée
pour passer en l'isle de Mongaze, & que de brief il deuoit partir.
Au moyé dequoy, ilz feirét grãd diligence pour l'attaindre, auãt qu'il des
logeast. Et arriuans pres du lieu ou il estoit, se logerét au meilleu d'vne lógue forest, puys le lédemain ainsi qu'ilz vouloient monter à cheual, entédirent assez pres d'eulx, le só de la cloche de quelque hermitage: Parquóy
tirerent celle part, pour aller ouyr la messe. Et entrans dans la chappelle,
apperceurent douze escuz verds, à vne tour d'or painɔte au meilleu, & arrengez tout à l'entour de l'autel, dessus lesquelz estoit vn autre escu tout
blanc, garny de fin or, & enrichy de maintes pierres precieuses, dót ilz feu
rét esbahys: car ilz ne veoiét nulz cheualiers à qui ilz peussét appartenir.
Toutesfoys aisi qu'ilz faisoiét leur oraison, entra vn escuyer, à qui Galaor
demáda qui auoit mis ces armes. Par ma foy, respondit il: vous ne le pouuez maintenát sçauoir: mais si vous allez en la court du Roy Lisuart vous
en aurez bien tost nouuelles. Et ainsi qu'ilz vouloient sortir, suruindrent
douze cheualiers, tenans chascũ d'eulx vne damoyselle par la main, entre
lesquelles y estoit vn beau ieune damoysel, le plus beau, & autant de belle
taille qu'il estoit possible de veoir, qui parloit à vne anciéne damoyselle,
qui le conduisoit. Bié cogneurét Galaor, & le Roy Cildadan à son accou-
strement qu'il estoit estranger, & s'esmerueilloient grandement qu'il pou
uoit estre, mais ilz differerét d'eulx en enquerir sur l'heure, pource qu'ilz
veirent l'hermite se reuestir pour dire la messe, laquelle ne fut si tost para-
heuée, que l'ancienne damoyselle s'adressa au roy Cildadan & à Galaor,
leur demádát s'ilz estoiét de la maison du Roy Lisuart. Pourquoy? respon
dirent ilz. Pourautant, dit la damoyselle, que nous desirions grandement
vostre conduicte, s'il vous plaisoit nous l'octroyer: Car nous auons esté ad
uertiz qu'il est en ceste forest, auec la Royne, & grosse troupe de dames, ou
il court le cerf. Vrayemét damoyselle, respódit Galaor, s'il vous plaist nous
vous y ferons compagnie. Sire, dit elle mille merciz. Et puis que nousvous
trouuons tant à propos, & quevous estes (comme ie croy) de ses hommes,
nous vous prions humblement, le supplier dóner cheualerie à ce ieune es
cuyer, que vout voyez cy present, vous asseurant qu'il est extraiɔt de si hau
te lignée, qu'il merite bien que l'on luy face cest honneur, & mieux s'il est
possible. Certes damoyselle, respondit Galaor, ie luy feray voluntiers, &
pense que si bon Roy & tant gracieux ne m'esconduyra de chose si raisonnable. Or y allons donc presentement, dit elle, & tandis nostre damoy
sel se tiendra prest, & sera ses oraisons en ceste chapelle, ainsi qu'il est de
coustume. Lors monterent à cheual, & s'en alla seule en la compagnie de
Galaor & du Roy Cildadan & comme ilz descendoient le tartre, ilz
apperceurent le Roy trauersant le long de la vallée, lequel aduisant les
deux cheualiers armez, se doubta qu'ilz estoient la arrestez pour iouster

contre

contre le premier qui s'y offriroit. Et combien qu'il euſt en ſa compagnie
trente cheualiers pour ſa garde, & preſtz à comba tre, ſi ne voulut il (pour
l'heure qu'ilz donnaſſent coup de lance: Mais enuoya Grumedā vers Galaor & ſon compagnon, leur dire, qu'ilz les prioit venir vers luy, ce qu'il
feit. Et auſſi toſt que Galaor le vit approcher il le cogneut, & d'aſſez loing
le monſtra au Roy Cildadā, luy diſant: Sire voicy venir vers nous l'vn des
plus preudhommes du monde. Qui eſt il? reſpondit le Roy. C'eſt, dit Galaor, le vieillart Grumedan, lequel portoit l'enſeigne du Roy Liſuart en
la bataille contre vous. Par dieu, reſpondit le Roy Cildadā, preudhomme
eſt il vrayement: Car ce iour ie luy vy faire autāt d'armes que nul autre de
la trouppe, & me ſouuient que ie m'efforçay grandement pour la luy ar-
racher des poings, mais il ne fut en ma puiſſance, combien que ie la luy
briſay entre ſes braz. Or auoient ilz lors leurs heaumes oſtez pour la cha
leur, au moyen dequoy Grumedan recogneut promptement Galaor, &
donnant des eſperons à ſon cheual vint l'embraſſer, luy diſant qu'il fuſt le
tresbien venu. Et voyla, dit il, le Roy, qui m'enuoye vers vous, eſtimāt que
vous ſoyez aultres que vous n'eſtes: lequel vous prie venir parler à luy. Sei
gneur Grumedan, reſpondit Galaor, le Roy Cildadan que voicy & moy
l'allons trouuer. En bonne foy, dit il, il ſera treſioyeux de voſtre retour,
& ie m'en vois deuant, ſ'il vous plaiſt, l'en aduertir. Or allez donc & nous
vous ſuyurons. Lors Grumedan tourna bride & l'ayant veu le Roy ſi longuement parler aux deux cheualiers, luy demanda (à ſon arriuée) qu'ilz e-
ſtoient. Sire, reſpondit il, c'eſt monſeigneur Galaor qui vous ameine le
roy Cildadā. Cóment dit le Roy, eſt il poſſible? Ouy certes, reſpódit Grumedā. C'eſt bien, dit il, le plus grand plaiſir que ie ſçaurois auoir pour ce
ſte heure, allons ie vous prie les receuoir. Adonc picqua droiĉt à eulx, & le
voyāt Galaor & le Roy Cildadā approcher, deſcendirent de cheual pour
luy faire la reuerence. Et il les embraſſa, leur faiſant ſi bon viſage, qu'il n'y
eut celuy de ſa troupe qui ne cogneuſt ayſément, combien leur veṅue luy
eſtoit agreable, puis leur demāda qui eſtoit ceſte vieille damoyſelle qu'ilz
conduiſoient. Sire, reſpondit Galaor, nous l'auons trouuée nagueres en vn
hermitaige cy apres, acompaignée de douze cheualiers, & d'vn ieune damoyſel le plus beau que vous veiſtes oncques: lequel, à ce que i'ay entendu, eſt venu de pays loingtain expreſſément pour receuoir cheualerie, ſ'il
vous plaiſt la luy donner: car d'autre ne veult il l'auoir comme il dit. Pour
tant Sire, le Roy Cildadan & moy, vous ſupplions humblement la luy
oĉtroyer, veu que à veoir ſa contenance, ie croy qu'il ſoit yſſu de quelque
preudhomme & grand ſeigneur. Or n'auoit le Roy acouſtumé de faire
tel honneur, ſinon à ceulx qu'il cognoiſſoit le meriter grandement. Au
moyen dequoy oyant la requeſte que luy faiſoit Galaor (ſ'appuyant ſur le
Roy Cildadan) demoura long temps penſif auant que reſpondre, pour
ce que les refuſant, il luy ſēbla qu'il feroit mal, & le leur accordant, auſſi

il le

il le trouuoit estrange, & hors de son acoustumée façon de faire: Ce non-
obstãt à la fin il demãda à la damoyselle de qui il estoit filz. Sire, respõdit
elle, vous ne le pouez sçauoir pour le present, tant y a que ie vous iure mõ
ame, qu'il est extrait de royalle semence des deux costez. Que vous en
semble, mon grãd amy? dit le Roy à Galaor, le ferons nous Cheualier? Sur
mon dieu, Sire, respondit il, veus le deuez faire, sans vous en excuser: car
ie croy qu'il sera de grand prouesse. De par Dieu soit, dit le Roy: mais ie
veulx que la Royne & les dames en soyent tesmoings, pourtant allez au
deuãt d'elles & les faites venir au lieu ou il nous attéd, & soyez seur qu'elles serõt tresayses de vous veoir. Adonc le Roy print le chemin de l'hermitage, & Galaor auecq' le Roy Cildadan allerent touuer la Royne: mais
croyez que oncques hommes ne furent mieux receuz d'elles qu'ilz furét,
speciallemét de la princesse Oriane, & de Mabile: car elles esperoiét auoir
(par eulx) nouuelles certaines d'Amadis, aussi qu'ilz seroiét moyen de le
remettre en la bóne grace du Roy. Puis ayant d'vne part & d'autre fait les
meilleures caresses, dont ilz se peurent aduiser, Galaor leur dit ce que le
Roy leur mandoit, dont elles furent tresayses, & n'y auoit celle qui n'eust
desir de veoir ce nouuel escuyer que Galaor disoit tant beau & de si belle
taille. Au moyen dequoy elles monterent incontinent à cheual & sans tar
der suyuirent le chemin de l'hermitage auec si grande diligéce, qu'elles at
taignirent le Roy, ainsi qu'il entroit dans la chappelle. Lors aduiserét les
douze escuz arrengez tout à l'entour de celuy qui estoit tout blãc, & vis à
vis le ieune damoysel, faisant son oraison, si deuotemét & d'vne si bonne
grace qu'elles l'estimerét plus qu'au parauant: car selon leur aduis, ilz n'a-
uoient oncques veu si belle creature ne de plus asseurée contenance, lequel voyant si grande compagnie de dames & de Cheualiers se leua, &
leur vint faire la reueráce. Adonc le Roy luy print la main, & luy demanda s'il vouloit estre Cheualier. Sire, respõdit il, autre chose ne me fait venir vers vous de si loingtain pays, dõt ie suys party, & vous supplye humblement me faire cest honneur. Vrayemét, dit le Roy, vous ne serez pas re
fusé. Or vous mettez à genoil, & à l'instãt le Roy luy dóna l'accollée, luy
disant: Cheualier soyez vous au nom de Dieu, puis le leua. Or ça, dit il, esli
sez à prendre l'espée du personnage, estant en ceste compagnie, qui plus
vous sera agreable. Sire, respondit le Cheualier nouueau, ie vous supplye
que ce soit doncq' de madame Oriane, ce faisãt i'auray accóply ce que mõ
cueur a plus desiré. Ouy vrayemét, dit le Roy, ie l'en prieray pour vous, &
s'adressant à la princesse, luy dit: M'amye puis que le cheualier desire que
luy soit fait cest honneur, ne luy refusez pas, ie vous en prie. Or n'auoit la
princesse oncques esté requise de telle chose, & ne sçauoit à quelle fin ten
doit celuy qui l'auoit demandée, aumoyé dequoy elle ne se peut tant as-
seurer, que la couleur ne luy montast au visage, & prenant l'espée que l'on
luy presenta, la ceignit au Cheualier. Lors dit l'ancienne Damoyselle au
Roy, si bas qu'elle ne fut entédue que de luy: Sire, puis que vous auez tant

C   fait

fait pour noſtre cheualier il demeurera , ſ'il vous plaiſt en voſtre ſeruice,
auecq' ces douze autres qui l'ont touſiours acompaigné, & pource que ce
m'eſt force retourner vers celle qui le vous a enuoyé, ie vous ſupplie me
donner congé, vous aduiſant, ſire, qu'il ſe nóme Norédel, & ſi eſt plusvo-
ſtre que ne penſez, cóme vous pourrez cognoiſtre par ceſte lettre, laquelle elle luy meit ſecretement en la main, & prenant congé de luy, ſ'en alla
ſon chemin le laiſſant tout penſif des propos qu'elle luy auoit tenuz: Et
pource qu'il ſe douta bien qu'il y auoit quelque choſe d'importance dedans , il faignit retourner vers ſes veneurs, pour mieux la lire à ſon aiſe,
priant à Galaor, & au Roy Cildadan de reconduire les dames en leurs té-
tes, attendant l'heure du diſner, & ce pendant, dit il, ie m'en yray prendre
vn cerf: Toutesfoys ſi ie tarde trop à retourner, ne m'attendez iuſques au
ſouper. Lors print le chemin du relaiz , & ſe trouuant en peu de compagnie, ouurit la lettre qui contenoit ce qui ſ'enſuit:

Lettre de l'infante Celinde au Roy Liſuart.

Reſpuiſſant & excellent prince , liſant ceſte lettre, il vous pourra
T peult eſtre ſouuenir, que lors que trauerſiez les pays eſtráges, cóme
Cheualier errát, mettant à fin maintes perilleuſes aduentures, for
tune vous adreſſa au royaume de mó pere, lequel eſtoit decedé nouuellement, & me trouuaſtes retirée en vn mien chaſteau, nómé le grád Roſier,
ou Antifon le braue me tenoit aſiegée, à cauſe que ie le deſdaignois à ma
ry, n'eſtant egal à moy en nobleſſe, & moins amy de vertu, & bié le ſçeut
monſtrer: car il auoit lors vſurpé par force & tyrannie ſur moy pauure da
moyſelle orpheline, la plus part de mes pays, quand à voſtre arriuée luy
preſentaſtes le cóbat (pour ſouſtenir le droit que i'auois) lequel il accepta,
plus pour la cófiance qu'il auoit à la force de ſes bras, que pour iuſte querelle qu'il euſt, à quoy noſtre ſeigneur móſtra ſon iuſte iugemét, car vous
moindre que luy de corpuléce: mais en magnanimité de courage de beau
coup l'excedant, le deffeiſtes. Aumoyen dequoy peu apres ie feuz remiſe
& reſtituée en tous mes biés, leſquelz ie veulx tenir à iamais devous, cóme
eſtás voſtres, & moymeſmes auſſi à qui ſur l'heure vous feiſtes tát d'hoɳ-
neur que de vous venir rafreſchir en ce mié' grád Roſier, ou depuis vous &
moy deuiſás enſéble entre mes plaiſásvergers, cueilliſtes la fleur de mavir
ginité, ainſi que nous esbatiós à amaſſer les roſes, dont le lieu eſtoit & eſt
encores treſopullét: Ie ne ſçay pourtant ſi amour le voulut ainſi, ou ſi ma
beauté en fut cauſe: mais ie ſçaybié que vous peuſtes tát ſur moy & enmoy
y eut ſi peu de reſiſtáce, qu'auát que partir de là, me laiſſaſtes enceincte de
ce ieune gétil hóme que ie vous enuoye, tát beau, & de ſi bóne grace, qu'il
ſéble que nature ait prís tout ſó plaiſir à lerédre parfait en toute excelléce,
pour effacer le peché de nous deux, ſ'y peché y fut cómis, pourtát, ſire, receuez le cóe voſtre eſtát de ſeméce royalle, devous & moy, qui me fait eſti
mer qu'il ſera preudhóme, & aura retenü en ſoy partie de la proeſſe qui eſt
en vous, & partie de l'amour gráde, en laquelle il fut engédré, le iour que

me

me donnaftes ceft anneau,lequel ie vous renuoye,auffi en tefmoing de la
promeffe que vous feiftes à voftre humble feruante Celinde,fille du Roy
Hegide,qui baife les mais de voftre royalle maiefté.

Vand le Roy Lifuart eut bié leu & releu cefte lettre,de mot à mot,
il eut tresbonne fouuenáce de touc ce que la princeffe luy raméte
uoit, encores qu'il feuft aduenu long temps au parauant fon long
feiour au Royaume de Dannemarc,ou (cóme Cheualier errát)il feit tant
grands faitz d'armes,qu'il en acquift l'amour de l'infante Brifene, laquelle depuis il efpoufa, ainfi que cy deuant vons à efté recité : Touteffoys il
delibera ne faire cas de Norendel (combien qu'il le tint pour fon filz naturel) premier qu'il veift comme il fe porteroit , & que par fa proeffe , il
meritaft eftre dit tel qu'il le defiroit. Et ainfi qu'il penfoit à cela,vn grand
cerf pourfuyuy par vne mute de chiens courans, vint rendre les abboys,
tout au plus pres de luy. Lors furuindrent coureurs de toutes pars , fi à
propos,que la plus part d'eulx fe trouuerent à la mort. Au moyen dequoy le Roy fen voulut retourner,commandant aux veneurs aporter à
fa tente la prinfe qu'il auoit faite : Puis eftant defcendu de cheual fe voulut mettre à table , & luy tenoient compagnie, Galaor, & le Roy Cildadan,aufquelz durant le difner il ne tint long propos:mais ne ceffa de ref-
uer à ce que Celinde luy auoit efcript, tant que les tables furent leuées,
lors tira Galaor à part , & fe pourmenant enfemble , luy dit:Par ma foy
mon grand amy,i'ay tant de fiance & d'amitié en vous , que vous eftes la
perfonne du monde à qui ie voudrois pluftoft defcouurir mes plus priuez affaires:Et toutesfoys(laiffant à part)pour cefte heure les chofes d'im
portance(qui m'ont efté occurrentes durant voftre abfence) ie vous veux
declairer feulement, ce qui m'eft ce iourd'huy aduenu, puis luy bailla la
lettre que Celinde luy efcriuoit , luy difant : Voyez ce qu'elle contient,
Galaor la leut à fon ayfe, & fceut par icelle que Norendel eftoit filz du
Roy,dont il fut trefioyeux,& luy refpódit:Sire, fi vous euftes du trauail
pour voftre amye , certes elle vous a recompenfé, vous ayant fait vn tant
beau filz,qui fera,comme ie croy,fi preudhomme,& bon Cheualier, que
la peine que vous auez à prefent de le celer , ne vous fera iamais fi grande
que le plaifir que vous aurez à le faire cognoiftre, & f'il vous plaift me fai
re tant de bien,de me le donner pour compagnon, i'eftimeray le feruice
que ie vous defire faire, pour tresbien employé. Comment?refpondit le
Roy,vous voudriez vous charger d'vng garfon , & luy faire du premier
coup ceft honneur,ne cognoiffant encores le ply qu'il doit prendre?mef-
mes que ie ne fçache Cheualier en la grand Bretaigne, qui ne f'eftimaft
heureux d'auoir le bié que vous luy prefétez?Sire,dit Galaor, c'eft la premiere requefte que ie vous feis oncques,ie vous fupplie ne me la refufer.
Par mon ame,refpondit il,fi vous luy faites cefte grace , vous l'obligerez

C ii　　gran-

grandement à vous & me fera trefgrand plaifir. Et à moy gloire, & honneur, refpondit Galaor: car eftant filz de fi bon pere, il ne peult faillir à e-
ftre des meilleurs Cheualiers du monde. Faites en doncq' ainfi que vous
l'entenderez, refpondit le Roy. Et comme ilz eftoient fur ces propos, la
Royne furuint, qui fut caufe de le leur faire changer, & l'acompaignoient
le Roy Cildadan, Norendel, & maintz autres gentilz hommes, auecq' lef
quelz le Roy deuifa longuement, & tant que Galaor luy dit: Sire vous fçauez que par la couftume du Royaulme de la grand Bretaigne, nul Cheualier nouueau ne doit refufer (à nul autre Cheualier, dame ou damoyfelle) le premier don qu'il luy eft demádé. Vous dites vray, refpódit le Roy:
Mais beau fire, pourquoy le dites vous? Pour autant, fire, dit Galaor, que
ie fuis Cheualier, & veux prier Norendel de m'octroyer ce que ie luy demanderay, qui eft, que luy & moy foyons vn an entier compagnons, durant lequel nous ne feparerons fi mort ou prifon n'en eft caufe. Quand
Norendel l'entendit, il ne fut moins esbahy que ayfe: car il fçauoit que Ga
laor eftoit eftimé entre les meilleurs Cheualiers de la court, & voyoit que
le Roy luy faifoit plus d'honneur qu'à nul autre qui l'acompagnaft. Et à
cefte caufe, il luy refpondit: Seigneur Galaor, il eft ayfé à cognoiftre, par
ce que vous demandez en quantes obligations me voulez rendre voftre
redeuable, defirant auoir de moy, ce que ie vous fupplie húblement m'accorder de vous, vous affeurant que ie ne vous octroye pas feulement ce
dont me priez, qui eft ma compagnie: mais ie me donne du tout à vous,
& vous fupplie me receuoir pour voftre. Vrayement, dit le Roy Cildadan, vous auez eu tous deux raifon, vous, feigneur Galaor, à demander
tel don. Et vous auffi Norendel, à le luy octroyer: car fi dieu plaift, ce fera
l'honneur & proffit de chafcun de vous. Et pource que fur l'heure le Roy
fut aduerty qu'il pourroit faire partir de brief fon armée, le lédemain ma
tin print le chemin de la ville, & cheminant feparé de la troupe, appella
Galaor, & luy dit, qu'il eftoit bien content que fa fille Oriane entendift
que Norendel eftoit fon filz, & frere d'elle, à ce qu'elle l'aymaft & fauori-
faft: mais qu'il le luy dit comme en fecret. Sire, refpondit Galaor, ie croy
qu'elle en fera trefayfe, & fi ie puis, ie luy declareray auant que nous foyós
au logis. Or allez donc la trouuer, dit le Roy. Lors Galaor paffa outre, &
f'aprocha de la princeffe, laquelle (apres quelque propos qu'ilz eurent enfemble) luy dit: Seigneur Galaor, ie croy que vous cognoiffez de lóg téps
le damoyfel qui fut hyer fait Cheualier, puis que vous l'auez choyfi à cópaignon: car ie ne fçache Cheualier en cefte court, qui ne f'eftimaft heureux d'auoir tel hóneur de vous, & y feuft voftre frere Amadis. Madame,
refpondit il, la comparaifon de moy à mon frere, eft fi inegalle, qu'il y a
autant à dire, comme du ciel à la terre, veu qu'il eft en mon endroit le ciel,
& moy enuers luy encores moins que ie ne dy, par ainfi ce feroit grande
prefumption à quelque Cheualier que ce feuft, de fe vouloir comparer
à luy

à luy, d'autât qu'il ſéble que Dieu l'aye voulu eſlire, pour le faire premier
ſoit en proueſſe, faconde, beauté, ou autres dons de graces, requiſes à Gen
tilhomme. Treſuoluntiers eſcoutoit Oriane les louanges de ſon Amadis,
Et ce pendant diſoit en ſoy meſmes. Ha pauure femme, le malheur te ſeroit bien grand, ſi eſtant ſeparée de la preſence de ton amy, tu te ſentoys
eſlongnée auſſi de ſa bonne grace : Certes la mort te ſeroit plus agreable
cent mille foys. Et continuant Galaor ſou propos, luy dit : Et quant à ce
que vous eſbahyſſez (ma dame) comme i'ay prins la compagnie de Norédel, croyez que ie ne l'ay fait ſans grande occaſion. Et dont peult eſtre ne
vous esbahyriez tant, ſi vous l'enrendez comme moy. Ie vous prie, reſpon
dit elle, ſi c'eſt choſe que bonnemét me puiſſez declairer, ne me le celler.
Madame, dit Galaor, le ſecret ſeroit bié grand, quant ie le vous voudroys
taire. Et voluntiers vous diray ceſtuy, pourueu qu'il ne ſoit par vous deſcouuert. Vous en pouez tenir ſeur, reſpondit la princeſſe : Entendez madame, dit Galaor, que Norendel, eſt filz du Roy voſtre pere, & voſtre frere. Adonc luy recita cómme il auoit veu la lettre de Linfante Celinde, &
l'anneau qu'elle auoit enuoyé au Roy, & auſſi tout ce que le Roy luy en
auoit dit. En bonne foy, reſpondit elle, ie ſuis treſaiſe d'entendre ceſte
nouuelle affinité de Norendel & de moy, & vous en mercie de bien bon
cueur, meſme de l'honneur que vous luy auez fait à le receuoir pour voſtre compagnon, car luy eſtant auecq' vous, ne peult faillir à eſtre preudhomme & bon cheualier, & encores qu'il voulſiſt eſtre autre, ſi change-
roit il d'opinion, en vous tenant compagnie, comme il a promis. Madame, dit Galaor, vous auez puiſſance de dire de moy tout ce qu'il vous
plaira, comme à celluy qui eſt ſeruiteur treshumble du Roy, & le voſtre
auſſi. Et mettans fin à ce propos, entrerent au logis de la Royne, ou Galaor deſcendit la princeſſe, & l'ayant conduicte en ſa chambre, ſe retira a-
uec ſon nouueau compagnon, iuſques au lendemain matin, qu'ilz vindrent trouuer le Roy lequel leur dit (au ſortir de la meſſe) qu'il iroit coucher dans ſes nauires, & que le iour enſuyuant, il feroit leuer les ancres,
Et pourtant qu'on ſe tint preſt pour le ſuyure, au moyen dequoy trompet
tes & clairons commencerét à ſonner, pour faire retirer chaſcun à ſon enſeigne, puis le lendemain feirent voilles, dedans leſquelles donna le vent
en ſorte qn'en peu d'heure ilz eſlongnerent la coſte de la grand Bretaigne, mais quaſi auſſi toſt la tépeſte ſe leua ſi grande, qu'ilz cuyderent tous
eſtre perilz, touteſſoys il leur aduint ſi bien, que le cinquieſme iour enſuyuant, il deſcouurirent l'iſle de Mongaze, ou ilz prindrent port, tout
au plus pres du lieu ou le Roy Arban de Norgalles eſtoit campé & fortifié attendant ſecours : car vn peu deuant ceulx du Lac ardant, auoient fait
vne ſaillie ſur eulx, & les auoient ſurprins tant chauldement, que ſi les gés
du Roy Arban n'euſſent gaigné le hault de la montaigne, ilz euſſeut eſté
deffaictz. Là monſtra bien Floreſtan ce qu'il ſçauoit faire, lequel rencon-

C iii   trant

trant Gafquilan Roy de Suefe , le naura tellement qu'il péfoit eftre mort.
Toutesfoys Briã de Moniafte y demeura prifonnier:pource qu'il fe meit
fi auant en la preffe(voulant charger le Roy Arban(qu'il luy fut impofsible fe fauuer , & y eut d'vne part & d'autre maintz cheualiers naurez, &
mis par terre. Ce que le Roy Lifuart entendit à fon arriuée , dont il fut
tant marry,qu'il feroit impoffible de plus,& delibera de f'en bien vēger.
Et pour ce faire feit crier par fon camp, que nul ne fe meift aux champs,
fans fon congé, efperant que fes ennemys vinffent affaillir le Roy Arban
comme ilz fouloient auparauant fon arriuée:Mais ilz auoiét efté aufsi aduertiz de ce nouueau fecours.Aumoyen dequoy, ilz f'eftoient retirez,at-
tendant quelque refrefchiffement.Or fapprocheoit le temps de la princef
fe Oriane deuoit faire fon enfant,& bien à point luy vint le partemét du
Roy fon pere:car vn iour ou deux apres qu'il fut embarqué, elle comme-
ça à fentir le mal d'enfant,en forte qu'enuiron la minuict les angoiffes &
trauail , la contraignirent tant qu'elle penfoit mourir. Parquoy elle feit
leuer Mabile & la damoyfelle de Dannemarc : lefquelles long temps auparauant auoient pourueu à tout ce qui eftoit neceffaire,pour la fecourir.
Lors viendrent à elle,mais elle eftoit defia fi matte, de l'extreme douleur
qu'elle enduroit (fans ofer fe plaindre ne crier) qu'elle n'en pouoit quafi
plus,quand le feigneur Dieu la regarda en pitié , la faifant defliurer(long
temps auant le poinct du iour)d'vn beau filz,que la damoyfelle de Dannemarc receut,pendans que Mabile entendoit à la mere . Et ainfi qu'elle
l'enueloppoit en fes langes, elle apperceut qu'il auoit fept caracteres fouz
chafcun de fes tetins,les vns rouges comme fang,& les autres blancs comme neige,dont elle fut esbahye,& appella Mabile pour les luy monftrer,
neantmoins elles ne les peurent lire ne entendre : car c'eftoient toutes lettres Grecques,& motz Latins:au moyen dequoy pour l'heure n'en voulu
rent rien dire à la mere:Mais emmailloterent l'enfant, & le meifrent aupres d'elle , attendant qu'elles euffent donné ordre à le faire tranfporter,
ainfi qu'ilz auoient de long temps deliberé, & pour ce faire f'en alla la damoyfelle de Dannemarc,appeller Durin fon frere.Ce pendát la princeffe
tenoit fon enfant entre fes bras,& en le baifant doulcement,luy difoit,las
petite creature, Dieu te doint grace d'eftre aufsi vertueux,& bõ cheualier
que tõ pere,& te face(f'il luy plaift)tant de bien,de t'enuoyer le cõmence
ment de ta fortune plus profpere,que ne fut la fienne.Helas il m'eft force
t'abandonner,& me monftrer enuers toy plus cruelle,que ne feroit le Ti-
gre,ou Leopart,enuers fes petis.Pource que ie ne fçay la ou tu vas,ne quád
ie te pourray recouurer,qui caufe en mon ame telle trifteffe,que fortune
ne te fçauroit apprefter danger qui ne fe reprefente deuát mes yeux , aumoins fi ie cognoiffois la nourriffe qui te doit allaicter,ie la prierois auoir
foin de ta perfone. Mais peult eftre,fe fouciera elle fi peu,que auát que tu
ayes la puiffáce de te garder,elle te laiffera fouuét feul,au dáger des beftes
tandis

tandis qu'elle fera en fes petis affaires:car i'eftime bien , qu'elle & autres te
re putant filz d'vne fimple damoyfelle , pour le mieux que l'on te face, fera te nourrir au champs entre les bergers:lefquelz ne peuuent mettre fouuent fi bonne garde à leurs troupeaux, que maugré eux, le Loup & le Lyó
ne paffent au trauers, rauiffans ce que bon leur femble. Ce difant ploroit à
chaudes larmes . Et ainfi qu'elle vouloit continuer fes regretz la damoyfelle de Dannemarc retourna, qui luy dit. Madame, il fera tantoft iour: par
quoy la diligence nous eft trefneceffaire. Helas, refpondit elle: & que vou
lez vous faire? Quoy? dit la damoyfelle, ie veux fauuer voftre honneur, &
la vie de voftre enfant , ne fçauez vous pas ce que long temps nous auons
conclud enfemble? Et voy la Durin mon frere qui nous attend foubz cefte
feneftre pour le recepuoir . Ha Dieu, refpondit la Princeffe, fi vous le de-
uallez ainfi vous le tuerez: Non feray non, dit la damoyfelle. Lors le print
entre les bras de la mere: laquelle de grand douleur qu'elle eut fe cuyda ef-
uanouyr, & n'euft efté que Mabile parla à elle quafi par courroux , elle fe
vouloit leuer pour le fuyure: mais elle luy dit: Madame fi vous vous voulez
oublier ainfi, nous vous habandónerons aufsi, pourtant laiffez nous faire,
s'il vous plaift: Car auec l'ayde de Dieu, tout ira bien. Adonc mirent l'enfant dans vne corbeille, & auec vne forte corde le deuallerent par la feneftre , au lieu ou Durin eftoit pour le receuoir, puis defcendit la damoyfel
le apres, & trouuans là les cheuaux que Durin auoit amenez , monterent
deffus, prenans le chemin de la foreft pour n'eftre rencontrez de nul. Lors
tant cheminerent qu'enuiron l'aube du iour , ilz arriuerent ioignant vne
belle fontaine, qui fortoit d'vn hault rocher, au deffouz de laquelle eftoit
vne vallée fi obfcure, tant pour la profondeur d'icelle, que pour la quantité des buyffons, qu'il eftoit impofsible de voir le iour au trauers. Là repe-
roient ordinairement Loups, Lyons, & telles beftes cruelles . Or y auoit il
au deffus (de toute ancienneté) vn petit hermitage , ou fe tenoit vn fainct
homme nommé Nafcian : lequel menoit vie tant aggreable à Dieu , qu'il
eftoit fouuent fubftanté de viáde celefte, quand la terreftre luy defailloit,
& n'auoit pour toute cópagnie qu'vn ieune enfant fon nepueu, qui alloit
par les bordes, pourchaffer dequoy viure, & luy mefmes en perfonne y me
noit quelques fois fon afne, fans que nulle befte fauluaige luy couruft fus,
combien qu'il les rencontraft ordinairement fur fon chemin , ains fe hu-
milioient toutes deuant luy, en luy faifant chere. Et tant eftoit afpre & fo-
litaire le lieu ou il demouroit, qu'vne Lyóne y faifoit tous les ans fes faons
lefquelz communément Nafcian vifitoit autant priuément que fi ce euffent efté petis chiens domeftiques: Car aufsi toft que la Lyóne leuoyoit en
fa foffe, elle s'en alloit pourchaffer fa proye, & fembloit qu'elle luy laif-
faft fes Lyonnaux en garde : parquoy il ne falloit gueres à les aller voir
deux ou troys foys le iour , tant auoir grant plaifir à les regarder courir &
esbatre l'vn auec l'autre . Et ainfi que la damoyfelle s'approchoit de la
C iiii   fontaine

fontaine, l'aube du iour commençoit à apparoiſtre , & ſe trouua ſi fort al-
terée du trauail qu'elle auoit prins toute la nuiɛt , qu'elle dit à Durin: Ie
vous prie mon frere , rafreſchiſſons nous vn petit en ce lieu . Au moyen
dequoy, il mit pied en terre, puis print l'enfant qu'elle portoit , & comme
il le vouloit mettre ſur vn tronc d'vn arbre & ayder à ſa ſeur, la Lyonne
qui eſtoit au fons de la vallée, ſe mit à faire rugimens ſi eſpouuentables,
que le cheual de la Damoyſelle (de paour qu'il eut) commença à fuyr, &
l'emporta maulgré elle au trauers de la foreſt, auant qu'elle peuſt deſcendre, & celuy de Durin meſme en fit autant, dont il ſe trouua bien esbahy.
Car il voyoit ſa ſeur en danger, & l'entendoit crier & demander ſecours,
& touteſfois il n'y pouuoit donner ordre, pourcequ'il eſtoit à pied, tenant
l'enfant entre ſes bras, à la fin delibera ſnyure la damoyſelle, & pour plus
ſe diligenter le mit au pres de la fontaine, & s'en courut ou il auoit veu
aller le cheual & ſa ſeur. Laquelle il trouua dans vn buyſſon, ou elle eſtoit
tumbée, tant eſperdue qu'elle n'en pouuoit quaſi plus. Lors la releua, & luy
dit, tenez vous icy, tandis que ie yray apres noz cheuaulx, & ieɛtant l'œil
à coſté, aduiſa celuy de la damoyſelle qui s'eſtoit mis ſi auant dans vn ha-
lier, qu'il ne s'en pouoit retirer. Parquoy courut le prendre, & le ramena à
ſa ſeur. Et ainſi qu'il vouloit ſuyure le ſien, elle luy dit : Ie vous prie mon
frere allez premier querir l'enfant, & me l'aportez : car ſi ceſte beſte cruelle le rencontre c'eſt fait de luy . Et bien, reſpondit Durin, attendez moy
donc en ce lieu. Lors voulut monter ſur le cheual qu'il tenoit : mais elle le
pria d'aller à pied, pour ce (dit elle) que s'il entend de rechef le cry de ce Ly
on vous en iouyrez mal ayſément, comme ie croy. Ce côſeil creut Durin,
qui s'en partit ſans plus tarder, prenant le droiɛt chemin de la fontaine:
Mais peu deuant qu'il y arriuaſt, la Lyonne y eſtoit paſſée, & auoit mis en
ſa gueulle le petit enfant. ſãs luy faire nul mal. Deſia eſtoit ſi haulte heure,
que Naſcian, ayant chanté ſa meſſe, ſe pourmenoit (ſuyuant ſa couſtume)
deuant la cauerne des Lyonneaux, & aduiſa la Lyonne, qui leur portoit
ceſte proye: Parquoy il ſe mit au deuant, s'esbahyſſant ou elle l'auoit conquiſe, & s'approchant d'elle, luy dit en la menaſſant : Beſte cruelle, qui t'a
donné la hardieſſe faire mal à la creature, que Dieu a mis au môde pour le
ſeruir, & honorer, non pour eſtre viãde à toy n'à tes faons? La Lyonne eut
paour, & comme s'elle euſt entendu le commandemét de Naſcian, ſe coucha incontinent contre terre, & en remuant la queue & les oreilles laſcha
l'enfant, & ſe miſt à le lecher. Lors le preudhomme le print entre ſes bras
& en le beniſſant diſoit: Helas petit enfant, la mere qui t'a ſi malheureuſement delaiſſé eſt certes bien de Dieu mauldiɛte, & tant en auoit de com
paſſion pour l'ouyr plaindre & crier que les groſſes larmes luy tumboient
des yeulx, iuſques ſur ſa barbe chenue: Mais il ne ſçauoit dequoy le ſecourir, à la fin s'auiſa de contraindre la Lyóne d'entrer en ſa foſſe, & la le faire
teter entre ſes petis. Ce qu'il fit, luy diſant: Ie te commande en la vertu de
Dieu

Dieu, à qui toutes chofes doiuét obeyffance, que tu nourriffes dorefnauát
fa creature, & en foye aufsi curieufe que de nul des tiés. La befte ne le refu-
fa, ains le fouffrit teter à fon ayfe, puis le reprint l'hermite, & doulcement
l'éporta en fon hermitage, & aufsi toft enuoya à fa feur la prier venir vers
luy, pour auifer que l'on feroit de l'enfant qu'il auoit ainfi trouué . Diligent fut fon nepueu qui eut cefte charge: mais de fortune il ne trouua pas
fa mere: car le iour precedant elle & fon mary eftoient allez à l'esbat en vn
village fi loingtain, qu'ilz furent huiĉt iours entiers auant que de retourner. Et ce pendant Nafcian fe trouua bien empefché : car il auoit trefmal
acouftumé l'ofice de nourriffe, ce nonobftant attendant leur retour, trou
ua moyen de le faire nourrir, tant par laLyóne, que d'vneBrebiette, laquel
le auoit nouuellement aignelé: Mais pour retourner à Durin qui penfoit
trouuer à la fontaine l'enfant, qu'il y auoit laiffé, fe voyát deceu de fon attente, fut bien eftonné: neátmoins il fe mit en fi trefgrand deuoir d'entendre qu'il eftoit deuenu, qu'il cogneut au train de la Lyonne, qu'elle l'auoit
emporté, & prefumát qu'elle l'euft deuoré, s'en retourna vers fa feur pleurant amerement : Laquelle aduertie de tant piteufe fortune, fe laiffa tumber du hault d'elle, & en fe lamentant piteufement, mauldiffoit l'heure de
fa naiffance, eftant caufe de la perte de tout fon bien, & efperáce, & difoit
en pleurant: Helas chetiue que ie fuys, que feray-ie? que deuiendray-ie? ne
que dira madame, quád elle fçaura ceft eftráge malheur? O feigneur dieu!
comme vous à il pleu permetrre, que cefte petite creature perift, laquelle
ne vous fit oncques offenfe? Ha a, ie fuis (certes) bien digne de trefgrande
punition, qu'à la mienne volunté fon infortune fuft tumbé fur ma propre
perfonne: car ma vie m'eft ennuyeufe! Helas, petit enfant, voftre pere auffi ieune que vous, commença à efprouuer les dangers de ce monde, & toutesfois noftre feigneur le preferua par fa grand bóté: mais voftre malheur
eft trop plus eftrange que ne fut le fien : Pource que fi l'on l'habandonna
aux vndes de la mer, Gandales le rencontra de bon heur, qui l'efleua depuis, ainfi que chafcun fçait, & vous pauuret eftes tumbé en la mercy d'v-
ne befte brute, qui n'aura pitié de vous, non plus que fon naturel luy commande, ainfi finerez voz iours auant qu'ilz ayent quafi eu commencement: Ce difant fondoit en larmes, & ne peult Durin fi bien la reconforter, qu'elle ne demouraft fort long temps plus morte que viue, neátmoins
à la fin il la fceut tant combatre de raifons, qu'elle fe rapaifa, & luy dit Du
rin : Ma feur, peult eftre que noftre feigneur le regardera en pitié, affez
d'aultres que luy ont efté emportez par beftes fauluaiges, qui depuis font
venuz en grand perfeĉtion. Ainfi donc, le meilleur eft que vous confolez:
car vous pouez encores beaucoup feruir à madame, & à monfeigneur A-
madis, lefquelz vous perdás, feroient double perte. Que voulez vous que
ie face? refpondit elle. Ie fuys d'aduis, dit Durin, que nous montions tous
deux fur voftre cheual, & nous en allions à Mirefleur feiourner vn iour

ou deux

ou deux, auāt que de retourner à la court: Et fi ma dame s’enquiert de fon
enfant, nous luy dirós (attendant que Mabile nous confeillera) qu’il eft au
gouuernement d’vne tresbonne nourrice. Ceft aduis fut trouué bon , &
s’en partirent eux deux, prenans le droiᵈt chemin de Mirefleur, ou ilz fe-
iournerent quelque temps, auant que retourner en la court , & la nous les
laifferons à prefent, pour vous reciter, comme le dixiefme iour apres que
l’hermite eut mandé fa feur, elle vint vers luy, accompagnée feulement de
fon mary. Lors luy conta comme il auoit trouué vn enfant nouueau né, en
tre les dens de la Lyonne , qui le portoit à fes petis, lequel il auoit recoux,
par la permiffion de Dieu, & depuis attédant leur venue, fait allaiᵈter par
elle mefmes , auec l’ayde de fa brebis : Parquoy il eft feur que noftre feigneur l’a referué pour fon feruice, l’ayāt preferué de fi grand incóueniét,
& pourtant ma feur m’amye, difoit il, ie vous prie penfer de luy deformais
& l’efleuer, iufques à ce qu’il puiffe eftre capable de receuoir fi peu de do-
ᵈtrine que ieluy pourray enfeigner, puis vous me le ramenerez, & s’il plaift
à noftre feigneur luy prefter lógue vie, i’efpere qu’il fera fi preudhomme,
qu’il recognoiftra le bien que luy auez fait. Adonc l’hermite, l’amena ou
l’enfant dormoit, qui eftoit couché fur vn peu de fougere, & quand elle le
vit, il luy fembla beau à merueilles, & demanda au faint hóme comme il a
uoit nom. En verité, refpondit il, ie n’en fçay rien: Mais pour nous en mettre hors de doute, ie le baptiferay prefentement: Lors cómanda que l’on le
defmaillotaft, & ainfi qu’elle luy oftoit fes langes, elle aperceut les carraᵈte
res qu’il auoit fouz les tetins, & les monftra à l’hermite, lequel mit fi grand
peine à les entendre, qu’il cogneut efcrit aux lettres Latines ce mot, Splan
dian: mais il ne peuft rien comprendre aux Grecques. Et à cefte caufe penfa, que puis qu’il auoit aporté tel nó du ventre maternel, qu’il ne luy feroit
ofté, & de fait le luy cóferma, & fut nómé Splandian, & depuis pour tel co
gneu en maintz pays eftranges, ou il mit fin à plufieurs auantures, comme
vous pourrez cy apres entédre: Mais pour le prefent, nous nous en tairons,
fufife vous qu’eftant l’enfant baptifé & mis au gouuernemét de fa nourrif
fe, elle & fon mary s’en retournerent en leur maifon, ou ilz eurent telle foli
citude de luy, qu’auec le temps il deuint fi grád, & de tant belle taille, que
ceux qui le veoient s’en efmerueilloient, & le nourrirent comme leur pro
pre enfant , iufques à ce qu’ilz le rendirent à l’hermite ainfi qu’il leur a-
uoit commandé.

Comme le Roy Lifuart eut bataille contre les Cheualiers
de l’Ifle Ferme, lefquelz il defit , & de la grande libéralité
dont il vfa depuis enuers Galuanes, en luy reftituant toutes
les terres & pays de Madafime.

Chapitre.   IIII.

Cy de-

Y deuant vous a esté recité, comme le Roy Lisuart & son armée prindrent port en l'Isle de Mongaze, ou ilz trouuerent le Roy Arban fortifié dans les montaignes, pour doubte de Galuanes & de ses gens, qui les auoient repoulsez par deux ou troys foys: Maintenant entendez, qu'apres qu'ilz se feurent iointz ensemble, le Roy commanda leuer son camp, & entrer en la plaine: car il eut aduertissement que les Cheualiers de l'Isle Ferme estoient sortiz du Lac Ardànt, pour luy venir donner la bataille. Ainsi marcherent les deux armées l'vn contre l'autre, en sorte que le iour mesmes ilz se feussent chargez, sans la nuict qui les surprint: Parquoy force leur fut de differer iusques au lédemain matin qu'ilz s'armerent tous, & ordonna le Roy Lisuart troys bataillons de ses gens, le premier conduysoit Galaor, auec cinq cens Cheualiers, du nombre desquelz estoit Norandel, Guislan le pensif, Landasin, & Cendil. Le second menoit le Roy Cildadan, auec sept cens aultres Cheualiers en la compagnie de Ganides, Brandoyuas, & Filipinel. Et au troysiesme estoit le Roy Arban de Norgalles, Grumedan & maintz aultres Cheualiers preux & hardiz ordonnez pour la garde du Roy Lisuart, lequel auant que d'entrer au combat, voyant ses ennemys approcher, dit telles parolles à ceulx de sa trouppe: Certes, mes amys, vous pouez maintenant voir à veue d'œil, ceux qui sont cause nous auoir fait passer la mer pour defendre l'honneur de la grand Bretaigne, & le pays qui est nostre, ainsi qu'il est tant notoire par les conuenances que i'euz auec Ardan Canille, aduoué de Madasime & de la vieille Geante sa mere, & toutesfois ie ne sçay soubz quelle couleur, ilz y sont entrez depuis, & ont prins par trahyson la ville & chasteau du Lac Ardant, ou estoit le conte Latin, lequel ilz detiénent encores prisonnier, fonnier,& maintz autres auec luy, dont ilz ont le cueur tant haulçé qu'ilz leur femble fortune eftre entierement pour eux, & qu'elle les vueille pouf fer contre nous,iufques en noz propres maifons, defquelles ilz font eftat côme fi n'auions moyen d'arrefter plus grand puiffance que la leur : Mais il yra tout autrement,& ne permettra noftre feigneur s'il luy plaift,que la reputation , en laquelle nous auons de tout temps vefcu , foit par eulx e-ftainéte,m'affeurant qu'il n'y a celuy de vous qui ne vueille pluftoft mou-rir en honneur,que viure apres auec honte, & pour telz vous congnois de fi longue main,que i'ay grand occafion de vous aymer & eftimer,& quád ie n'auroys telle cognoiffance,fi fçay-ie bien que ie ne feuz oncques fi toft né,que fortune ne m'obligeaft à vous tous , tant pour la fidelité, laquelle vous auez toufiours gardée à voz princes , que pour les gráds feruices que vous m'auez faitz en maintz endroitz, fpecialement contre Barfinan,lors qu'il me mift par trahifon es mains d'Arcalaus, pour fe faire Roy , & der-nierement en la bataille que i'eu contre le Roy Cildadan , ainfi que cha-cun fçait, qui me fait croyre que fans auoir efgart à quelques particuliers qui fe font rebellez contre nous(autresfois voz amys, & maintenant cou-uoiteux de tirer le pur fur fang de voz corps)vous ferez tel deuoir(fuyuát voftre ancienne vertu & fidelité) que nous leur donnerons à cognoiftre, que ce n'eft pas à nous qu'ilz fe doiuent adreffer,ce que nous pouons ayfé ment faire,veu que nous fommes trop plus qu'eux,& fi auons le droit de-uers nous.Or marchons donc hardiment:car ie les voy aprocher . Tandis que le Roy faifoit telles remonftrances,Galuanes ne dormoit pas d'autre cofté,ains eftoit au meillieu de fes bataillons allant de reng en reng, per-fuader fes Cheualiers à combatre virilement,& leur difoit: Entendez mes côpagnons , que le premier & plus fouuerain bien qui puiffe eftre en vne armée,eft d'vn chef qui fçache prudemment ordonner & confeiller ce qui eft requis de faire,puis auoir obeyffance pour executer ce qu'il comman-de.Or auez vous icy non feulement vn capitaine tel que ie dy: mais deux, ou troys,voire plus de vingt , lefquelz font fi accordans enfemble, que ce n'eft qu'vn vouloir,vn cueur,& vn aduis : Puys donc que ce premier bien ne nous eft defnié,approprions nous au fecond,& pouffons noftre fortu-ne, qui nous ayde, contre vn Roy le plus ingrat qui foit fur la terre,lequel fait eftat de ruyner noz biens, & noz vies,auec cefte groffe & puiffante ar mée, qu'il a fait paffer par deça, pour apauurir,& du tout exterminer vne fimple gentile femme:Mais il eft bien loing de fon conte : car nous luy ayderons tant qu'aurons la vie au corps, fuyuant la promeffe en quoy nous fommes obligez receuant l'ordre de Cheualerie, & fi nous y mou-rons , ce nous fera vne gloire immortelle, d'auoir à fi bonne occafion combatu celluy qui deuoit eftre iufte protecteur de toutes Damoyfel-les , en forte que ce que l'on pourroit appeller demerite à plufieurs, fera en noftre endroit dit vertu,& magnanimité de courage . Donnons donc

hardiment dedans,fansdoubter mort ne danger quelconque,n'ayant rien
deuant les yeulx que l'honneur:car en telz actes belliqueux,fortune mefme ne veult eftre craincte ne doubtée , & fi nous demourons victorieux,
d'autant qu'ilz font plus que nous,noftre gloire en fera plus grande,& no
ftre renommée plus diuulguée, ayans entreprins de fi grand cueur chofe
quafi incroyable aux hommes.Telz propos tenoit le gentil cheualier Gal
uanes à fes gens,qui les anima en forte,qui leur tardoit d'eftre au combat.
Mais Quedragant les pria de differer encores quelque peu, & ce pendant
il feroit bon(dit il)enuoyer dire au Roy Lifuart, que s'il veult auoir honneur à nous combatre,qu'il face retirer fes gens de traict, & nous renuoy-
rons aufsi les noftres , par ce moyen il pourra voir la plus belle meflée de
cheualiers qu'il vid oncques. Ceft aduis fut trouué bon de toute la compa
gnie,& eut Elian le Deliberé,charge de porter cefte parolle : Parquoy il
s'en alla droit au camp du Roy Lifuart,& faifant de loing figne qu'il vouloit parlementer,Galaor qui menoit l'auangarde, luy enuoya vn gentilhomme,pour l'amener en feureté,puis fut conduict vers le Roy,auquel il
fit entendre ce que les cheualiers de l'Ifle Ferme,luy mandoiét. Vrayemét
refpond it,il i'en fuis trefcontent,& qu'ilz ne laiffent pour cela à faire leur
deuoir. Adonc s'en retourna Elian,& trouua que Galuanes auoit feparé
fon armée en deux:Mais ilz eftoient peu au regard de la trouppe du Roy
ou il y auoit fix fois plus de gens , neantmoins ilz ne s'eftonnoiét de rien,
feulement regrettoient Brian de Moniafte,lequel auoit efté prins prifonnier le iour qu'ilz affaillirent le Roy Arban, & Agraies aufsi, qui femblablement eftoit party pour aller leuer gens,& faire venir viures,de la petite
Bretaigne . Eftans doncques les deux batailles régées & preftes à combatre
marcherent droit l'vn contre l'autre,& menoit le premier reng (de la part
de ceux de l'Ifle Ferme)Floreftan accópagné de deux cens cinquáte cheua
liers auec Quedragant,Angriote,& Sarquilles,au myllieu defquelz eftoit
Gafinan,tenant en fon poing vne grande enfeigne, ou eftoient pourtrai-
tes douzes damoyfelles.Puis marchoit Galuanes, Palomir, Dragonis,Li-
ftoran, & quatre cens autres cheualiers , tous gentilz compagnons & bien
deliberez de combatre.Lors commencerent à fonner d'vne part & d'autre
trompettes & clairons fi haultement , que l'ær en retétiffoit de tous coftez
& ainfi qu'il eftoient pres de ioindre, Galaor qui menoit l'auantgarde du
Roy Lifuart,monftra à Norendel,Floreftan, Quedragant, Angriotte, &
Garuatte,luy difant:Mon compagnó,voyez vous ces quatre premiers qui
marchent fi hardiment à nous , affeurez vous qu'ilz font eftimez entre les
meilleurs cheualiers du monde,celuy qui a l'efcu de gueulles à troys Lyós
d'argent,eft Floreftan mon frere,l'autre qui porte d'azur femé de fleurs,&
Lyons d'or,eft Quedragant: le tiers qui porte d'azur à fleurs d'argent, eft
Angriotte:& le quart qui porte tout de finople,eft Garuatte du val craintif,le bon cheualier qui occift le Serpent,dont on luy impofa le nóm qu'il
a encores. Or les chargeons viuement fans differer:Lors mirent les lances

D

aux ar-

aux arreſtz,& donnans des eſperons à leurs cheuaux,entrerent peſle meſle,le premier que Norendel rencõtra fut Garuatte du val craintif, auquel
il donna ſi grand coup de lance,qu’il le ieta bas,& rõpit les ſangles de ſon
cheual,en ſorte que la ſelle tumba quãd & luy,ce coup fut le premier qu’õ
ques donna Norendel en cõbat, dont il fut depuis treseſtimé.Tout ioignant de luy eſtoit Galaor,contre lequel courut Quedragant, & ſe donnerent telle attaincte qu’ilz ſe renuerſerent l’vn l’autre ſur le champ,& leurs
cheuaux,ſur eux:Adonc cõméça la meſlée dure& cruelle,& eſtoit le bruit
ſi grand du retentiſſement des grandz coups,du ſon des trompettes,& du
cry des priſonniers, que c’eſtoit choſe eſtrange & eſpouentable d’entendre . Là y eut maintz bons cheualiers naurez,& ruez par terre,& qui euſt
veu le combat de Galaor & Quedragant,apres qu’ilz ſe furent releuez,on
euſt peu iuger facilement du peu de bien qu’ilz ſe vouloient . Et ſi ceux la
faiſoient grand deuoir:Norandel,Guiſlan, & les autres ne s’eſpargnerent
aucunement:Mais Angriotte & Floreſtan leur reſiſtoient en ſorte, qu’ilz
ne pouoient rien conquerir ſur eux: &,qui plus eſt,trouuerent moyen de
remonter Quedragant,tandis que les autres tyroient Galaor de la preſſe.
La ſuruint le Roy Cildadã:lequel auec ſa troupe,leur dõna tant d’affaires,
que ſi Galuanes ne les euſt prõptement ſecouruz, ilz n’euſſent guieres reſi
ſté,combien que Floreſtan fut en la preſſe , frapant à d’eſtre & à ſeneſtre,
en ſorte qu’il meritoit bien eſtre mis au nõbre des plus gentilz cheualiers
du mõde:Car il faiſoit tãt d’armes que chacũ luy faiſoit voye.Et ainſi qu’il
trauerſoit les rengz , rencõtra le Roy Cildadan outrageant par trop ceux
de ſa part,& à ceſte occaſiõ il le vint ſayſir au corps,penſant le ruer à terre:
mais l’autre ſe tint ferme & tãt tirerét l’vn cõtre l’autre,qu’ilz tumberét en
ſemble:Toutesfois ilz ſe releuerent legerement,tenãs encores leurs eſpées
aux poings,& comme ilz chamailloiét l’vn ſur l’autre, Angriotte d’Eſtra-
uaux,& Enil ſuruindrent,qui ſecoururét ſi bien Floreſtã,que maulgré Ga
laor & Norédel(qui ſemblablemét eſtoient venuz à l’ayde du Roy Cilda
dã)ilz luy ramenerét ſõ cheual.Et ce pendãt Cildadã ſe retira: car il eſtoit
fort nauré ſur la teſte,d’vn coup d’eſpée que luy auoit dõné Dragonis. A-
dõc cõmácerent les gens du Roy Liſuart à auoir du pire, tellement que la
plus part tournerét doz,& ſe prídrent à fuyr: mais ilz rencõtrerent le Roy
auec ſa garde,qui venoit au ſecours,lequel les arreſta:Neãtmoins voyãt ce
deſordre fut ſi eſtõné,qu’il dit à Grumedan. Fault il maintenãt que l’hon
neur de la grand Bretaigne s’amoindriſſe par vne ſi petite aſſemblée de
gens ramaſſez?Et ce diſant baiſſa la veue de ſon armet,& ſe couurãt de ſon
eſcu donna des eſperons à ſon cheual,criant à ſes gens : Eſt il maintenant
ſaiſon de fuyr?ſuyuez moy,ſuyuez moy,gens de cueur & de vertu,& mou
rons enſemble pluſtoſt que fuyr hõteuſemét.Lors étra dans ſes ennemys,
& le premier qu’il récõtra fut Galuanes , auquel il dõna d’vne courte lãce
qu’il portoit ſi rudement,qu’il luy fit ployer les reins : puis mit l’eſpée au
loing,& comme vn Lyon eſchauffé, entra en la preſſe,faiſant tãt d’armes
que

que pourroit faire nul autre cheualier: Mais Quedragant, Floreſtan, Angriotte & Garuate ſuruindrent, qui l'arreſterent ſur cul, & le repoulſerent
luy & ſes gens plus d'vn trait d'arc. Adonc penſa bien le Roy Liſuart, que
fortune le defauoriſaſt du tout, & rencõtrât Arban, Grumedan, & Gaſqui
lan leur dit: Ie crains que Dieu nous vueille maintenât punir: mais i'ayme
trop mieux eſtre dit Roy mort en honneur, que vaincu, viuant en honte.
Lors rentra en la preſſe, & voyât le mal que faiſoit Quedragant à ſes gens,
le chargea de tout ſa force, & le naura ſi durement ſur la teſte, que le ſang
luy couloit tout au long du viſage, & euſt lors eſté en treſgrãd dãger de ſa
perſonne, ſans Angriotte & Floreſtan, qui ſe mirent entre deux, & ainſi
qu'ilz luy faiſoient rãpart, le Roy Liſuart dõna de ſon eſpée dans les flans
du cheual de Floreſtan, & le rua mort en la place: Mais Floreſtan s'en ven-
gea toſt apres: car en ſe releuant couppa les iarretz à celuy du Roy, lequel
laſchant ſes eſtriers demoura debout, & leuant le bras, attaignit Floreſtan
ſur le hault de la teſte de ſi grand force, qu'il l'eſtourdit, & luy fit vne grãd
playe: Toutesfois Floreſtan reprint cueur, & voyant que le Roy leuoit l'eſpée pour le recharger, ſe coula ſoubz luy, & l'embraſſant, ſaiſit ſon eſpée:
au moyen dequoy il l'euſt lors ayſément mis à mort, s'il euſt voulu: touteſfois il difera, dõt mal luy en print depuis: car Galaor ſuruint, lequel voyât
le Roy en tel danger, ſans auoir eſgard à frere ne parent qu'il euſt, fit tant
de deuoir, que maulgré Floreſtan il le miſt hors de ſes mains, & le fit remonter auec l'ayde de Grumedan, Norendel, & maintz autres qui furent
cauſe de donner cucur aux cheualiers de la grand Bretaigne, tellemét que
ceux, qui au parauant fuyoient, furent plus aſſeurez que deuant, & tour-
nerent viſage cõtre leurs ennemys, leſquelz ayant perdu Floreſtan, & Que-
dragrant(qui eſtoient demourez entre les mors)s'affoiblirét en peu d'heure, tant que force leur fut d'eux retirer, meſmes que deſia Galuaneseſtoit ſi
bleſſé, qui'l ne ſe pouuoit quaſi plus tenir à cheual: toutesfois comme ſage
& hardy cheualier tandis que ſes gens gaignerent la mõtaigne, ſe tint ſur
la queue, auec Palomir, Elian Brãfil, Enil, & Sarquilles, leſquelz furent à la
fin tous prins priſonniers, & n'euſt eſté Dragonis qui retira à force Galuanes, il y feuſt demeuré cõme les autres. Ainſi obtint le Roy la victoire par
la magnanimité de ſon couraige, & la grace que luy fit Floreſtan, l'ayant
en ſon pouuoir, & monſtra bien en cela fortune, qu'vn ennemy ne doit refuſer l'auantage qu'elle luy donne ſur ſon cõtraire, autrement elle luy tourne ſouuent le doz, cõme elle fiſt à Floreſtan: car s'il euſt mis à mort le Roy
Liſuart, la bataille eſtoit indubitablémét gaignée pour luy & ſes compagnons, laquelle ilz perdirét depuis à leur cõfuſion & honte, ainſi qu'auez
entendu. Eſtans dõcques Galuanes & ſes gens retirez dans les mõtaignes,
gardans ſongneuſement les deſtroitz d'icelles, le Roy Liſuart fit ſonner la
retraicte, & vint aſſeoir ſon camp au lieu meſmes ou il auoit obtenu la victoire. Mais ainſi que Galaor retournoit de la chaſſe des ennemys, il auiſa

D ii　　　　　　　　　　　　　　　　　　ſon frere

son frere Floreſtan & Quedragant, entre les mors, dõt il receut telle douleur, qu'il ſe laiſſa quaſi tumber de deſſus ſon cheual, & quãd il fut deſcen-
du & vid qu'ilz ne ſe mouuoient aucunement, cõmença à pleurer ſi pro-
fundement, que maintz en eurent grande compaſsion, & vindrẽt dire au
Roy, le dueil qu'il faiſoit. Lequel auſsi toſt remõta à cheual, non pour biẽ
qu'il voulſiſt à Floreſtan, ou Quedragant: mais pour ſeulement reconforter Galaor qu'il aymoit ſingulierement, ce nonobſtãt il va penſer (en cheminant) au danger ou Floreſtan ſe miſt pour le ſecourir le iour de la batail
le qu'il eut contre le Roy Cildadã, & que ſans luy il euſt eſté nauré à mort
par Gandacuriel, cõme il vous a eſté recité, au moyẽ dequoy (eſmeu de pitié & de recognoiſſance) delibera de luy ſauluer la vie, s'il eſtoit poſsible,
& pour ce faire (auſsi toſt qu'il arriua vers eux) commanda que l'on les em
portaſt en l'vne de ſes tentes, & enuoya chercher diligemment ſes Mede-
cins & Chirurgiens, pour regarder à leurs playes. Leſquelz apres les auoir
veues, l'aſſeurerent qui'lz les rendroient ſains dans peu de iours, & de fait
des le premier apareil commencerent à eux bien porter. Parquoy Galaor
les laiſſa repoſer, & vint trouuer le Roy, lequel eſtoit en conſeil, demandant l'opinion de ſes cheualiers, ſur ce qu'il ſeroit bon de faire contre ſes
ennemys, leur remõſtrans le dãger de les laiſſer fortifier, & le proffit & hõ
neur qu'il y auroient en pourſuyuant leur victoire: car, diſoit il, ie ſuis ſeur
qu'Agraies eſt allé leuer gens en la petite Bretaigne, & que de brief il em-
menera nouueau ſecours, pourtant il eſt neceſſaire pouſſer plus outre, ſans
attendre aucunement qu'ilz ayent reprins cueur: & pourtant, mes amys, di
ſoit il, il vaudroit beaucoup mieux les aſſaillir chaudement, puis que nous
auons moyen de ce faire. A ceſt auis s'accorderent tous les cheualiers, ſans
contradition quelconque: Et à ceſte cauſe fut ordonné que le lendemain
matin chacun ſeroit preſt, auſsi toſt que la trompette ſonncroit. A quoy il
n'y eut faulte: mais ilz trouuerent plus forte reſiſtance qu'ilz ne penſoient:
car Dragonis auecq ſi peu de gens qu'il ſceut r'alli er, auoit fortifié le paſſa
ge, lequel il defendit hardiment, & y naura beaucoup de gens de bien, a-
uant qu'ilz y entraſſent: Toutesfois à la fin force luy fut l'habãdóner, & ſe
ſauluer en la fortereſſe du Lac Ardant, ou il fut pourſuyuy & aſsiegé, tant
par mer, que par terre, pour garder ceux de la ville de ſortir, & leur oſter,
du tout l'eſperance du ſecours qu'ilz attendoient de la petite Bretaigne:
Mais pour ce que ſeroit choſe trop prolixe de reciter par le menu les eſcar
mouches & entrepriſes, qu'ilz firent l'vn contre l'autre durant ce ſiege, auſ
ſi que ce n'eſt matiere à propos de noſtre hyſtoire, qui tend ſeulement aux
faitz d'Amadis, lequel eſtoit demeuré en Gaule auec le Roy Perion ſon
pere, il vous ſuffira, qu'apres que le ſiege y eut ſeiourné troys moys &
plus, deux choſes furent cauſe de les mettre d'accord, l'vne, pour ce
que ceulx de la ville receurent lettres d'Agraies, par leſquelles il leur
mandoit comme il eſtoit demeuré malade en la petite Bretaigne, au

moyen

moyen dequoy il n'auoit peu recouurer les gens qu'il esperoit, & l'autre à
cause que le Roy Lisuart eut auertiffement du conte Argamon son oncle,
par lequel il l'auisoit que sept Roys circonuoysins de son Royaulme fai-
soient gros apareil pour inuader ses pays,& pourtât qu'il y pourueuft ainsi que bon luy sembleroit,& côtenoit ceft auis qu'Arcalaus l'enchâteur a-
uoit tout ce pourchaffé,tant que luy seul lesauoit persuadez à ce faire,leur
remonftrant l'empefchement qu'auoit le Roy Lisuart au siege du Lac Ardant,& le peu de cheualiers qui eftoiét demourez en la grand Bretaigne.
Quâd le Roy Lisuart entendit ces nouuelles,il pensa longuemét à ce qu'il
auoit affaire,& apres plusieurs difcours paffez en son efprit, côclud de receuoir Galuanes à compofition,s'il la demandoit.Dont auint, que le iour
mefmes il voulut parlamenter,offrât rendre la place,fi le Roy vouloit laif
ser aller librement luy & fes gens,auec les prifonniers qu'il tenoit,& de fai
re aufsi trefue pour deux ans entiers,fi bon luy sembloit:Et à cefte caufe,a
pres plufieurs venues & allées d'vne part & d'autre , fut cefte offre accep-
tée,& la trefue accordée,en forte que le iour mefmes le Roy entra en la vil
le.Et ainfi que Madafime luy prefentoit les clefz,elle se ieta à fespiedz,luy
difant(pleurant à groffes larmes)Helas fire,fi onc pitié trouua lieu en voftre noble cueur,pour Dieu prenez côpafsion de cefte pauure gentile fem
me desheritée. Cefte humilité gaigna tant les cheualiers prefens,qu'il n'y
eut celuy qui voluntiers ne luy euft aydé,fpecialemét Galaor,lequel print
la parolle pour elle,difant au Roy:Sur ma foy,fire , vous y deuez auoir e-
gard, & fi ie vous fiz de ma vie feruice, ie vous fuplye luy vfer de quelque
grace en ma faueur.Vrayement Galaor,refpôdit le Roy, fi ie voulois vous
recompenfer du tout,il fauldroit que ie vous dônaffe plus que ie n'ay vail
lant,ce difant apella Galuanes& luy dit:Galuanes,à la requefte deGalaor,
& aufsi efperant que deformais vous recognoiftrez la grace que ie vous
fais , ie dône ce pays à vous & à Madafime , lequel contre mon gré vous a
uez vfurpé,& depuis maulgré vous me l'auez rendu . Soyez donc d'icy en
auant mieux auifez que n'auez efté,& le tenez vous & les voftres,en hom-
mage de moy,vfant de la fidelité & obeyffance que vous deuez. Treshum
blement remercia Galuanes le Roy , & luy en fift des l'heure le ferment de
fidelité,puis s'eftant l'armée rafrefchie par l'efpace de fix ou fept iours, le
Roy commanda que chacun se tint preft pour s'embarquer.Au moyen de
quoy vn dimâche de grand matin apres la meffe,entra en fes nauires,accô
pagné de Galuanes, & de maintz autres qui le vouloient fuyure , puis faifant leuer les ancres,voguerét en pleine mer,ayant vent fi à propos, qu'ilz
defcendirent(fans fortune)peu de temps apres,au port de Gracedonie,ou
les dames les attendoiét,defquelles ilz furent receuz en toute ioye & plai-
fir.Parquoy nous les laifferons enfemble pour le prefent, & vous declaire
rons ce qu'auint à Amadis qui eftoit en Gaule attendant de leurs nouuelles.

D iii   Comment

Comme Amadis estant a-

uec le Roy Perion son pere, se trouua merueilleuse-
ment melancoliq', se voyant eslongné d'O-
riane, & au contraire Bruneo trescon-
tent, ayant ocasion aysée de voir
& parler à Mellicie, quand il
vouloit, & des entreprises
qu'ilz firent l'vn &
l'autre pour passer
leurs fantasies.

Chapitre.   V.

APres que le Roy Cildadan & Galaor, eurent laissé Amadis en
Gaule, il fut beaucoup plus solitaire qu'il n'auoit esté au parauant : car la compagnie de Bruneo luy estoit incompatible, e-
stans traitez diuersement en leurs affections : Pour ce que Bruneo auoit quasi ce qu'il eust sceu desirer, voyant ordinairement la Princesse Mellicie, laquelle il aymoit tant, qu'elle luy faisoit oublier tout autre
chose . Et au contraire, Amadis se trouuant eslongné de son Oriane, ne
pouuoit auoir plaisir qui ne luy tournast en tristesse. Au moyen dequoy
il s'eslongnoit de toutes compagnies, pour plus obtemperer à sa solitude.
Or aduint qu'vn iour, estant allé à l'esbat dans la forest, ainsi qu'il se pour

menoit

menoit fur la cofte de la marine,iecta fon regard vers la grand Bretaigne
& aduifa vn nauire qui prenoit port,lequel à fon aduis venoit de Lôdres:
Et à cefte caufe commanda incontinét à Gandalin aller veoir que c'eftoit,
& pendát f'affift foubz vn arbre, pour faire fes regretz acouftumez : Lors
tenant la tefte appuyée fur la main gauche,regardant d'vn œil piteux le
pays ou il auoit eu tant de bô traictement,fe print à dire en foufpirát:Ha,
ha pauure infortuné Amadis,eft il pofsible que tu puifles, longuemét du
rer en ce tourmét?Helas fi autresfoys Amour t'a fauorifé,il t'en fait main
tenát bien payer l'vfure.Que dy ie,Amour?Amour n'eft ce point,& n'en
eft caufe:mais tô malheur,lequel enuieux de tô bien & grand ayfe,t'a ba-
fty & forgé vn mefcontentemét enuers le Roy,pour du tout te ruyner, te
faifant perdre de veue celle de qui defpédoit ton ayfe,ta vie,& feul repos,
chofe qui t'eft beaucoup plus mal ayféeà fupporter,que mille mors enféble:& touteffoys vne me fuffiroit fi tant de bôn heur me pouoit aduenir.
Ha ha , certes i'ay grand tort de telle chofe fouhaiter,veu que ie fuys feur
que Oriane en auroit trop de defplaifir : Pourquoy dôcques luy defiroys
ie mal,veu qu'oncques ne merfeit que bien , & faueur? & fi ie feuffre quelque trifteffe, ie fuis feur qu'elle la fent côme mon ame propre : Ce difant
plouroit fi fort qu'il auoit le vifage tout baigné en larmes,puis fe tint bien
long temps fans mot dire,& comme il eftoit en cefte fantafie,vn dard luy
paffa tout aupres des oreilles:Neantmoins pour cela il ne peut oublier ce
à quoy il refuoit: Mais Gâdalin qui eftoit de retour vers luy,aduifant dás
vn buyffon vne Geante grande à merueilles , qui brandiffoit contre fon
maiftre vn autre dard , cômença à f'efcrier.Lors Amadis fe leua en fourfault,& luy demanda qui le mouuoit.Côment?refpôdit il, ne voyez vous
ce diable qui vous a cuydé enferrer ? Lors luy monftra la Geante , contre
laquelle Amadis voulut aller:Mais elle fe meift à fuyr au trauers du boys,
courant auffi legerement qu'vn cerf,& en fuyant, print le cheual d'Amadis,fur lequel elle monta,difant à haulte voix.Sçaches Amadis,que ie fuis
ton ennemye Andandoue,la Geante de l'Ifle trifte, qui te mande , que fi
elle n'a peu prefentement parfaire fon entreprife,qu'auecq' le temps tu co
gnoiftras de combien elle t'ayme.Quand Amadis entendit que la perfon
ne qu'il pourfuyuoit eftoit femme,ne lavoulut plus auant fuyure:Mais cô
manda à Gandalin aller apres,& la tuer f'il pouoit.Gandalin fut diligent
& feit tel deuoir qu'il l'attaignit.Ce pendant Amadis fe raffift foubz l'arbre,& comme il vouloit recommancer fa plaincte,aduifa Enil,lequel Gâ
dalin auoit trouué dans le nauire,ou fon maiftre l'auoit enuoyé:Parquoy
Amadis courut l'embraffer , luy demandant quelles bonnes nouuelles il
luy apportoit de la grand Bretaigne.Monfeigneur,refpondit il,Madame
Oriane fe recommande humblement à voftre bonne grace , & vous enuoye cefte lettre qui luy prefenta,& voyát Amadis qu'elle portoit creance,luy dit:Or me dy ce qu'elle t'a commandé.Monfeigneur,refpondit il,
D iiii   elle

elle vous prie que vous ennuyez le moins que pourrez en ce pays , tant
qu'ayez autres nouuelles d'elle, & si vous mande par moy , que voſtre lignée eſt augmétée d'vn beau filz qu'elle vous à fait, lequel ma ſeur &moy
auós porté à nourriſſe:mais il ſe garda bien de luy declairer cóme ilz l'a-
uoient depuis perdu. Grande fut la ioye d'Amadis, entendant ſi bonnes
nouuelles d'Oriane, combien que le commandement qu'elle luy faiſoit
de non partir de la,luy eſtoit trop grief,pource que l'on pourroit preſumer,que nonchaloir,ou faulte de cueur, le faiſoient ainſi retirer: Neantmoins quoy qu'il en deuſt aduenir,il ne tranſgreſſeroit en rien ſes commá
demés.Et comme Enil acheuoit ſon propos, Gádalin retourna, qui auoit
occis la Geante , & portoit la teſte attachée à l'arçon de ſa ſelle. Dequoy
Amadis fut treſayſe,& ſ'enquiſt cóme il auoit ce fait.Monſeigneur,reſpó
dit Gádalin,ainſi que ie la pourſuyuoys de pres, & qu'elle cuydoit haſter
le cheual qu'elle vous à derobé,pour gaigner ſa barque,il ſe trouua ſi foyble de reins,à cauſe de la peſanteur de ceſte dyableſſe,qu'il luy cuyda rom
pre le col,tant cheut lourdement ſoubz elle, & ſur ce point ie ſuruins tát
à propos, que deuant qu'elle ſe peuſt releuer, ie luy donnay le coup de la
mort,teſmoing ces enſeignes que voyez cy.Par ma foy,dit Amadis,ce ſera vn tresbeau preſét à Bruneo:or la luy porte,& prenons le chemin de la
ville.Et toy Enil mon amy,retourneras vers madame , ſans paſſer oultre,
pour luy faire entendre que ie la mercie treshumblement, tant de la letre
qu'elle m'a enuoyé , que de ce que tu m'as dit de ſa part : mais que ie luy
ſupplie pour Dieu , qu'elle ayt pitié de mon honneur, en ne me laiſſant
trop oyſif par deça,& toutesfois que ie luy obeyray toute ma vie,quelque
choſe que l'on puiſſe dire , combien que ie ſçache aſſez , que l'on ne peult
acquerir par vertu tant bonne renommée & reputation, qu'auecq' le téps
la malice des gens ne diffame par peu d'occaſion. Or t'en va doncques à
Dieu,qui te conduye , & fay mes recommendations par tout . Ainſi ſ'en
retourna Enil embarquer,& Amadis en la ville, ou il trouua Bruneo, lequel eſtoit trop mieux guery de ſa nouuellé playe,que de l'ácienne qu'a-
mour luy auoit faite:car tant plus il ſ'approcheoit de celle,dont il pouoit
receuoir gueriſon, & plus ſ'emflamboit en luy l'ardeur qui le tourmétoit,
ce que cognoiſſant tresbien,meſmes qu'il ne pourroit encores paruenir à
ſes ententes , ſans grand trauail, delibera pour mieux temporiſer, & aug
menter en Cheualerie,aller par pays eſträges,chercher aduétures , & faire telz faitz d'armes,dont ſa renómée ſeroit diuulguée en tous endroitz.
Et de fait auſſi toſt que Amadis luy eut monſtré la teſte de laGeante,eulx
deux ſe pourmenant à part,il luy dit:Cettes,monſeigneur,le ieune aage,
& peu d'eſtime en quoy i'ay veſcu iuſques icy,entre les bons Cheualiers,
me preſſent d'habandonner ceſte plaiſante vie,& en prendre vne plus pe
nible,pour paruenir à leur rang,& pourtát ie vous ſupplie humblemét,ſi
vous trouuez en diſpoſitió d'aller chercher les aduétures,permetre que ie
vous

vous acompagne, finon me donnerez congé : car i'ay deliberé partir demain des le plus matin. Quand Amadis l'entédit parler, & luy fouuenant
du cómandemét que Oriane luy faifoit, par la lettre que Enil luy auoit a-
porté, il fut fi marry que rien plus: Toutesfoys il le diffimula, & f'excufát,
refpondit à Bruneo: Par ma foy, mon grand amy, i'ay toute ma vie defiré
telle cópagnie que la voftre, eftát affeuré qu'il ne m'en fçauroit venir que
tout honneur & bon heur: Mais le propos que le Roy m'a tenu nouuellement pour ne partir encores de fes pays, me contrainct vous faucer cópagnie, dót ie fuis trop defplaifant, parquoy ie vous prie de m'excufer, priát
Dieu qu'il vous vueille conduire. Lors Bruneo fe vóyát depefché d'Ama
dis, vint trouuer Mellicie, à laquelle il feit entédre la caufe de fon partement, la fuppliant le tenir tóufiours en fa bonne grace, cóme celuy qui la
defiroit fur toutes chofes. Mellicie luy refpondit fagement, qu'elle feroit
entierement ce que le Roy & la Royne luy commanderoient, l'affeurant,
toutesfoys, qu'il eftoit le gétil homme que plus volútiers elle accepteroit
à mary, f'il leur plaifoit. Et ainfi que luy & elle eftoient en propos, prenát
les gracieulx congez l'vn de l'antre, le Roy furuint, parquoy Bruneo f'a-
dreffant à luy, & le trouuant à point, luy declaira l'occafion de fon partement, que le Roy trouua tresbon & raifonnable, & pource qu'il eftoit ia
tard, & heure de fe retirer, remeirent le tout au lendemain, pour en parler
plus amplement: toutesfoys venant l'aube du iour, Bruneo f'arma de toutes pieces, puis fut ouyr deuotement la meffe, & ainfi qu'il vouloit móter
à cheual, le Roy le vint trouuer, & luy & Amadis le conduirent iufques
hors la ville, ou ilz le commanderent à dieu, & de la fuyuit fa fortune, qui
luy fut fi fauorable, qu'en peu de téps apres il meit à fin tát d'aduentures
eftranges, que ce feroit chofe trop prolixe à racópter, auffi que ce n'eft ma
tiere, pour le propos que nous voulons continuer: Parquoy retournons à
Amadis, lequel auoit defia feiourné en Gaule troys moys & demy, tandis
que le Roy Lifuart faifoit guerre en l'Ifle de Mongaze, & eftoit fa reputation fi diminuée, pour auoir tant difcontinué les armes, que chafcun parloit au defauantage de luy, fpecialement les dames & damoyfelles, qui le
venoient chercher de toutes pars, pour auoir fecours, & ne le trouuát, f'en
retournoient fi mal contentes, qu'elles luy donnoiét maint grád blafme,
dont il eftoit affez aduerty: Neantmoins il ne vouloit (pour chofe du mó
de) defobeyr à ce que la princeffe Oriane luy auoit mádé, & aima mieux
demourer en cefte mauuaife reputation, iufques à ce que le Roy Lifuart re
tourna en la grand Bretaigne, lequel eut nouueau aduertiffement, que fes
ennemys eftoient defia paffez en l'Ifle Lionine, pres d'entrer en fes pays,
& cóbien qu'il en feift peu de cas deuant fes gens, craignát les eftonner, fi
penfoit il tout autremét en derriere. Mefmemét la Royne, qui pour cefte
occafió regrettoit Amadis, & ceulx qui l'auoyét fuyuy, difát publiquemét
que fi le Roy les auoit autát à fó cómádemét, cóc il fouloit, qu'il pourroit

quafi

quasi tenir sa victoire seure,& si la Royne en estoit desplaisâte, ce n'estoit
rien au regard d'Oriane & Mabile, lesquelles deuisans ensemble, vindrét
à parler des Cheualiers absétez du seruice du Roy,à cause de l'iniure qu'il
auoit faite à Amadis,& ses côpagnons, tant que Mabile luy dit: Madame,
si le Roy à failly,ce n'est pourtât à dire que vous faciez côme luy, mesmes
en chose qui vous est de telle importance , ains deuez enuoyer vers mon
cousin,& preuenir ceulx qui vous peuuét nuyre, le priant affectueusemét
que s'il ne veult estre pour le Roy,qu'aumoins il ne luy soit côtraire,pour
l'esperance que vous auez d'estre vne foys son heritiere, & dame de ses
pays,qui luy seront acquis par le mariage de vous deux: Mâdez luy aussi,
pour le contenter que s'il s'ennuye d'estre tant long temps en Gaule,qu'il
s'en aille ailleurs esbatre , attendant que le temps & fortune ameine autre
saison plus propre à voz desis.Oriane trouua bon cest aduertissement,&
escrit incontinent à Amadis(par vne damoyselle qui luy auoit nouuellement apporté aucuns presens de par la Royne Elisene) tout ce que Mabile,& elle auoient resolu, & par sa lettre entendit amplement sonvouloir,
dont il fut tresayse,se sentant en liberté d'aller ou bon luy sembleroit:tou
teffois il estoit en grand perplexité,ne sçachât determiner ce qu'il deuoit
faire:car la volunté d'Oriane estoit,qu'il ne se trouuast contre le Roy Lisuart,& de le secourir aussi, il se sentoit trop offensé . A la fin conclud en
demâder aduis au Roy Perion:Et à ceste cause le trouuant à part vn iour
qu'ilz se pourmenoient sur le riuage de la mer, comméça à luy en parler,
& comme ilz estoient sur ces termes, veirét de loing,venir à eulx vn Che
ualier,monté sur vn cheual bay,tât las & trauaillé,qu'à grâd peine se pou
uoit il soustenir,& auoit les armes & l'escu si rôpu,& sa cotte d'armes tant
deschirée,qu'il estoit impossible de le recognoistre Bien pensa le Roy Pe
rion à sa contenance,que c'estoit quelque Cheualier errât,parquoy il alla
au deuant pour le receuoir,& approchant pres de luy,Amadis apperceut
que c'estoit Florestan son frere. Lors dit au Roy(qui ne l'auoit oncques
veu)Sire,ne cognoissez vous ce Cheualier,qui est vn des meilleurs que ie
sçache,& vostre filz?Mon filz?respondit le Roy.Ouy certes, dit Amadis,
c'est Florestâ,dequoy ie vous ay parlé maintesfoys. Lors Florestâ aduisât
Amadis,se douta que l'autre estoit le Roy : Parquoy meit soudainement
pied à terre,& vint le Roy l'embrasser: mais il s'agenoilla pour luy baiser
les piedz.Ce que le Roy Perion ne voulut permettre:ains le leua doulcement,luy disant qu'il fust le tresbien venu,puis le print par la main,& le
mena au chasteau vers la Royne , laquelle luy feist tresbon recueil , tant
pour l'amour du Roy,que pour la proesse dôt il estoit renommé par tous
pays, & ainsi qu'ilz deuisôient ensemble des fortunes du Roy Lisuart, le
Roy Perion luy dit: Mon filz auez vous sceu l'entreprise que font ses ennemys contre luy?Ouy bien,sire,respondit Florestan,& à ce que i'ay peu
entédre,leur force est tant grâde, que si dieu ne luy ayde, il est impossible
qu'il

qu'il y puiſſe reſiſter,dont ne deuons gueres eſtre marriz , veu les choſes
paſſées.Mon filz,dit il,ie croy bien que le Roy Liſuart peult auoir failly
en d'aucuns endroitz : Neantmoins ie l'ay autresfoys ouy louer grandement de maintes bonnes vertus,qui me fait penſer qu'il ſortira de ceſt affaire,comme il a fait de pluſeurs autres, ou il eſt trouué. Et d'aduantage
il eſt mal ſeant à tout Roy,de deſirer la ruyne d'autre prince,ſ'il n'a guerre contre luy,pour quelque iuſte occaſion. Or eſtoit il ia tard,& auoit on
couuert pour le ſouper.Parquoy le Roy dit à Amadis : Mon filz , menez
voſtre frere,& le faites deſarmer,puis nous mettrons à table. Ainſi ſe retirerent Amadis & Floreſtan,& eſtás ſeulz,Floreſtá luy dit:Monſeigneur,
la principale & plus grande occaſion qui m'a fait venir en Gaule , à eſté
pour vous aduertir du tort que vous faites, non ſeulement à vous : mais à
tous ceulx de voſtre lignage,demeurant ſi longuemét oyſif,& reputé des
armes, en ſorte que maintz vous en blaſment , & eſtiment que faulte de
cueur,vous à ainſi reduit à nonchalloir. En bonne foy , reſpondit Amadis , ilz penſeront ce que bon leur ſemblera : mais i'eſpere doreſnauant
leur faire changer d'opinion. Et eſtans ſur ces propos,le Roy ſuruint,qui
les mena en ſa ſalle,& apres diuers traictemens de viandes, eſtás les tables
leuées,& l'heure d'aller dormir, Amadis & Floreſtan prindrent pour ce
ſoir cógé de luy. Mais Amadis ne peult oncques dormir la nuict, péſant
continuellement cóme il pourroit recouurer ce qu'il auoit perdu,& delibera en ſoymeſme ſ'aduanturer tant, qu'il feroit dire le contraire à tous
ceulx qui auoient mal parlé de luy:Et pour à ce paruenir , vne foys deter-
minoit aller contre le Roy Liſuart,puis ſoudain(ſe ſouuenát de la deffen
ſe d'Oriane)changeoit de penſée : ainſi ne ſçauoit lequel des deux partiz
eſlire,iuſques à ce que, apres vn long diſcours paſſé en ſon eſprit, choiſit
pour le meilleur oublier l'iniure qui luy auoit eſté fait en la grand Bretaigne,& eſtre du coſté du roy,tát pource qu'il eſtoit le plus foible,que pour
autant que ſi l'on le chaſſoit de ſes pays,Oriane perdroit le bien qu'il eſpe
roit vne foys eſtre ſien:Et à ceſte cauſe,le lendemain ſe leua de grand matin, & acompagné de Floreſtan, entra en la chambre du Roy Perion , lequel il trouuerent eſueillé,& luy donnant le bon iour,Amadis luy dit:Si-
re,i'ay toute nuict penſé au propos que vous tenoit erſoir mon frere Floreſtan,& au dáger ou peult tumber le Roy Liſuart,pour n'eſtre ſecouru,
& en ceſte péſée,m'eſt treſbien ſouuenu du deuoir en quoy eſt obligé(cóme vous dites)tout príce vertueux,pour maintenir la liberté d'autre prin
ce,eſtát malheureuſement & ſans occaſion aſſailly.Au moyé dequoy i'ay
aduiſé(ſi vous le trouuez bon)& il vous plaiſe me dóner congé,paſſer en
la grand Bretaigne,& ſans auoir eſgard à l'iniure que i'y ay ſoufferte, ayder non ſeulement auRoy Liſuart:mais à ceulx de ſon pays,qui ne peuuét
mais de ſon offéſe.Et croyez,Sire,que ie ne vous dy telz propoz ſás cauſe,
voicy mó frere ǯ ſçait les paroles que l'ó tiét de moy,pour m'eſtrequelque

temps

temps diſtrait des armes,& ſemble à pluſieurs que ie ſoye du tout reffroi-
dy de ſuyure les aduentures,pour les dangers qui y ſont occurrés, à quoy
ie ne penſay oncques : & pour en donner ſeur teſmoignage à chacun, ſi
Dieu plaiſt ie feray en ceſte aſſemblée tant de deuoir, que ma renommée
(qui ſemble eſtre enſepuelie) ſeſueillera auec plus de louenge qu'elle ne
fut oncques.Mon filz, reſpondit le Roy, vous ſçauez que i'ay touſiours
eſté amy des bons,& cognoiſſant le Roy Liſuart eſtre de ce nombre, i'ay
grande occaſion de luy faire ayde & faueur, ou i'auray le moyen, & ſi ie
differe à preſent c'eſt ſeulement pour cauſe des differés qui ſont entre luy
& vous:Mais puis que voſtre intentió eſt chágée,& que voulez vous trou
uer en ſi bonne affaire, i'y ſeray en voſtre cópagnie, n'eſtant deſplaiſant
d'autre choſe,que du temps qui nous eſt ſi brief pour aſſembler gens : car
ſi i'auoys loyſir de dreſſer armée, aſſeurez vous que ie la y meneroys puiſ-
ſante & roide,pour nous accópagner : Toutesfoys celà ne nous arreſtera,
& prendray ſeulement les Cheualiers que ie pourray promptement re-
couurer.Quand Floreſtan entédit ceſte deliberation,il demeura longuement ſans mot dire,puis reſpondit au Roy:Sur mon dieu Sire, quád ie có
ſidere la cruaulté du Roy Liſuart, lequel ſans la faueur que monſeigneur
Galaor nous porta en l'Iſle de Mongaze,il nous euſt tous fait cruellemét
mourir,il ſeroit impoſſible que ie luy puiſſe vouloir bié,meſme vous ſçauez comme long temps au parauant il nous auoit à ſi grand haine, qu'il
ſ'eſt pluſieurs foys vanté de nous ruyner tous.Neantmoins voyant les cho
ſes en telz termes,ie ſuis content pour l'honneur de vous (& puis qu'ainſi
vous plaiſt)oublier le tout pour ceſte heure,&vous ſuyure comme i'y ſuis
tenu, auſſi que par l'accord que nous auons fait au Lac Ardant, ie ne doy
porter armes contre luy de deux ans,par ainſi doncq' m'eſt force ſi ie m'y
veulx trouuer,eſtre de ſon coſté.Sire,dit Amadis,ce ſeroit le meilleur que
nous feiſſions ceſte entrepriſe ſecrete, ſans y mener autre que nous troys
ſeulement: car eſtant l'aſſemblée plus grande, plus tard ſera tenu ce que
nous pourrions faire,& ſerois bien d'aduis (ſ'il eſtoit poſſible)que nul ne
nous cogneuſt.Ie ſuis content,reſpondit le Roy, i'ay trois harnoys ſemblables, qui ſeront propres à ceſte entreprinſe, affin que nous puiſſions
mieux cognoiſtre,& ſecourir l'vn l'autre,& allós preſentemét les eſſayer.
Lors ſortirent de la chambre,& trauerſans, veirent deſcendre en la court,
vne damoyſelle richemét veſtue,de deſſus vn bié beau palleſroy,laquelle
eſtoit ſeulement acópaignée de deux eſcuyers,qui portoient chaſcunvne
queſſe deuát eulx,& oyant le Roy qu'elle le demandoit,deſcendit en bas.
Adonc la damoyſelle qui l'aduiſa venir à elle,auec Amadis,& Floreſtan,
les ſalua humblement.Lors luy demanda le Roy ſi elle vouloit parler à la
Royne.Nó Sire,reſpódit elle,ie n'ay affaire à autre qu'à vous,&à ces deux
Cheualiers,vers leſquelz m'éuoye la dame de l'Iſle ícogneue,auec les pre
ſér que voicy.Adóc feit decharger & ouurir les queſſes,deſquelles elle tira

troys

troys efcuz, troys heaumes, & troys cottes d'armes. Or eftoient les efcuz d'argent femez de ferpens d'or, tant bien faitz qu'il fembloient proprement vifz, & les cottes d'armes toutes pareilles : Mais les heaumes furent tous differens, car l'vn eftoit blanc, l'autre doré, & le tiers verd : le blanc prefenta la Damoyfelle au Roy, auec la cotte d'armes, & l'efcu : le verd à Floreftan, puis le doré à Amadis, luy difant: Seigneur, Madame vous en uoye ces armes, & vous máde de par moy, qu'auec icelles vous employez dorefnauant mieulx que n'auez fait depuis que vous eftes par deça. Amadis l'oyant fi auant parler, eut crainte que les affaires d'Oriane & de luy, feuffent plus auát defcouuertes, & refpondit à la damoyfelle, pour luy rópre propos: Damoyfelle m'amye, vous remercierez humblement voftre maiftreffe de ma part, & luy direz, que ie n'eftime moins le confeil qu'elle me dóne, que le prefent qu'elle nous a fait, auffi que ie luy obeyray en ce qu'elle me mande de tout mon pouoir. Meffeigneurs, dit la Damoyfelle, elle vous enuoye à tous troys ces armes, à ce que vous vous puiffiez congnoiftre, & ayder l'vn à l'autre fi en auez befoing en la guerre du Roy Lifuart. Comment (refpondit le Roy) a fceu voftre maiftreffe que nous y deuons eftre, veu que nous mefmes ne le fçauions, il n'y a pas encores vne heure? Ie ne fçay, dit la damoyfelle: mais elle m'affeura que ie vous trouue roys à cefte mefme heure, droit en ce lieu, me commendant expreffemét qu'apres vous auoir baillé ces armes, ie paffaffe en la grád Bretaigne, ou elle m'enuoya femblablemét. Pourtát regardez f'il vous plaift riés luy máder. Par ma foy, refpódit le Roy, vous ne partirez de ceás premier que n'ayez difné? Lors la feit códuire au chafteau, ou il luy fut donné tout le meilleur traitemét, dót on fe peult aduifer: Puis ayát difné à fó ayfe, & pris cógé des troys Cheualiers, fe remeift en chemin, tyrát vers la mer, ou elle f'embarqua. Bien penfa Amadis apres le departement d'elle, que la bataille fe donneroit en brief, & que fans grande occafion, Vrgande ne leur auoit enuoyé ces armes: Au moyen dequoy, il eut trop plus d'enuye de f'y trouuer qu'au parauant, & pour diligenter cefte entreprinfe, des le iour mefmes enuoya Gandalin faire equipper fecrettement vn nauire, dequoy il aduertit le Roy & Floreftan, qui conclurent partir la nuict enfuyuant: Et de fait eftás embarquez eurent fi bon vent, que fans eftre apperceuz de nul finglerét en pleine mer, coftoiát l'Ifle de la grád Bretaigne, ou peu apres ilz prindrent port, au plus pres qu'ilz peurent du lieu, ou eftoient cápez les fept Roys, efperans apres auoir veu leur contenáce, d'eulx ioindre auec le Roy Lifuart: Et à cefte caufe entrerét en vne efpeffe foreft, ou leurs efcuyers drefferent vn pauillon, attendát qu'ilz euffent amples nouuelles des deux armées, & des l'heure enuoyerét l'vn de leurs gens au camp des ennemys pour eulx enquerir, du iour que fe dóneroit la bataille, & vn autre vers Galaor, luy porter lettre par laquelle ilz luy faifoiét entédre qu'ilz eftoient en Gaule, & auoit ceft efcuyer cómandemét expres de l'affeurer, qu'il les y auoit laiffez tous troys enféble, lefquelz le prioiét de leur faire

E　fçauoir

ſçauoir(apres la victoire)qu'elle feroit la ſanté de luy & de leurs amys.Sa
gement acõplirét les eſcuyers ce dont ilz eſtoiét chargez , tellemét qu'au
troiſieſme iour enſuyuát,le premier retourna vers eulx,& rapporta cõme
l'armée des ſept Roys eſtoit merueilleuſemét grãde & forte, par le nõbre
infiny de gés eſtrãges qui y eſtoiét nouuellemét arriuez, leſquelz tenoiét
aſſiegé eſtroitemét vn chaſteau,que l'on diſoit appartenir à quelques damoyſelles,& nõobſtát qui fuſt fort & imprenable par force d'armes, ſi e-
ſtoit il en treſgrãd dãger de ſe rédre,à cauſe du peu de viures qu'il y auoit
dedãs:Mais ainſi(diſoit l'eſcuyer) que ie trauerſoys le cãp,i'ay ouy Arcalaus l'enchanteur , diſant à deux Roys, auecq' leſquelz il ſe pourmenoit,
que force eſtoit de donner la bataille dans ſix iours pource qu'il n'y auoit
plus d'ordre de faire amener victuailles par la mer, & que leur munition
cõmençoit à faillir.Voyla,reſpondit Amadis,qui va tresbien,ce pendant
aumoins aurons nous loyſir de nous raffreſchir.Et le iour meſme retourna l'autre qui eſtoit allé au camp du Roy Liſuart, lequel leur declaira,cõ-
me il auoit trouué Galaor,& la cõtenance qu'il auoit eue receuát la lettre
qu'il luy auoit baillée,&croyez, dit il, qu'il ne ſ'eſt oncques peu tenir de
pleurer, quand il a ſceu que vous eſtiez tous troys en Gaule,car il penſe-
roit la victoire ſeure de leur coſté ſi le roy vous auoit en ſa compagnie , &
vous mãde par moy que ſ'il rechappe de ceſte bataille,qu'auſſi toſt il vous
viédra trouuer la part que vous ſerez . Or ça dit Amadis,que te ſemble de
leur armée?Monſeigneur,reſpondit il,le peu de gens qu'ilz ont ſont treſbien en ordre, & bons Cheualiers , ainſi que l'on dit:mais ilz ſont peu au
reſpect du grãd nõbre des autres:Toutesfoys le Roy Liſuart ne les craint,
& delibere(à ce que l'on dit)les venir trouuer dedãs deux iours,autremét
le chaſteau des dames eſt cõtrainct de ſe rédre . Nous verrõs,dit Amadis,
qu'il en aduiendra.Ainſi ſeiournerent au boys,iuſques au temps qu'ilz eu
rent leur aduertiſſemét,cõme les deux armées eſtoiét preſtz à ioindre.Au
moyen dequoy ilz deſlogerent , & ſ'approcherent pres du camp du Roy
Liſuart,lequel eſtoit lors aſſis ſur vne croupe de montaigne,ſi pres des en
nemys,qu'il n'y auoit qu'vn petit ruiſſeau à trauerſer enuiron le meilleu
de la plaine que le Roy Arauigne (deſirant combatre) faiſoit paſſer à ſes
gens.Ce Roy dont ie vous parle,auoit eſté eſleu pour chef & coronnal de
l'armée des ſept Roys,leſquelz auecq' les principaulx capitaines de leur ar
mée, luy auoient fait tous ſerment le iour precedant, de luy obeyr ſans
contredit:car il ne vouloit auoir(comme il diſoit)autre choſe que l'honneur de ceſte entreprinſe,quittant tout le butin à ſes compagnons & ſol-
dardz,pour aquoy paruenir,ordonna neuf batailles , à chaſcun deſquelz
il meit douze cens Cheualiers , reſte au ſien qui eſtoit de quinze cens ou
plus,& le lendemain de l'aube du iour commenda faire ſonner trompettes & clairons à ce que chaſcun ſe meiſt en ordre.Puis auant que deſloger,
voyãt ſes gés deliberez de faire leur deuoir,pour plus encores les animer,
leur dit ainſi:Quel beſoin eſt il ſeigneurs que ie vous face grand enhorte-
ment

ment de bien combatre veu que vous estes icy pour ce faire,& mesmes au
cteurs de ceste guerre, en laquelle vous m'auez esleu pour vostre chef,&
premier conducteur,qui est la raison principalle, pour laquelle ie vous di
ray ce que m'en semble,a fin qu'apres m'auoir entendu,vous ayez deuant
les yeulx,la cause pour laquelle vous estes si grand nóbre des gens assem-
blez.Certes ce n'est pas pour defendre vostre pays,vostre liberté,voz fémes,voz enfans,ou voz biens : mais c'est pour cóquerir & subiuguer vne
gent,la plus fiere qui soit auiourd'huy viuant,& qui de nous(estans loing
d'eulx)faict ausi peu d'estime que rié.Toutesfoys ie croy que de pres ilz
n'oseroient nous attendre,combien que vous les voyez deuant vous marcher furieusement. Ce nóobstant(si vous regardez bien leur contenance)
séble qu'elle doiue auoir plus d'efficace à vous esmouuoir,& dóner cueur
de bien cóbatre,que toutes les parolles d'hóme viuát, encores que fussiez
quasi recreuz,& mal equippez.Et au cótraire nous sommes icy la fleur,&
force,de la plus part des Isles Occeanes,& en si grand nóbre, que ce seroit
quasi peché de doubter de nostre certaine victoire.Et pour plus la nous as-
seurer,souuiéne vous que nous sómes en vne terre estrágiere,& fort loing-
taine de la nostre, nó point entre noz amys:Mais au meilleu de tous ceux
qui desirent nostre mort,chose que ne pouuós euiter,si nous sommes vne
foys rópuz : Car ilz ont force gens de cheual, par lesquelz serós poursuy-
uiz,sans auoir aucũ moyen de faire retraicte en noz vaisseaulx.Par ainsi il
nous fault tesouldre devaincre,ou de mourir,veu que la necessité en quoy
nous sommes,est trop plus à craindre, que leur puissance. Pourtant que
chacun face son debuoir.Et i'espere plustost que la nuict nous separe, que
serons maistres & seigneurs de tout ce pays,& redoubtez cy apres en tous
les autres endroictz du móde.Ayát le roy Arauigne ainsi parlé à ses soul-
dardz,il les feit marcher en bóne ordónance,cótre ses ennemys : lesquelz
marcheoyét en bataille le long la croupe de la montaigne;cóntre laquelle le soleil donnoit, & faisoit tellement reluyre leurs armes, que c'estoit
tresbelle chose à veoir. Or estoient ilz separez en cinq escadrons, le premier conduisoit Brian de Moniaste auec mil cheualiers d'Espaigne,le second le Roy Cildadã auec pareil nombre,le tiers Galuanes,le quart,Gió-
tes,Et le dernier le Roy Lisuart acompagné de Galaor,auecq' deux mille
bós cheualiers,lequel voyát si grád force marcher contre luy,doubta merueilleusemét de la victoire: Toutesfoys cóme prince prudét & magnanime,alloit de bataillô en bataillô,persuader ses cheualier à bié cóbatre , &
pour mieux les inciter à ce faire,leur donna entédre,qu'à tort il estoit as-
failly de ses ennemys,sans auoir querelle aucune contre eulx: Mais seulemét qu'à la persuasion d'Arcalaus(le plus trahistre & desloyal pillard qui
fut oncques viuát)ilz estoient entrez en ses pays le cuidát surprendre. Et
pourtát disoit il,mes amys,estát le droit de nostre costé,dieu qui est iuste
es mains duquel sont les victoires)nous aidera, s'il luy plaist,& s'ilz disét

E ii   qu'ilz

qu'ilz me font la guerre seulement pour venger ceux qui dernieremét inuaderent ce Royaume , auecq' le Roy Cildadan. Asseurez vous qu'il se pourroient bien trouuer deceuz , scachans que plusieurs cuydans venger leurs iniures(souz la côfiance de quelque puissance) acroissent bié souuét leur hôte,& y finent malheureusement leurs iours, comme i'espere qu'ilz feront:Car il n'y a nul de nous aprétis de se trouuer en telz côflictz,& qui ne soit experimété & reputé par eulx mesmes, cheualier preux & hardy, seulement fondát leur victoire,sur le grád nóbre de gés qu'ilz ont en leur câp,gens puis-ie dire ramassez,& de toutes pieces,la plus part sans ordre, & sans obeyssance,lesquelz nousvoyás approcher, s'estónerót auát qu'ay-ons loysir debaisser noz lances,Et si vne foys nous les pouuons mettre en desordre,nous en aurons telle raison que nous voudrons.Marchons donc hardiment & leur faisons cognoistre qu'ilz ne sont pas plus gens de bien que leurs côpagnons, desquelz noz terres ont esté engressées par leur se-pulture,& les loups repuz de leur charongne,par troys ou quatre diuerses foys,qu'ilz ont esté deffaictz en bataille , par la vertu & magnanimité de vous autres.Telle remóstráce faisoit le gétil Roy à ses cheualiers, lesquelz voyát approcher leurs ennemys,marcherét au petit pas contre eulx.Or e-stoient embuschez tout ioingnant le Roy Perion,Amadis, & Florestá,les quelz auoiét deliberé d'eulx ne se mouuoir,premier qu'ilz ne veissent có-me se portoit la meslée,d'vne part & d'autre , & sur l'heure apperceurent Brian & ceulx de sa troupe coucher leurs lances,& donner dedás leurs en nemys si hardiment , qu'à l'abborder y eust maint bon cheualier rué par terre,& mis à mort:Mais le Roy Targadá, qui menoit le premier batail-lon du Roy Arauigne,fut promptement secouru d'Absadan,auec douze cens cheualiers.Au moyé dequoy Briá fut contrainct de reculer. Ce qu'a-perceuant le Roy Perion,dit: Amadis & Florestá:Il me semble que nous n'aurons iamais occasion plus grande de nous monstrer,veu que noz en-nemys ont grandement l'aduantage sur les gens du Roy Lisuart. Sire,re-spondirent ilz , allons les secourir . Ce disant,donnerent des esperons à leurs cheuaulx.Et le premier que rencontra le Roy Perion,fut Targadan: lequel au parauát n'auoit chargé cheualier qu'il ne l'eust réuersé. Mais le Roy Perion luy donna si grád coup de láce,qu'il luy faulsa escu,harnoys, & le corps d'outre en outre,túbant mort sur le champ,Et si ceste récontre fut dure pour luy, toute telle fut celle d'Absadan le Braue : Car Amadis l'attaignit de si grád force,qu'il luy feit sortir sur l'heure l'ame du corps. Ce qui espouéta tellemét les ennemys,qu'ilz commécerét à perdre cueur, & ceulx de Brian à eulx renforcer : Car Florestan vint s'adresser au Roy Cardueil:auquel ilz auoient quasi toute leur esperance,& le print si à pro pos,qu'il le fit voller hors des arsons,entre les iábes des cheuaux. La y eut dur conflict,par ce que les deux armées s'asséblerét pour greuer l'vne l'au tre,& qui eust veu à l'heure Amadis fédre la presse , on l'eust estimé plus

que

que l'on n'auoit fais depuys six moys, pource qu'il ne dónoit coup à Che
ualier, qu'il ne meist à mort ou naurast cruellement, cóbien qu'il trouuast
souuent de grandes resistances: car si ceulx de la grand Bretaigne combatoient pour leur liberté & propre salut, les gens du Roy Arauigue assail-
loiét, esperás cóquerre terre d'autruy, & par ce moyen demeurer à iamais
riches. Ainsi estoit à qui mieux feroit son deuoir, pour emporter la victoi
re de ceste iournée. La fut tué le cheual d'Amadis souz luy: mais il fut qua
si aussi tost secouru par l'ayde que luy donnerent les Roys Lisuart, Perion
& leur suyte, lesquelz feirent tant d'armes en cest endroit, que leurs ennemys cómácerét à brásler, & y fut le Roy Arauigne si nauré, que pésát estre
attainct à mort, s'enfuyt en ses nauires, & la plus part de ses gens apres, &
ainsi que l'on les poursuyuoit viuement, Brutaxar, l'vn des meilleurs Che
ualiers qui fust en l'armée des sept Roys, voyant ce grand desordre, r'allia
quelques vns de ses gens, par le moyen desquelz il arresta sur cul, ceulx
qui chassoient le Roy Arauigne, & recommença le combat autant cruel
qu'il auoit esté du iour, ce pendant les plus espouentez entrerent dans les
vaisseaux, ou maintz se fussent sauluez: Mais Amadis suruint qui chargea
Brutaxar de si grád force, qu'il le rua mort par terre. Ce qui augmenta la
frayeur aux ennemys, de sorte que pour mieux fuyr, iectoient glaiues &
escuz sur le cháp, les vns courás vers la mer, les autres aux boys & rochers,
ainsi que fortune les guidoit, & cóbien que le Roy Lisuart, & la plus part
de ses Cheualiers, eussent beaucoup d'affaires au commencement, si n'y
eut celuy qui ne print garde au grand deuoir qu'auoient fait tout le iour,
les Cheualiers aux armes des Serpens, tát que le Roy mesmes disoit main
tesfoys à hanltes voix: Par Dieu, ou ce sont troys Amadis, ou trois fantos-
mes. Toutessoys quand il cósideroit l'iniure qu'il luy auoit faite, il se per-
suadoit tout autrement. Ainsi demeura le Roy Lisuart victorieux, & se cá
pa pour ce iour au lieu propre ou auoit esté la deffaite, & comme il se des-
armoit, demanda qu'estoient deuenuz les Cheualiers des Serpens: Mais
nul ne luy en sceut respondre autre chose, sinon que l'on les auoit veuz tirer vers la forest, fuyant tant que les cheuaux pouuoient courre. Sur ma
foy, dit il, ie suis trop deplaisant qu'ilz ne sont demeurez auecq' moy: car
qui auroit en sa compagnie troys telz Cheualiers, il se pourroit dire & tenir pour bien acompagné. Sire, respódit l'escuyer qui les auoit rencótrez,
trauersans n'agueres par ce boys, ie les ay trouuez tous troys, & m'ont dó
né charge vous aduertir, qu'ilz ont esté contrainctz eulx ainsi partir de ce
ste assemblée, pour aller en loingtain pays, eulx mettre en la puissance de
tel, qui peult estre, n'aura aucun mercy d'eux, & vous supplient treshumblement les tenir pour excusez s'il ne vous ont fait la reuerance auant: que
partir. Certes ceste parole fut depuys plus veritable que n'esperoit Amadis, qui l'auoit dite à l'escuyer, lequel poursuyuát son propos, dit au Roy:
Sire, ilz vous priét aussi, que leur part du butí soit distribuée aux damoy-

E iii   selles

felles,qui ont fi bien gardé leur chafteau pour vous,à ce qu'elles foyét re-
compéfées de partie du dommage qu'ilz ont eu en ce fiege.Sur mon dieu,
refpondit le Roy, il fera fait ainfi: Mais beau fire,dit il à Galaor, feroit ce
point Amadis voftre frere l'vn des troys? Non certes,refpondit:car ie receu encores deuát hyer lettres de luy par lefquelles il me mádoit que luy
ne Floreftan ne partiront de Gaule , premier qu'ilz n'ayent de mes nou-
uelles.Ie m'efmerueille donc,dit le Roy,qu'ilz pourroiét eftre.Ie ne fçay,
refpondit Galaor:mais quelz qu'ilz foyent,dieu les garde de mal,comme
les meilleurs & plus hardis Cheualiers que ie vy de ma vie , & qui ont autant fait ce iourd'huy pour vous.Ainfi pafferent le refte du iour ne parlát
quafi d'autre chofe,que de ce qu'ilz auoient veu faire aux Cheualiers des
Serpens:Puis le lendemain fe leüa le camp,prenant le chemin à Gandale,
ou les dames attendoient le Roy,& la rompit fon armée, renuoyant chacun chez foy.

Comme les Cheualiers

aux armes des Serpens,retournans en Gaule,eu-
rent fortune contraire,qui les iecta en lieu,
ou Aarcalaus les cuyda faire mourir,&
de ce qui leur aduint depuis.

Chapitre.   VI.

Troys

Roys iours entiers fe tindrent cachez en la foreft, le Roy Perion, & fes deux filz, tát pour eulx
rafrefchir, qu'attendant vent propre à eulx embarquer, & le quatreiefme enfuyuant, entrerent
en leur nauire, faifant dreffer leurs voilles droit
en Gaule: Mais il leur auint tout autrement: car
à grand peine furent ilz en plaine mer, qu'elle
cóméça à s'orguillir, & enfler, de forte qu'il fem
bloit que le ciel & la terre fe deuffent affembler,
& tant fut agité leur vaiffeau de l'impetuofité des vagues, que quelque re-
fiftance que fiffent les mariniers, force leur fut retourner vers la cofte de la
grand Bretaigne, & prendre port affez loing du lieu d'ou ilz s'eftoient em
barquez. Lors les troys cheualiers defcendirent à terre, & mótant fur leurs
cheuaulx, fans aulcun efcuyer, volurent veoir s'ilz trouueroient quelque
aduenture, attendans que la mer fut appaifée, commandans expreffément
à leurs gens ne partir de la, iufques à leur retour: Mais ilz n'eurent guieres
cheminé, que defcendans le long du roc, aduiferent en la plaine vne bien
belle dame, accompagnée de troys efcuyers, & de deux damoyfelles, qui
tenoient chacun d'elles, vn faulcon fur leur poing, faifant contenance de
chaffer. Et quand la dame les apperceut, elle picqua droit à eux, mónftrant
contenance de femme trefioyeufe de fi bonne rencontre, & les faluát cour
toyfement, leur fit figne qu'elle eftoit muette, tresbelle & de bonne grace la trouuerent les Cheualiers, & eurent grand pitié de fon infortune.
Lors elle s'approcha de celluy qui auoit l'armet doré, & l'embraffant luy
voulut baifer les mains, le conuiant par fignes apparens, & les autres iuf-
fi, de venir loger en fon chafteau, qui eftoit pres de la, & pource qu'ilz ne
pouuoient entendre qu'elle vouloit dire, elle fit figne à fes efcuyers qu'ilz
leur declaraffent fon vouloir : Ce qu'ilz firent, en les priant de par leur
maiftreffe de les fuyure, & eulx venir repofer: Au moyen dequoy les trois
Cheualiers las & fatiguez de la mer, penfans que tel fuft leur vouloir que
leur parolle, fans doubter la trahyfon precogitée par cefte compagnie,
obtempererent à leur requefte, & ne cheminerent longuement qu'ilz arriuerent en vn trefplaifant chafteau, ou ilz trouuerent gens, qui les receurent gracieufement, & les conduyrent en vne bien belle chambre, en laquelle ilz fe defarmerent, & ainfi qu'ilz fe mettoient à table pour foupper,
vindrent les damoyfelles, tenans chafcune d'elle vn inftrument de Mu-
fieque, auec lequel elles commencerent à fonner trefmelodieufement, &
leur dónerét tel paffe téps, iufques à ce qu'il fut heure d'aller repofer: Lors
elles fe retirerét, & demeurerent les troys Cheualiers feulz, qui fe coucherent toft apres en vn mefme lict, ou ilz ne furent longuement qu'ilz ne fe
prindrent à dormir, cóme ceulx qui en auoient grand befoing. Or entendez qu'il eftoit afsis fur vne viz tournant, ny plus ny moins que celle d'vn

E iiii   preffouer,

preſſouer,& ayſément les pouoit on abaiſſer(ſans faire bruit)en vne foſſe
profonde de plus de vingt couldées,& la ſe trouuerent les cheualiers le len
demain à leur reſueil, dont ilz furent fort esbahiz cognoiſſans bien qu'ilz
eſtoient trahiz: Car ilz ne voyoient clarté quelcóque,& ſi ne pouoient pé
ſer cóme ilz eſtoient la tranſportez,à la fin ſe leuerent pour trouuer l'huys
ou feneſtre,par laquelle ilz y eſtoient entrez:mais ce fut en vain: car il n'y
auoit apparence d'ouuerture quelconque,& ainſi qu'ilz eſtoient en ces ter
mes,entendirent marcher quelques gens au deſſus de la voulte , & ſept ou
huyt heures apres aperceurent ouurir vne feneſtre aſſez haulte, & vn che
ualier de moyen aage , lequel mettant la teſte au dedans , demanda aſſez
mal gracieuſement , qui ſont ces nouueaux hoſtes venuz loger ceans de
leur gré,pour auoir tant bon traitement?Par Dieu ruſtre,puis que ie vous
tiens,ie me ſçauray bien venger des tortz que vous m'auez faitz,au moins
ſi voſtre mort eſt ſufiſante pour ce faire, tant y a que ie vous cognois
pour ceulx qui ont eſté cauſe de la deffaite des gens du Roy Arauigne,
ſouſtenant le party de ce meſchant Liſuart,& vous ſouuienne que vous a-
uez affaire à Arcalaus,qui vous ayme comme il vous fera ſentir.Or me regardez maintenant,& ſi ne me viſtes oncques, congnoiſſez moy pour vn
autre foys ſi vous eſchappez.Que pleuſt à Dieu ſçauoir certainement ſi ce
larron Amadis de Gaule eſt en voſtre compagnie! par l'ame de moy ie
ne dormiroys premier qu'il n'euſt le nez & les poings couppez,& que ne
le fiſſe mourir de la plus cruelle paſſion,dont ie me pourrois auiſer . Mon
oncle,reſpondit la Damoyſelle(qui auoit contrefait la muette,le iour pre
cedant)ce plus ieune que vous voyez (luy monſtrant Amadis)eſt le Cheualier à l'armet doré,que vous dites auoir tant fait d'armes . Ceſte cy dont
ie vous parle,eſtoit fille d'Ardan Canille,& ſe nommoit Dinarde, la plus
malicieuſe & ſubtille femme qui fuſt en ce temps,& n'eſtoitvenue en ceſte
contrée,que pour ſurprendre Amadis,& le faire mourir, qui eſtoit la cauſe principale pour laquelle elle contrefaiſoit ainſi la muette, & auſſi toſt
qu'elle eut dit ceſte parolle,Arcalaus ſe retira de la feneſtre, & en la poul-
ſant rudement , dit aux Cheualiers : Faites tous bonne chere : car deuant
qu'il ſoit nuyt,ie vous feray trencher les teſtes, & les enuoyray au Roy A-
rauigne, en ſatisfation du deſplaiſir qu'il a receu par voſtre moyen . Plus
esbahy que deuant furent le Roy & ſes enfans de ſe voir ainſi au pouuoir
d'Arcalaus,& eurent lors cognoiſſance que la damoyſelle les auoit deceuz
ſouz vmbre de contrefaire la muette:Mais ce qui redoubloit l'ennuy à A-
madis,& Floreſtan,eſtoit de voir leur ancien pere, en tel danger ſur la fin
de ſes iours,dót ilz auoient tant de compaſſion,qu'ilz ne ſe pouoiét tenir
de pleurer . Toutesfois luy Prince vertueux & prudent, commença non
ſeulement à prendre cueur: mais à les reconforter,leur diſant: Comment?
vous eſtonnez vous ſi toſt des tours de fortune ? eſtes vous à cognoiſtre ſes
mobilitez?Sur ma foy ie vous euſſe penſé plus fors & cóſtans , d'vne choſe

vous

vous prie ne me donner point plus d’énuy que i’ay: car voftre trifteffe me caufe telle pafsion à l’ame, que cela feul eft fufifant pour me faire mourir. Pourtât raffeurez vous,& efperós en Dieu,qui eft tout puiffant pour nous tirer de ce lieu,il nous fault recommander à luy,& en luy feul auoir noftre fiance . Mais qui euft iamais penfé que fufsions tumbez en tel accident,à la perfuafion feulement d’vne fimple damoyfelle, foubz couleur de faindre la muette,apres auoir efchappé les dangers d’vne tant cruelle bataille? Ainfi,mes enfans,puys que n’y pouuons mettre ordre, poftpofant toute pitié naturelle, que vous pourriez auoir de moy,& moy de vous,prenons noftre fortune en gré . Quand Amadis & Floreftan l’entendirent parler fi fagement , il leur fembla eftre quafi defchargez de la plus part de leur malheur,& de la en auant fe refiouyrent en leur tribulation . Ainfi pafferent tout le iour fans boyre ne manger iufques fur le foir bien tard,qu’Arcalaus retourna à la feneftre,comme il auoit fait le matin, lequel eftoit encores acompagné de Dinarde,& de deux anciens cheualiers, qui portoiét vne groffe poingnée de flambeaux ardans . Adonc il appella les prifonniers,& leur dit:Cheualiers,qui dormez tant à voftre ayfe,ie croy que deuriez auoir quelque bon appetit,& que voluntiers vous mangeriez fi vous auiez dequoy.Ouy bien,refpondit Floreftan,s’il vous plaifoit nous en dó ner. Par mon ame,dit Arcalaus, ie n’en ay nulle volunté, & ie l’ay, Dieu me la vueille toft ofter . Toutesfois à ce que du tout ne foyez defconfortez,pour vous dóner quelque plaifir,ie veux vous dire nouuelles qui vous feront peult eftre affez ennuieufes.Ce foir font arriuez ceás deux efcuyers & vn Nain,demandans les cheualiers aux armes de Serpens, lefquelz i’ay faict prendre & mettre en vn lieu aufsi plaifant que celuy ou vous esbattez, & fi dans demain ilz ne me dient qui vous eftes , ie les feray mourir, de la plus cruelle mort , dont ie me pourray aduifer . Certes Arcalaus leur difoit vray: car ceulx du nauire voyans que le Roy Perion,ne retournoit vers eulx , enuoyerent Gandalin , le Nain , & Orpheus le Tapifsier, voir s’ilz pourroient fçauoir à quoy il tenoit. Et par fortune eftoient arriuez au chafteau, ou Arcalaus les auoit faict arrefter . Ce que entendu par les troys cheualiers, furent trefdefplaifans,& non fans caufe pource qu’ilz craignerent que par tourment on les forceaft à dire plus qu’ilz ne vouldroient.Neantmoins Amadis n’en fift femblant, & refpondit à Arcalaus, Sur ma foy,feigneur Arcalaus,quád vous fçaurez qui nous fommes,ie fuis feur que vous nous ferez meilleur traitement que nous n’auós encores eu: Car vous eftát cheualier cóme nous,& qui fouuét auez enduré les tours de fortune,ainfi que nous faifons,ne trouuerez mauuais qu’ayons dóné ayde à noz amys,Ainfi que vouldrions faire pour vous mefmes, en cas femblable:Et s’il y a en nous quelque proueffe,cela doibt eftre moyen de vous fai re mieux recognoiftre fi vous nous faites tort ou non.Par Dieu,dit Arcalaus,vous auez raifó de fi bié haréguer: mais vous trouuerez qui difputera

auec

auec vous, fi ie vous fais tort ou droit:Tant y a que i'vferay enuers vous de
toute telle gracieufeté que ie feroys à Amadis de Gaule, fi ie le tenoys.Mõ
oncle,dit Dinarde,puys que vous voulez enuoyer leurs teftes au Roy Ara
uigne, ne les faites ce pendant mourir de faim , à ce que viuants quelque
temps en mifere,ilz endurent vne vie pire que la mort.Vrayemét ma niep
ce,refpondit il,i'en fuys content,& eft tresbien auifé à vous . Et prefentement ilz aurõt viures,pourueu qu'ilz me dient qui les trauaille plus, ou la
foif,ou la faim,qu'en eft il cheualier,par la foy que deuez à Dieu?Puis que
tant nous coniurez,refpondit le Roy,ie croy que le manger nous eft trefneceffaire,mais la foif nous donne plus de martire. Tant mieux dit Arca-
laus.I'ay vne piece de lart bien fallée,qui vous eftanchera cefte grande alte
ration.Lors commanda que l'on l'allaft querir,puis la leur ieta par la feneftre,leur difant,tenez mes amys,faites bõne chere,& ne dites pas que ie ne
vous traite gracieufement.Adonc fe retira,laiffant à la feneftrevne damoy
felle,pour entendre les propos qu'ilz tiendroient de la en auant. Or auoit
elle ouy parler de la grãd beaulté & proueffe de celuy qui portoit l'armet
doré,mefmes comme en cefte derniere iournée ou il s'eftoit trouué, cõtre
le Roy Arauigne,il auoit fait les plus grandz actes de cheualerie,que pour
roit faire autre cheualier,qui la cõtraignit en telle pitié, que pour l'amour
de luy,elle leur fut querir vn flacon de vin & d'eaue , & en leur deuallant
leur dit:Mes amys,tenez fecret le bien que ie vous fais , & fi ie puis ie vous
garderay d'auoir pis.Treshumblement la remercierent lescheualiers.Puis
elle fermant la feneftre leur donna le bon foir. Et pour vous declarer quel
traitement eurent ce pendant,Gandalin & les deux autres,qui cherchoiét
le Roy Perion & fa compagnie:Eftans tumbez (comme i'ay dit) es mains
d'Arcalaus,ilz furent foudainemét enfermez, au deffus dela chãbre, ou le
foir precedant,la damoyfelle muette auoit fait coucher leurs maiftres , &
la trouuerét deux cheualiers de long temps prifonniers, auec vne autre da
moyfelle,femme du plus ancien:Lefquelz leur reciterent, qu'à la feneftre
de leur prifon,ilz auoient veu arriuer leás les cheualiers aux armes des fer
pens.Et le grand recueil que l'on leur auoit fait, & neantmoins à la fin ilz
ont efté(dirent ilz)mis es baffes foffes,par la plus grand tromperie du mõ
de:car le lict ou ilz fe coucherent , eft planté fur vne viz, auec laquelle on
le peult abaiffer facilement,plus de vingt couldées bas. Parquoy aufsi toft
qu'ilz furent endormis.Nous entendifmes tourner l'efcroue,& les deual-
ler fi doucement, qu'oncques ilz ne s'en efueillerent . Bien cogneut lors
Gandalin , & les autres que leurs maiftres eftoient trahyz . Toutesfoys ilz
n'en firent femblant , & leur refpondit Gandalin, comme s'ilz ne les euft
oncques veuz,à ce que ie voy,nous fommes trefmal arriuez ceás,puys que
l'on y traite tant cruellement ceux que vous dites, defquelz i'ay ouy tant
dire de bien . Mais n'y auroit il ordre de les fecourir?car fi vne foys ilz e-
ftoient deliurez, ie penfe que nous ferions peu de feiour ceans , ie vous
diray,

diray,refpondit le plus ancien de tous,le bout de la viz qui fouftient leur
lict,paffe oultre le plancher de cefte chambre,& voy le la,fi nouspouuons
àforce de bras & de mains le tordre,& remonter en la châbre , ilz auroiét
facilemét moyen de fortir:car l'huys ne ferme iamais. Et d'auátage il n'y a
garde ceans,qui ne foit maintenant endormy : Effayons y donc,dit Gandalin,& que chacun fe mette en deuoir.Lors tous d'vn acord fe prindrent
à tordre la viz,en forte que petit à petit,ilz enleuerent le lict,dont le Roy
Perion(qui ne dormoit à l'heure)s'en aperceureut, & efueilla Amadis &
Floreftan leur difant:Ne fentez vous que l'on nous remonte là fus? affeurez vous,que ce mefchant Arcalaus nous veult tenir promeffe,& qui nous
a defcouuers.Ie ne fçay,refpondit Amadis,comme il entend : mais le premier qui mettra la main fur moy,pour m'oultrager,payera l'efcot pour les
autres.Ce pendant petit à petit,le lict aprochoit du plâcher, tant qu'il fut
remis en fon premier lieu . Lors les troys Cheualiers tenans l'efpée nue au
poing,furent promptemét fur piedz,regardás de tous coftez qui les auoit
ainfi enleuez:Toutesfois ilz ne virent perfonne,dequoy ilz furent efmer-
ueillez:car ilz trouuerent encores leurs armes,au lieu mefmes, ou ilz les a-
uoient laiffées quand ilz fe mirent à dormir,defquelles ilz s'armerét: Puis
fortirent de la chambre, fi fecretement, qu'ilz furprindrent les gardes , &
les taillerent en pieces auant que nul s'en aperceuft iufques à ce que pour
le grand bruict qu'ilz firent à rompre huys , & charger fur ceux qui ren-
controient, Arcalaus s'efueilla, & entendit Amadis cryer à haulte voix.
Gaule,Gaule,ce chafteau eft noftre . Lors fe leua d'effroy,& fans prendre
loyfir de s'armer, gaigna vns forte tour, au hault, de laquelle il monta tirant l'efchelle apres luy,puis fe voyant à feureté , mit la tefte à la feneftre,
apellant fes gens tant qu'il pouuoit . Ce pendant les troys Cheualiers firent ouuerture à Gandalin & fes compagnons,lefquelz tous enfemble vin
drent à la chambre d'Arcalaus : mais il n'y eftoit defia plus , & l'auiferent
au hault de la tour auec quelqu'vn des fiens qui s'y eftoiét fauluez,& pour
ce qu'il euft efté impofsible de le pouuoir auoir par force , ilz mirent le feu
dedans , & l'enfumerent en forte qu'il fut contraint de defcendre iufques
au plus bas des caues,ou il fut fi offufqué de fumée,qu'il cuyda mourir . A
la fin les Cheualiers voyant que de plus en plus le chafteau s'embrafoit,fi-
rent tirer les cheuaux hors , & montans à cheual , commanderent Arcalaus à tous les dyables,& luy cryoit le Nain en fortant, Arcalaus, Arcalaus,penfe maintenant le bien que tu me fis , quand tu me lias par la iambe,au chafteau de Valderin , ou ie fuz fi bien parfumé . Cefte parolle difoit le Nain,de telle collere, & auec telle grace,que chacun fe print à rire:
Et comme ilz furent vn peu plus eflongnez,regardans derriere eulx, veirent le lieu tout en feu . Lors penferent bien eftre vengez d'Arcalaus , &
qu'il n'en efchapperoit iamais . Or commençoit à aparoiftre l'aube du
iour , lequel eftoit defia hault & cler, quand ilz arriuerent au lieu ou ilz
auoient

auoiét laiffé leur nauire, dedans lequel ilz entrerét, & aufsi toft la damoyfelle qui auoit efté deliurée auec Gandalin, ayát ouy Amadis, crier Gaule
dans le chafteau, demáda lequel c'eftoit, Gandalin le luy móftra. Lors elle
vint fe ieter à fes piedz, luy demádát pardó: Car difoit elle, ie fuis Dariolet
te, celle qui vous mit au danger de la mer le premier iour que vous naqui-
ftes, & croyez monfeigneur, difoit elle, que ie le fiz pour fauluer l'hóneur
de la Royne voftre mere, autrement elle euft efté mife à mort: car nul ne
fçauoit fi bien que moy, que le Roy voftre pere, que voycy l'euft encores
efpoufée. Bien esbahy fut lors Amadis: car oncques il n'auoit fceu la caufe
pour laquelle il auoit efté ainfi habandonné, & prenant Dariolette par la
main, luy dit: M'amye, ie le vous pardonne, puis que vous le fiftes pour tát
iufte occafion: Bien m'a dit autresfois Galuanes, qu'il m'auoit trouué à la
mer: mais i'ay (iufques à prefent) ignoré pourquoy i'y auois efté mis. Lors
elle luy recita de point en point (fans rien y obmettre) tour le cómécemét
que le Roy Perion deuint amoureux de la Royne Elifene, & le furplus de
ce qu'il en auint . A quoy le Roy prenoit trefgrand plaifir: car efcoutant
Dariolette, elle luy faifoit fouuenir du plaifir qu'il eut en fes premiers ans.
Or fi cefte compagnie eftoit à fon ayfe, elle ne refembloit en celà celle de
Arcalaus, lequel demeuré au fons de la tour, fe trouua plus enfumé que ne
fut oncques renard en fon terrier: Et fi fa niepce Dinarde, & quelques autres ne l'euffent fecouru, il y euft finy fes iours : mais ilz le vindrent trouuer aufsi toft que les cheualiers furét fortiz, tant efperdu & fuffoqué, qu'il
ne remuoit piedz, ny mains. Adonc les tirerent dehors, & luy mirent vin-
aigre & eau froide fur le vifage, en forte que peu apres il commença à refpi
rer, & ouurant les yeulx, vid fon chafteau enflammé . Lors ieta vn hault
foufpir, & d'vne voix foyble & malayfée, dit affez hault: Ha ha traiftre A-
madis, que tant de deplaifirs tu m'as faitz depuys que tu es né ! pourtant
foys affeuré, que fi ie te puis iamais tenir, i'en prendray telle vengeance,
que mon cueur en fera fatisfait. Par defpit de toy, iamais ne garderay
Cheualier (que i'aye à mon pouuoir) plus hault d'vne nuyt fans le faire
mourir, pour luy ofter le moyen de m'efchapper, ainfi que tu as fait : Puis
commanda que l'on luy fift promptement vne litiere & que l'on l'empor
taft au mont Aldan : car difoit il, le cueur me fend, voyant deuant mes
yeux la ruyne de ce tant plaifant lieu, fans que i'y puiffe donner ordre, &
comme ilz eftoient en chemin , entrans dedans la prochaine foreft, aduiferent deux Cheualiers qui fe rafrefchiffoient fur le bort d'vne fontaine,
lefquelz voyans cefte litiere aprocher d'eux, acompagnée de cinq Cheualiers, & de deux damoyfelles , eftimerent que ce fuft quelque perfonnage
nauré , & aufsi toft virent ces Cheualiers venir encontre, auxquelz Arcalaus difoit : Allez à ces efpieurs de chemins, faites les venir incontinent
parler à moy , & s'ilz en font dificulté, taillez les en pieces: Mais gardez
bien de leur dire qui ie fuys, de paour qu'ilz ne s'en fuyent . Or entendez

que

que ces deux qu'Arcalaus enuoyoit querir, eſtoient Galaor, & Norandel
ſon compagnon, vers leſquelz arriuez, les cheualiers leur dirent aſſez fiere
ment, qu'ilz miſſent les armes bas, & vinſſent parler à celuy qui eſtoit dans
la litiere. Qui eſt ce ſeigneur, reſpondit Galaor, qui veult que nous ſoyons
deſarmez pour le voir? Vous n'en ſçaurez autre choſe, dirent les autres, &
ſi vous conteſtez plus guieres, vous y viédrez à coups de baſton. Cóment?
dit Nórendel (en ſe ſouz riát) vous ne ſerez pas ſi mauuais que vous dites.
Il y paroiſtra, reſpódirét ilz: Ce diſant ruerent ſur eux: mais Galaor & No
randel deſarçonnerent les deux premiers qu'ilz rencontrerent, combien
que tous cinq leur donnerent attainte, ſans toutesfois les faire mouuoir de
la ſelle. Lors commença le combat rude & merueilleux, toutesfois à la fin
les cheualiers d'Arcalaus ne peurent ſouſtenir l'effort des deux autres, qui
les chargerent de ſi pres, qu'ilz en occirent troys ſur le champ, & les autres
gaignerent à fuyr au trauers les boys, ou ilz ne furent longuement pour-
ſuyuiz, craignans que celuy de la lictiere s'abſentaſt ce pendát, vers lequel
ilz arriuerent toſt apres: mais ilz le trouuerent ſeul: car ceux qui l'acompa-
gnoient l'auoient tous habandonné ayant veu la deffaite des cinq cheualiers, & ne reſta qu'vn garçon qui conduiſoit les cheuaux portans la litiere
Bien esbahy fut lors Arcalaus à ſe voir ainſi au pouuoir des autres qu'il a-
uoit voulu faire oultrager: Ce nonobſtant il s'auiſa d'vne prompte cautel-
le, & luy meſmes haulçant ſa couuerture les ſalua humblemét: Toutesfois
eux collerez, s'aprochans de luy pour fraper, luy dirent: Traiſtre paillard
eſt ce la façon de traiter ainſi cheualiers errans, & les vouloir faire mettre à
mort ſans t'auoir offencé? Par Dieu ce ſera le dernier oultrage que receura
de toy homme qui viue: Ce diſant Galaor leua le bras. Lors Arcalaus eſ-
froyé, s'eſcria: Helas, ſeigneurs, pour dieu mercy! Mercy? dit Galaor, ſi Gru
medan te iuge digne de miſericorde, tu la pourras bien auoir, autrement
non: car tu yras vers luy, & par luy ſeras chaſtié de ta grande laſcheté. Ha
ha ſeigneurs, dit il, plus grand bien ne me pourriez vous faire, que de m'en
uoyer vers mon couſin Grumedan, lequel me cognoiſt tout autre, que ne
m'eſtimez, & ſçait que de tout temps i'ay aymé, ſeruy, & honoré, tous cheualiers errans comme vous eſtes. Quand Galaor & Norendel l'entendirent parler ſi aſſeurément, meſmes qu'il ſe nommoit parent de Grumedá,
ilz furent deſplaiſans de l'auoir ainſi oultragé de parolles, & luy reſpondirent: Et dea, qui vous mouuoit doncques d'ainſi nous enuoyer mena-
cer, par voz gens? Par ma foy meſſeigneurs, dit il, s'il vous plaiſt de m'eſ-
couter, vous ſçaurez tout ce qui en eſt: Entendez qu'vn iour, ainſi que ie
trauerſoys la foreſt du lac Noir, ie rencontray vne damoyſelle, laquelle
ſe complaignoit à moy, d'vn tort que luy faiſoit vn cheualier, pour lequel
faire reparer, ie vouluz la ſuyure, & de fait le combatis, & vaincquis deuant le Comte de Ganceſte: mais il m'aduint que retournant en vn mien
chaſteau, ie trouuay ce traiſtre qu'auez premier mis à mort, & deux

F   autrés

autres Cheualiers, lefquelz long temps au parauant m'efpioient pour a-
uoir vne place de moy, qu'oncques ilz n'auoient peu conquerir par force
d'armes. Que voulez vous que ie vous die ? ilz me furprindrent de fi pres,
que nonobftant que ie feiz grand deuoir de me deffendre, ie feuz à la fin
prins,& emmené prifonnier en vne forterefle qui n'eft pas loing d'icy, ou
ilz m'ont tenu longuement, me faifant toutes les iniures du monde, excepté qu'ilz ont efté contens me faire penfer des playes qu'ilz m'auoient
faites en combatât, defquelles vous pouuez encores veoir les apparences:
Ce difant defcouurit fon corps & leur monftra maintes cicatrices. Et pour
ce meffeigneurs qu'ilz fe doubterent, que ie voulois efchaper & m'en fuyr
d'eux, pour allet à la court du bon Roy Lifuart, requerir iuftice & ayde à
Amadis de Gaule le gétil Cheualier,ou Galaor fon frere, par le moyen de
mon coufin Grumedan:ce iour d'huy ilz m'ont faict mettre en cefte lictie
re (pource que ie ne pouuois encores endurer le cheual) & me menoient
ie ne fçay en quel lieu , craignans que mes parens & amys , me vinfent tirer par force de la prifon,ou i'ay efté ces iours paffez : Au moyen dequoy,
aufsi toft qu'ilz vous ont aduifez , doubtans que feufsiez embufchez pour
l'occafion que ie vous ay declairée,vous ont voulu oultrager,& faire comme ilz me feirent . Sur ma foy , mon bon feignenr , dit Galaor , à ce que
vous nous contez ilz font vrays mefchans:car vous eftes parent de l'vn des
plus preudhommes du monde:mais s'il vous plaift vous nous direz voftre
nó , & nous pardonnerez l'iniure que nous vous auonsfaite, veu que nous
ne vous cognoifsions.L'on m'appelle,refpondit Arcalaus, Branfiles,ie ne
fçay fi aultrefois auez ouy parler de moy.Ouy vrayement,dit Galaor,& fi
ay entendu, que vous eftes l'vn des plus gentilz hommes du monde , &
qui faites plus d'honneur aux Cheualiers errans , quand vous en auez le
moyen, ainfi mefmes que voftre coufin Grumedan m'a affeuré n'a pas en
cores fort long temps . Dieu foit loué , refpondit Arcalaus , & puis que
vous fçauez qui ie fuys,ie vous prie meffeigneurs(par courtoyfie)oftervoz
armetz , à ce que ie vous puiffe cy apres mieulx cognoiftre , & me dites
aufsi voz noms,pour remercier mon coufin Grumedan du bien que vous
m'auez fait . Ceftuy mien compagnon, dit Galaor, fe nomme Norendel,
& eft filz du Roy Lifuart:Et moy fuys Galaor frere d'Amadis.Ha a Dieu!
refpondit Arcalaus (leuant les mains au ciel) plus grand heur ne me fçauroit aduenir, que d'auoir efté ainfi fecouru,par deux des meilleurs Cheualiers du monde (& en parlant les regardoit fermement, pour les recognoiftre , & fe vanger d'eulx fi par fortune ilz tumboient en fes mains)
Pourtant meffeigneurs,difoit il,commandez moy tout ce qu'il vous plaira . Car ie fuys bien tenu à vous obeyr toute ma vie, vous affeurant fur
ma foy , que fi ie vous puis iamais tenir chez moy , ie vous feray fentir
le bien que ie voftsdefire . Branfiles mon amy, refpondit Galaor , Dieu
vous

vous vueille conduire, & ſi voulez, nous meſmes vous ferons compagnie, pour voſtre ſeureté . Helas, dit il, ie vous mercye, ie n’ay meshuy garde, ie ſuys preſ d’vn chaſteau, ou ie ſeray le tresbien venu . Ce diſant les commanda à Dieu, bien ayſe d’eſtre ainſi eſchappé de leurs mains : car s’ilz l’euſſent cogneu lors, il ne ſe feuſt iamais ſaulué, & à ceſte cauſe commanda à celluy qui conduiſoit ſa lictiere, de marcher viſtement, & prendre le plus eſcarté chemin qu’il pourroit, de paour qu’ilz ne ſe rauiſaſ ſent, ou feiſſent pis . Or eſtoit il deſia ſi tard, que la lune luy ſoit, parquoy Galaor feut d’aduis de herberger pour la nuict aupres de la fontaine, & la attendre le iour, ce que Norendel accorda ayſément, & com me ilz ſe deſarmoient, l’vn des eſcuyers leur dit qu’ilz ſeroient, peult eſtre, mieulx traictez qu’ilz n’eſperoient . Comment ? reſpondit Galaor. Par ma foy, dit l’eſcuyer, ainſi que vous combatiez contre les cinq Chealiers, ceulx qui eſtoient demeurez auec Branſiles, s’en ſont fuyz, & ont habandonné & laiſſé vn cheual chargé de viures, que i’ay prins, & ſi ay veu deux damoyſelles, entrer en ces vieilles maſures, leſquelles n’en ſont ſorties depuis : car i’y ay prins garde . Tant mieulx, reſpondit Norendel . Or m’y conduy, à fin qu’elles ayent leur part du butin. Lors Galaor & luy s’en partirent auec l’eſcuyer, qui leur monſtra l’endroit propre ou il les auoit veues cacher, & trouuerent que c’eſtoit vne caue ancienne, ſans degrez en laquelle (par fortune) les damoyſelles eſtoient tumbées, ſi auant qu’elles ne s’en pouuoient retirer, & pource que l’eſcuyer ne ſçauoit au vray ſi elles eſtoient accompagnées de quelques Chealiers, meſmes voyant l’entrée mal ayſée, auſſi que Norendel & Galaor n’auoient aulcunes armes, il ne voulut entrer dedans : mais les appella à haulte voix, leur diſant : Sortez, mes damoyſelles, ſortez, & ne me donnez la peine de vous aller querir, aultrement vous en pourrez repentir : Mais pour la premiere & ſeconde foys, elles ne feirent ſemblant de l’entendre, tant qu’il s’ennuya, & dit à Galaor, qu’il valloit mieulx les enfumer, & mettre le feu à l’entrée. Dinarde entendāt ceſte parolle, eut paour, & s’eſcrya : Helas, ſeigneurs, ayez pitié de nous, nous ſortirons preſentement. Or ſus donc, dit Galaor, deſpeſchez vous. Certes, reſpōdit elle, nous ne ſçaurions ſans voſtre ayde, pource que nous ſommes deuallées plus bas que ne penſions. Lors Norendel s’auança, & les tira l’vne apres l’aultre, & quand ilz les virent ſi belles, ie ne ſçay lequel des deux fut plus pres de fai re amye, tant ya que Galaor ſe ſaiſit de Dinarde, & Norendel de la ſeconde : Puis renuoyerent l’eſcuyer donner ordre à leur ſoupper, & ce pendant ilz s’eſcarterent dedans le boys, vous pouuez péſer que eſtans en lieu ſi propre, fourniz de ce qu’en tel aage ilz euſſent ſceu ſoubhaitter, que nul d’eulx ne feuſt retif à faire ſon deuoir, enuers la damoyſelle qu’il entretenoit, leſquelz puis apres ilz conduirent à la fontaine, & la ſoupperent enſemble de telle viande que fortune leur auoit donnée, par la ſuyte des

F ii

gens

gens d'Arcalaus, & croyez que durant leur manger, ilz ne tindrent propos de chofe qui peuſt aporter ennuy ou defplaiſir. Au moyen dequoy les damoyfelles (qui au commencement s'eſtoient monſtrées eſtranges & farouches) furent des l'heure ſi appriuoifées, qu'auſſi toſt qu'ilz eurent acheué de foupper, ſe promenans dedans le boys, recommancerent les baiſers & gracieux embraſſemens, defquelz elles auoient au commencement eſté entretenues de Galaor, & Norendel, & demeurerent en ceſt ayſe, iuſques ſur le poinct du iour, que la damoyfelle amye de Norendel, luy dit : En bonne foy, ie croy que ma dame Dinarde me ſçaura mal gré, de m'eſtre eſlongnée ſi long temps d'elle. Comment? refpondit il, eſtimez vous qu'elle vous demande, eſtant ſi bien accompagnée ? Par mon ame ie penfe qu'elle eſt auſſi contente de demeurer feulle, que vous: Mais dites moy, eſt celle Dinarde fille d'Ardan Canille, qui puis n'agueres eſt venue en ceſte côtrée, ainſi que l'on dit, pour auoir conſeil d'Arcalaus, comme elle ſe pourra venger & faire mourir Amadis ? Ie ne ſçay pas, reſpondit elle, la caufe de ſa venue: mais ie ſçay bien qu'elle eſt fille de feu Ardan Canille, & me femble que celuy qui a eu le plaiſir d'elle ceſte nuict paſſée, ſe doit eſtimer heureux & bien fortuné: car il eſt paruenu à chofe, ou maintz grands perſonnages n'ont peu donner attainte, que de l'œil. Or entendez que ceſte Dinarde eſtoit (comme ie vous ay recité) fine & malicieufe au poſſible, & monſtroit à Galaor tant d'affection & d'amytié, qu'il fembloit qu'elle ne feuſt oncques née, que pour luy vouloir bien, qui le tenoit ſi abufé d'elle, que combien que Norendel l'aduertit de ce que la damoyfelle luy auoit dit, ſi n'en feit il cas, & ne laiſſa à luy faire auſſi bonne chere que auparauant, l'entretenant touſiours de plus gracieux deuis, dont il ſe pouuoit auifer, tant qu'à la fin il luy demanda ſi elle cognoiſſoit le Cheualier qui ſe faifoit porter dedans la lictiere. Comment? reſpondit Dinarde, ne ſçauez vous que c'eſt Arcalaus l'enchanteur? Arcalaus? dit Galaor, par Dieu ſi i'en euſſe eſté aduerty, il euſt eſprouué le trenchant de mon eſpée. Il n'eſt pas donc mort, reſpondit Dinarde. Certes, dit Galaor, il peult bien conter pour vne: mais ſi ie le puis iamais tenir, il eſt bien feur qu'il en payera la tare. Trefayfe fut la damoyfelle d'entendre que ſon oncle eſtoit eſchappé: Toutesfoys elle diſſimula fagement ſon plaiſir, & luy reſpondit, il n'y a pas long temps que i'euſſe mis ma vie pour la ſienne : mais maintenant que ie ſuys tant voſtre, aſſeurez vous mon amy, que i'ay grand regret, que ne l'auez fait mourir: Car c'eſt l'homme du monde, qui plus porte d'inimytié à vous, & à voſtre frere Amadis. Croyez moy, reſpondit Galaor, que ſi i'euſſe penfé, il euſt eſté payé tout à vn coup, de tant de mefchancetez qu'il a faites depuis l'heure qu'il eſt né: toutesfois il n'en perd aultre chofe que l'attente. Ainſi paſſerent la nuict comme ie vous ay recité, tant que ie le iour s'apparut. Lors monterent à cheual auec les damoyfelles, leſquelles à grand regret les ſuyuoient combie quelles n'en fiſſent

sent semblât,&ce qui plus fafchoit à Dinarde, eftoit que Galaor luy recita
comme il eftoit party de la court du Roy Lifuart expreffement pour aller
voir fon frere Amadis en Gaule, lequel Dinarde hayoit plus que nul hom
me viuant , & tant cheminerent enfemble, que le troyfiefme iour enfuyuant, arriuerent tout au plus pres d'vne forterefle , de laquelle ilz apperceurent les portes ouuertes . Lors entrerent dedans , fans (de prime face)
trouuer perfonne à qui parler:mais peu apres furuint le feigneur de leans,
nommé Ambades,lequel voyant cefte compagnie, monftra vn trefmaul-
uais vifage à fes varletz,pour ce qu'ilz n'auoiét leué le pont,ce neantmoins
confiderant qu'il n'y auoit plus d'ordre , fit le meilleur recueil qu'il peut
aux Cheualiers, & à grand regret : car il eftoit parent d'Arcalaus, & aufsi
mefchant que luy , & pourtant il recogneut aufsi toft Dinarde fa niepce,
par laquelle il fceut toute la fortune de fon coufin, & comme elle & fes da
moyfelles auoient efté forcées,par Galaor & Norandel , dont il fut fi defplaifant,qu'il les cuyda des l'heure les faire affaillir: mais Dinarde luy dit,
qu'il s'en gardaft bien:car eulx deux feulz auoient deffait cinq Cheualiers
qui conduifoient fon oncle,& luy en pourroient bien faire autant,par ain
fi il eft trop meilleur difsimuler pour le prefent, iufques à demain , qu'ilz
fortiront de ceans,& moy & cefte damoyfelle les laifferons fortir,puis auf
fi toft leur fauldra abaiffer la harce de la porte,& ainfi ferons à faulueté,&
demeurerons auec vous. Ce confeil fut trouué bon , & feirent foupper les
Cheualiers,lefquelz peu apres s'en allerent dormir, iufques au lendemain
matin,qu'ilz fe leuerent,& trouuerent leur hofte defia armé,venant au de
uant d'eulx,qui leur dit:Seigneurs,quand il vous plaira partir,ie vous con
duiray,ainfi armé que ie fuys:car i'ay accouftumé d'autant en faire à ceulx
qui me font honneur de venir loger ceans , & puis auant que retourner, ie
m'esbas voluntiers à chercher les aduentures eftranges , ainfi que font les
autres Cheualiers errans.Mon hofte,refpondit Galaor, nous vous remer-
cions de bien bon cueur.Lors firent amener leurs cheuaulx, & monterent
leurs amyes & eulx apres: Mais elles les laifferent fortir premiers,demou-
rans derriere auec le feigneur de leans,lequel voyát les Cheualiers hors fit
foubdainement abaiffer la harce , & demeurerent luy & les damoyfelles
au dedans . Ce fait, il monta fur la muraille, & les aduifant qu'ilz regardoient derriere eulx , fi les dames les fuyuoient,leur cria :, Mefchans , que
Dieu confonde,les penfez vous encores auoir?Allez à tous les diables,qui
vous traitent aufsi chauldement que vous en auez traité d'aultres depuis
huit iours en ça , & ne laiffez pas de prendre terre : Car celles que vous a-
uez fi long temps tenues par force demoureront de leur gré auecq moy.
Mon hofte,refpódit Galaor,eft il pofsible,qu'apres tant d'honneur& bon
traitemét que vous nous auez fait en voftre chafteau, nous voulfifsiez faire fi grande lafcheté,de nous ofter noz amyes par telle trôperie? Si voftres
eftoient,dit Ambades,& que pour telles fe feuffent données à vous , fans

F iii   contrain-

contrainte, ce me feroit encores plus de plaifir d'ainfi vous traicter, d'autant que plus en auons d'ennuy:Mais ie fçay bien que maulgré elles, elles vous ont fuyuy, & qu'à leur requefte ie fais ce que vous voyez, ainfi vous auez tort de les quereller,veu le peu d'amytié qu'elles vous portent.Vraye ment,refpondit Galaor,s'ilz le difent,nous vous les quittons.Lors Dinarde, qui fe tenoit cachée, fe monftra fur la muraille, & la voyant Galaor, luy dit.Comment?ma grande amye, ce Cheualier nous veult faire à croire que de voftre bon gré eftes demeurée auec luy,& que voulez nous habā donner,eft il vray?fur mon Dieu ie ne le puis croyre,veu l'amytié fi grande de nous deux.C'eft ce qui vous a deceu, refpōdit elle :car ie ne vous aymay oncques tant,que ie n'aymaffe mieulx voftre tefte hors de deffus voz efpaulles. Sot que vous eftes, ne fçauez vous que ie fuys fille d'Ardan Canille,& vous frere de l'hōme du monde que i'ay pluscaufe de hayr?Comment dont vous eftes vous fait à croyre que ie vous vouloys bien?attendu mefmement, que pour le plus grand entretien que m'ayez fait,depuis noftre accointance,ne m'auez feftoyé d'aultre careffe, qu'à me tenir propos de me conduire en Gaule,vers celuy que ie defire fi peu voir ? Or vous en allez quand il vous plaira, & n'oubliez à vous affeurer,que d'autant qu'auez penfé que ie vous aye porté amytié, ie fuys la plus mortelle ennemye que vous fçauriez auoir.Si ne vous en ayie dōné occafion,dit Galaor:mais vous ay aufsi bien fatisfaite,& gallantement traitée,que vous feuftes oncques, à mon aduis : mais i'entends bien que c'eft, vous en voulez auoir au tant d'vn aultre,eftimant,peult eftre,que ie ne pourroys continuer,& tou tesfoys quand bien i'y penfe,vous auez raifon,& moy grand tort:car oultre que c'eft vne cōmune maladie à toutes telles preudes femmes qui vous reffemblent,que d'aymer à changer, ie deuois aufsi confiderer, qu'il eft difficile faire produire de fi mefchante racine, bourgeon qui rien vaille: Or es tu niepce du plus mefchant paillard du monde, & fi le precedes en toutes les mefchancetez, dont l'on fe pourroit aduifer.Par Dieu,refpondit Norandel, pour le moins celle que i'auois conquife, ne doit auoir caufe de fe plaindre:car oncques femme ne fut mieulx entretenue d'amy, qu'elle a efté de moy, en deux ou troys iours, & de ce m'en oferoys bien rapporter à elle mefmes. Ce difant l'aduifa derriere l'aultre,& luy efcria: N'eft il pas vray?ma damoyfelle.Il eft vray,refpondit elle,que fi i'euffe eu autant de puiffance fur vous, que vous auez eu fur moy, ie vous euffe fait cognoiftre de quelle affectiō i'enduroys tout ce que m'auez fait, qu'à tous les dyables foyez vous tous deux recommandez.Ilz feroient, dit Norendel, bien defplaifans de m'accompagner, pour laiffer fi bonne compagnie que la voftre,& celle du mefchant qui vous detient. Par faincte Marie, refpondit Ambades (riant fourdement)vous me faites tort de m'eftimer mefchant,vous ayant en fi bonne reputation,que fi i'auois vaincuvne couple de telz que vous eftes, ie ne m'en voudrois vanter, entre les plus

chetifz

chetifz Cheualiers du monde:car ie croy que vous ne vallez que valetz.
Cefte parolle feift entrer Norendel en fi grand' collere, qu'il luy refpon-
dit:Valetz? en as tu de telz en tes gaiges? fi tu nous as en tel eftime, & tu
vueilles fortir de ta muraille, ie t'affeure qu'vn valet de ma taille te rom-
pera bien toft la tefte, & fi tu me deffaitz, vante toy hardiment, d'auoir
vaincu l'vn des plus grands ennemys, que fçauroit auoir Arcalaus,& auffi fi i'ay le deffus de toy,réds nous feulement les damoyfelles que tu nous
detiens lafchement.Il eft bon,dit Ambades,ie ne t'ayie defia dit,que ie ne
côbatz point auecq' telz petis compagnons?Car tu fçais bien,que ie ferois
deshonoré, mettant la main à l'efpée contre fi malheureufes perfonnes.
Regarde doncq', de combien il me feroit mieux de t'auoir vaincu, & ne
metz plus en auant mon coufin Arcalaus, que tu dis hayr fi fort : car il ne
t'appartient pas de parler d'vn tant homme de bien, eftant feur, qu'il fe
foucie peu de l'amitié, ou affection,que tu luy portes , & moins encores
de ta haine,auffi n'es tu en rien digne de luy. Ce difant,auanca vn arc tur
quoys,& tira deux ou troy fagettes fur eux. Parquoy fe retirerent Galaor
& Norendel,& luy donnant maintes maledictions,reprindrent leur chemin, fe gaudiffas l'vn de l'autre,d'auoir efté ainfi deceuz par la malice de
deux femmes.Mais par dieu, dit Norendel, fi ont elles eu fi bien leur vin,
qu'elles nous regretteront, quand il leur en fouuiendra, & quelque tromperie qu'elles nous ayent fait,fi prendrons nous bien en gré d'eftre fouuét
ainfi moquez,pourueu que ce fuft à telles bonnes enfeignes.Et de là en a-
uant cheminerent en forte, que troifiefme iour enfuyuant arriuerent au
port d'Arfil,ou ilz trouuerent vn nauire preft pour paffer en Gaule,dans
lequel ilz s'embarquerent, ayant vent fi à propos , que fans aucun empefchement prindrent terre,ou feiournoit le Roy Perió . A l'heure eftoit A-
madis fur le cofteau de la mer,auec fon frere Floreftá, lequel péfant à fon
Oriane, regardoit d'vn œil piteux le pays de Lódres:Mais foubdain defcouurit le vaiffeau qui s'ancroit au port,parquoy il dit à Floreftan qui l'ac
compagnoit:Mon frere,ievous prie allons veoir fi nous apprendrós rien
de nouueau,par ceux que ie voy là aborder. Allons,refpondit Floreftan:
car peult eftre y aura il quelqu'vn dedás de noftre cognoiffance. Lors defcendirent la cofte,& côme ilz approchoiét pres,Amadis vit Galaor defia
hors du nauire,auec Norédel,lefquelz marchoiét droict en la ville.Adóc
Amadis s'auança,& vint embraffer fon frere,luy demandant comme il fe
portoit.Or ne cognoiffoit il encores Norédel: Mais Floreftan qui l'auoit
veu,luy dit,qu'il eftoit filz baftard du roy Lifuart,cópagnó de Galaor,&
l'vn des meilleursCheualiers de fó aage,&pour tel fe móftra il bié en la ba
taille du Lac Ardát,ou maítz preudhómes finerét leurs iours:Touteffoys
il eftoit,lors peu cogneu à filz de Roy,&iufques à la deffaite d'Arauigne,
ne l'auoit fon pere voulu aduouer tel : Mais il fit tát d'armes ,que le Roy
F iiii   mefmes

mefmes fe glorifia d'auoir engendré vn fi gentil Cheualier, & voulut(de
ce iour)que chacun le cogneuft . Trefayfe fut Amadis de fon arriuée , &
pour l'amour d'Oriane fa feur luy feit la meilleure chere dont il fe peult
auifer, & enuoya incontinét vers le Roy Perion, l'aduertir de leur venue,
lequel vint au deuant, & receut Norendel le plus gracieufement qu'il fut
poffible, le feftoyant trois iours durant, auec toute magnificéce, & le quatriefme iour enfuyuant, Amadis (qui auparauant auoit deliberé partir de
Gaule, & aller chercher aduétures eftranges)trouuát le Roy à propos, luy
dit:Sire, le long feiour que i'ay fait auecq' vous, & la difcontinuation des
armes, ont efté caufe de faire parler mainte perfonne à mon defaduanta-
ge:Parquoy ie vous fupplie húblement me donner congé pour partir de-
main.Mon filz, refpondit il, i'ay voftre hóneur en telle recommandatió,
que fans auoir efgard au defir qui me femód de vous retenir auec moy, ie
fuis contét que vous en allez quád il vous plaira. Par ma foy, dit Galaor,
n'eftoit vne quefte que mon compagnon Norendel, & moy auons entreprife, nous vous ferións volútiers cópagnie : Mais nous l'auons iurée deuát
tant de preudhommes, que nous ne vouldrions la difcontinuer vn an du
rant, fi pluftoft n'auons nouuelle de ce que nous chercherós. Et quelle eft
elle?refpondit le Roy. Sire, dit Galaor, en la bataille derniere que le Roy
a eu cótre les fept Roys Infulains, fe font trouuez troys Cheualiers de noftre part, incogneuz touteffoys à nous tous, lefquelz eftoient armez d'vne
pareure, exceptée aux armetz:car l'vn l'auoit blác, & l'autre verd, & l'autre doré, au refte n'y auoit difference, & portoient leurs efcus couuers de
Serpens. Ces troys dont ie vous parle, feirent tant de proeffe, que le Roy
& tous fes Cheualiers , eftiment qu'ilz font caufe de la victoire que nous
eufmes fur noz ennemys, & fi celuy de l'armet blanc, & l'autre qui l'auoit
verd, feirent grand deuoir, ce ne fut rien au pris du tiers, qui le portoit do
ré, & combien qu'il n'y eut nul de nous, qui ne print garde à eulx, d'autát
que ne les cognoiffions, fi fe retirerent ilz tant fecretemét apres la bataille, que ne fceufmes qu'ilz deuindrent. Au moyen dequoy mó cópaignon
& moy auons iuré & promis, de les chercher vn an durant(fuyuant la cou
ftume de la grand Bretaigne)premier que tetourner. Mon filz, refpondit
leRoy, fe dieu plaift vous en aurez nouuelles pluftoft que n'efperez. Ainfi
pafferent le iour deuifant de maintes chofes, tát qu'il fut heure d'aller dor
mir:Puis le lendemain matin, Amadis eftant armé, f'en alla ouyr la meffe, & apres auoir prins congé du Roy , monta à cheual, accompagné feulement de Gandalin , & du Nain : Toutesfoys il fut conduict par le Roy
affez loing hors la ville, & en cheminát, Amadis luy dit: Sire, vous fçauez
la quefte que mon frere, & Norendel, ont entreprife, laquelle leur don-
nera beaucoup de peine fans proffit , f'il ne vous plaift leur ayder : Car il
leur fera impoffible auoir nouuelles de ce qu'ilz quierent, fi n'eft par l'vn
de nous troys:Et à cefte caufe il me femble pour le meilleur, que auffi toft
que

que ie feray feparé de vôſtre compagnie, vous leur declairez tout le fait
de l’entreprife que nous feifmes pour feruir le Roy Liſuart. Vrayement,
refpndit il, puis que vous le voulez, ie le feray. Or auoit Floreſtan grand
defir de ſuyure Amadis:mais il ne luy voulut permettre,tant pource qu’il
luy ſembloit qu’eſtant feul, il auroit plus de liberté de penfer à ſon Oriane,que pour autant qu’il defiroit entreprendre chofes hazerdeufes,l’honneur defquelles il vouloit eftre à luy feul. Ainfi f’en retournerent le Roy
& ſa compagnie,& Amadis ſuyuit ſon chemin,comme fortune le voulut
guider. Adonc le Roy appella Norendel & Galaor,& leur dit:Or ça vous
eftes mis en vne quefte,de laquelle ie ſuis feur que mal ayſément pourrez
auoir nouuelles,fi n’eft en ce pays,dont ie louė dieu de vous auoir fi bien
adreffez : car ie vous releueray prefentement du long trauail que vous
euffiez peu auoir. Entendez que les Cheualiers que vous cherchez, ne
ſont autres que Amadis, Floreſtan,& moy. Adonc leur recita comme ilz
auoient fait l’entreprife, & que fur l’heure mefmes Vrgande la Defcogneue leur enuoya les armes des Serpens, l’armet doré pour Amadis, le
blanc à luy ; & le verd à Floreſtan:& à fin que vous me croyez,ie vous les
monſtreray prefentement,bien endommagées des coups que nous receuf
mes en la bataille.Sire,refpondit Galaor, Dieu nous a vrayment bien aydé, veu qu’eſtion deliberez ne feiourner, premier que les euffions trouuez, pour nous combatre à eulx,& faire cognoiſtre à tout le môde,(pour
eftaindre leur gloire)que l’vn de nous d’eulx vault autât que le meilleur
d’eulx.Certes,dit le Roy, il eft trop meilleur qu’il foit ainfi,puis leur feit
entendre comme au retour de la bataille,ilz furent mis en la prifon d’Arcalaus,& le mal qu’ilz y endurerent. Ha ha le paillard, refpondit Galaor,
il efchappa peu apres de mes mains,par la plus grande fineffe du monde,
& ainfi qu’il luy comptoit la maniere qu’ilz le trouuerent, le traictement
qu’ilz feirent aux dames , & la trahyfon qu’elles leur iouerent depuis au
chafteau d’Abades,ilz entrerent au palays. Adonc le Roy les mena en la
chambre, ou il auoit fait mettre les armes dont ilz parloient, lefquelles
ilz recogneurent foubdain, comme ceulx qui les auoient bien marquées
au combat & tant importuna Norendel le Roy,qu’il les luy donna, puis
ayant feiourné quatorze iours entiers auecq’ luy, prindrent congé, & la
pafferent en la grand Bretaigne,& de la arriuerent en la court du Roy Li
ſuart,lequel ioyeux de leur retour,les mâda auffi toft venir vers luy,pour
ſçauoir comme ilz f’eftoient portez en leur quefte. Sire,refpôdit Norendel,graces à dieu,nous en auons eu certaines nouuelles, & telles que nous
les defirions,& qu’ainfi foit, voyez les eufeignes de ceulx qui vous feirét
le feruice que chacun ſçait,& en voftre fi grand befoing. Adonc defcouurirent les armes que les efcuyers portoient,& continuant Norendel ſon
propos,dit:Sire,ceft armet blâc, eft celuy du Roy Periô, lequel vous peu
ftesveoir en lieu ou maîtz finerét leurs iours par fa proffe.Ceft autreverd,

auoit

auoit le gentil Cheualier don Floreſtan,qui bien móſtra,lors,cóme il ſça
uoit frapper d'eſpée.Et ce doré portoit Amadis,qui n'eſt en proeſſe ſecód
à nul,& vous ſire,en pouez eſtre teſmoing:Car par ſon ayde le proffit de
la bataille vous eſt demeuré, & à luy la tenommée immottelle. Cóment?
reſpondit le Roy, vindrent ilz ſi à propos? Adonc Norendel commença
à reciter par le menu,ainſi que le tout ſ'eſtoit paſſé,ſans riés obmettre,dót
chacun les loua grandement. Vrayement, reſpondit le Roy , à ce que ie
voy,vous auez longuement gouuerné le Roy Perion,lequel ie ne vy oncques deſarmé,& deſire grandement le cognoiſtre.Sire,dit Norendel,c'eſt
bien le prince que ie cognoiſſe autant ſage, vertueux,& magnanime. Sur
ma foy,reſpondit Grumedan,ſes enfans ne luy amoindriſſent aucune des
bonnes parties qui ſont en luy. Ceſte parolle ne pleuſt pas au Roy,com-
bien qu'il en feit aucun ſemblant:mais changea propos , & ſe leuant de ce
lieu,laiſſa Galaor & Norendel,leſquelz ſ'approchans d'Oriane & Mabile,leur feirent les affectueuſes recommendations de la Royne Eliſene , &
de la princeſſe Mellicie,puis leur compterét comme Amadis ſ'eſtoit party de Gaule,pour aller es loingtains pays,chercher aduentures eſtranges.
Dequoy elles furent moult triſtes,pource qu'elles ſe doubtoient bié n'en
auoir nouuelles de long temps.

Comme Splandian eſtoit nourry

auec l'Hermite Naſcian,& des grandes aduentures qu'eut eñ ce
téps Amadis,changeant de nom , en ſe faiſant appeller le Cheualier à la verde Eſpée.   Chapitre   VII.

Ayans

Yant doncques Splandian attainct l'aage de quatre ans ou en
uiron, Naſcian cognoiſſant eſtre temps de l'appeller aux cho
ſes de vertu, enuoya prier ſa ſeur de le luy ramener, ce qu'elle
feit, Lors l'hermite le voyant ſi grand, & de tant belle taille,
iugea en ſon eſprit, que noſtre ſeigneur l'auoit reſerué pour quelque grád
œuure, en ſorte que ſi au premier il auoit eu de luy quelque preſumptió
du bon heur, il adiouſta plus de foy à ſa fantaſie qu'au parauant, & delibe
ra de taſcher par tous moyens, à l'endoctriner & aproprier à tous actes, à
quoy gentilhomme ſe doit acheminer, & l'aymoit tellement qu'il le bai
ſoit & accolloit, ainſi que s'il euſt eſte ſon propre filz. Mais certes ce n'e-
ſtoit ſans raiſon: car l'enfant luy monſtroit tant de ſignes d'amour, qu'il
n'en euſt peu faire d'aduantage à ſa mere nourriſſe. Au moyen dequoy,
Naſcian delibera de le retenir, & renuoyer ſa ſeur, la priant toutesfoys de
luy laiſſer vn ſien enfant pour tenir cópaignie à Splandian, lequel auoit
eſté nourry auecq' luy, & d'vn meſme laict, ce que la bonne dame luy accorda. Ainſi fut l'hermite de la en auant leur conducteur & gouuerneur,
lequel pour leur donner paſſetemps les enuoyoit ſouuent chaſſer parmy
la foreſt, tant qu'vne foys entre autres, eſtans deſlogez matin, pour mieux
trouuer leur gibier, Splandian ſe trouuát las, s'aſſiſt ſur le bord d'vne fontaine, & ſe print à dormir. La ſuruint la Lyonne, de laquelle cy deuátvous
á eſté parlé, qui trouuant ceſte nouuelle proye ſe print à la fleurer, cóme ſi
nature luy euſt interdit de ne faire mal à la creature, qu'elle meſmes auoit
au premier eſleuée, & de fait recogneut ſi bien celuy qui auoit eſté nourry
de ſon laict, qu'à l'inſtant (ſans luy faire mal quelconque) ſe coucha à ſes
piedz. Ce que voyant le compagnon de Splandian, qui veilloit, eut telle
frayeur qu'il s'éfuyt vers l'hermite, luy criát qu'il auoit laiſſé ſon frere que
vn grand chien vouloit menger, ainſi qu'il dormoit ioignant la fontaine.
Le ſainct hermite s'eſmeut ſoudainement, & eut paour de Splandian: parquoy il commáda à ſon nepueu de le mener ou c'eſtoit, ce qu'il feit: mais
s'approchant pres, auiſa la Lyonne, & l'enfant ſe iouát enſemble, lequel
voyant l'hermite approcher, luy dit: Pere, ce beau chien eſt il noſtre? Mó
amy, reſpó dit Naſciá, il eſt de dieu ſeulemét à qui apartiét toutes choſes.
Certes pere, dit Spládian, ie ſerois fort ayſe s'il eſtoit à nous, & l'aymerois
bien pour aller à la chaſſe. Quand le preudhome l'ouyt parler ſi aſſeurément, il fut tout aſſeuré, & s'approchant plus pres de Splandian, veit qu'il
baiſoit la Lyonne, comme il euſt fait vn eſpaigneul. Et a ceſte eauſe il luy
dit: Mon filz. voulez vous luy donner à menger? Ie vous en prie, reſpondit Splandian. Adóc l'hermite tira de ſa bezace la cuyſſe d'vn Dain, qu'vn
veneur luy auoit donnée, & la bailla à l'enfant, lequel la iecta à la Lyonne, luy diſant: Tien chié mange, la Lyóne print la venaiſó, & tandis qu'elle la deuoroit, Spládiá luy manioit les oreilles, la queue, & les pates, ainſi
que bon luy ſembloit, ſans ce que la beſte luy feiſt non plus de deplaiſir,

qu'elle

qu'elle euſt fait à l'vn de ſes petis faons: Ains recogneut ſi bien, & d'vn in-
ſtinc naturel l'ayma tant cherement, qu'elle le ſuyuit iuſques en l'hermitaige, ſans guieres l'habandonner de la en auant, ains y retournoit chacun iour, apres auoir pourchaſſé ſa proye, ny plus ny moins que ſi dome-
ſtiquement elle y euſt eſté nourrie, doncq' il aduint que les enfaus prindrent tle familiarité auec elle, que bien ſouuent ilz la menoient à la chaſſe, ainſi qu'ilz euſſent fait vn petit brachet. Ce que voyant Naſcian, ſ'aduiſa de leur faire vn arc ſelon leur force: deſquelz neantmoins ilz tuoient or
dinairement maint Cerf, Biche, ou Cheureul, auec l'ayde de la Lyonne,
laquelle eſtoit duiꞓte de courir apres, auſſi toſt qu'elle les veoit naurez:
Mais nous les laiſſerons à preſent, pour vous reciter comme eſtant Amadis ſorty de Gaule, entra au pays d'Almaigne, ou il feit tant de Cheualerie, que chacun commença à parler de luy, & l'appelloit-on communément le Cheualier à la verde eſpée, ou le Cheualier du Nain, pource que
Ardan le ſuyuoit ordinairement, & la paſſa quatre ans entiers auant que
retourner en l'Iſle Ferme, ſans auoir nouuelles de la princeſſe Oriane, qui
plus le tourmentoit: Car il ne trouuoit peine, labeur ou mal, egal à ceſte
abſence, & tant trauerſa d'vne part & d'autre, qu'enuiron le cómencemét
du prin-téps, il arriua en Boheme vers le Roy Tafinor, à qui lors le Patin
ou Empereur de Rome, faiſoit dure guerre. Or le hayoit Amadis être tou
tes perſonnes, pour l'occaſió que vous auez peu entédre au ſecód liure, &
ainſi qu'il ſ'approcheoit du cáp d'iceluy Tafinor, qui pour lors auoit tref-
ues à ſó ennemy, il l'apperceut le lóg d'ũ petit ruiſſeau, regardát vn Ger-
fault voller le Heró, lequel vint tũber deuát luy. Lors meiſt pied à terre,
& pource que nul des piqueurs n'en pouoient approcher, à cauſe du mareſt, le Cheualier à la Verde eſpée le print, demandant aux Faulconniers,
ſ'il le laiſſeroit paiſtre, qu'il luy reſpondirent que ouy: Et ſur ce point ſur
uint le Roy qui auoit longuemét coſtoyé l'eaue pour trouuer paſſage: lequel ſ'approchant pres, & voyant ce Cheualier armé de toutes pieces, ne
ſe trouua de prime face aſſeuré, tant qu'il eut apperceu le verdoyant fourreau de l'eſpée qu'il portoit, & eſtoit celle meſme qu'il aquiſt de l'ancien
Cheualicr pour bien aymer, ainſi qu'il vous a eſté cy deuant recité. Or a-
uoit le Roy maintesfoys ouy parler de ſes proeſſes, & fut ſi ayſe de tant bó
ne rencontre, qu'il le pria de venir ſe refreſchir en la ville. Ce que le Cheu-
ualier ne refuſa. & ainſi qu'ilz ſy acheminerent, le Roy luy dit: Mon grád
amy, i'ay de long temps ſoubhaité eſtre acompagné, d'vn tel perſonnage
que vous eſtes. Sire, reſpódit le Cheualier, la gráde nómée de vous, & parfaite bonté dót vous eſtes eſtimé, a eſté cauſe me faire venir pardeça, pour
vous preſenter mon ſeruice, ſ'il vous eſt agreable: car i'ay entendu que
vous auez guerre contre vn prince qui vous moleſte grádement. Vous di
tes vray, reſpondit le Roy: mais i'eſpere auec l'ayde de dieu, & par voſtre
moyé en auoir de brief bonne yſſue, puis que fortune vous a adreſſé vers
moy.

moy:Puis eſtás arriuez au palais, le Roy cómáda le loger, & à Graſandor
ſon filz,de luy tenir cópagnie : Et pource que les treſues des deux armées
eſtoient ſur le point de finer,chaſcun ſe tenoit ſur ſes gardes,&cómécerét
les deux cáps à faire courſe,les vns ſur les antres:Parquoy eſtát vn iour ice
luy Taſinor ſorty pour regarder aux aduenues de ſes ennemys,il aduiſa de
loing douze cheualiers marcher droiȼt à luy,& ſ'approchás plus pres cogneut l'eſcu de Garadá proche parét de l'épereur,que portoit vn eſcuyer:
car ilz ne venoiét pour cóbatre:mais pour parlaméter.Or le hayoit le roy
pource qu'il luy auoit ſuſcité ceſte guerre, & péſa bié qu'il ne venoit vers
luy que pour luy dóner nouuelle faſcherie,dont la colere luy móta ſi fort
au viſage,qu'il ne ſe peult garder de dire : Ha paillard, tu m'as deſia tant
fait de mal,que i'auray cauſe toute ma vie de te vouloir peu de bié.Sire,re
ſpondit le cheualier à la verde eſpée,il viét vers vous,peut eſtre, pour bóne fin:Parquoy vous deuez diſſimuler maintenant mieux que iamais voſtre paſſió,& les receuoir d'vn bó viſage,ſás vous ennuyer de choſe qu'ilz
vous dient, puis qu'ilz viennent cóme Embaſſadeurs de l'Empereur leur
maiſtre.Mon amy,dit le Roy,ie vous croyray,& le feray pour l'amour de
vous, cóbien qu'il me ſoit grief de veoir ſi pres de moy mon grand enne-
my.A peine eut il acheué la parole,que Garadá & ſa troupe ſaluerent le
Roy,lequel leur feit bon recueil,les priant auant que d'entrer en propos,
venir deſcendre en ſon palais:Mais Garadan le refuſa,& ſe monſtrát autát
braue & preſumptueux,qu'il auoit de couſtume,dit ainſi:Roy Taſinor,il
fault que tu entédes l'ocaſió de noſtre venue vers toy, & qu'auát que par-
tes de ce lieu,tu nous faces reſpóſe, telle que bó te ſemblera, ſans t'amuſer
à conſulter auec autre perſonne,que toymeſmes:car en toy ſeul giſt la con
cluſion de deux choſes que ie te declareray de par l'Empereur,autrement
ſçaches que tu auras deuant qu'il ſoit troys iours la bataille ſi treſcruelle,
qu'il te ſera impoſſible que tu ne perdes toy & ton pays.Ce diſant,luy pre
ſenta vne lettre de creance,qu'il tenoit. Vrayemét,ſeigneur Garadá reſpó
dit le Roy,ie croy que l'Empereur&vous me ſerez plus gracieux quevous
ne dites, & ne differez pour cela à declarer voſtre cómiſſió,puis ie vous ſa
tiſferay au mieux qu'il me ſera poſſible. Lors Garadan voyant les douces
paroles que luy diſoit le Roy,modera vn peu ſa colere,& luy dit:Roy Ta
finor,l'Empereur mó maiſtre(puiſſát pour ruynervn trop plus grád príce
que vous)ayát deſir de mettre fin à ceſte guerre,pour pourueoir à ſes autres affaires plus neceſſaires,vous enuoye offrir deux paȼtiós,par leſquelles pourrez demeurer en paix,ſi bó vous ſéble,& nó autremét:la premiere,que ſi voulez le cóbat de cét de voz Cheualiers cótre cét des ſiés,ou mil
cótre mil, que le vaincueur mettra le vaincu en telle raiſó qu'il luy plaira,
ou bié ſi vous trouuez que ce ſoit trop,il eſt cótent de douze,cótre douze,
du nóbre deſquelz ie ſeray l'vn qui m'eſtime aſſez ſuſiſát pour en cóbatre
dix des voſtres,& y fuſſiez vous en perſonne:Pourtant eſliſez de ces paȼtz
celuy qui vous ſera le plus ayſé,autrement aſſeurez vous, que poſtpoſant
toutes affaires il ne partira ſon armées de ces pays , premier que ne ſoyez

G   deffait

deffait qui fera en brief:car vous n'eftes pour refifter longuemét à fes for-
ces.Dõ Garadan refpondit le Cheualier à la verde efpée , quád vous euffiez parlé au roy plus doucemét,& auecq' plus grande reueréce,vous n'en
fufsiez fi mal eftimé que vous eftes,veu'que les menaffes que vous luy faites de vous mefmes,nc font conuenables de gentil hóme à fi grád prince:
touteffoys ilvous fera telle autre refpõfe qu'il luy plaira,neátmoins ie fuis
d'aduis,qu'il entéde premier,quelle feureté il aura des offres que luy auez
faites,f'il accorde ce que vous luy demandez.Quand Garadá entédit parler le Cheualier à la verde efpée fi affeurémént deuant le Roy,il s'esbahit
grandement qu'il pouoit eftre, & le regardant de mauuais œil, luy dit.
Par dieu,cheualier,il pert bien à voftre langage,& plus à voftre temerité,
que vous n'eftes feulemens eftranger de ce pays: mais de tout bien & hon
neur:& m'esbahys comme le Roy a fouffert dire fi fote parole en fa pre-
féce,& touteffoys f'il veult tát faire pour vous de ne vous defauouer,qu'il
accorde premier ce que ie luy demáde,puis ievous y refponfteray.Nelaif
fez,dit le Roy à paffer outre:car tout ce que le Cheualier à la verde efpée
vous promettra en mon nom , fera entretenu, fi ie puis. Plus eftonné que
deuant fe trouua lors Garadá,fçachant que celuy qu'il auoit iniurié eftoit
le Cheualier à la verde efpée,dõt la renõmée eftoit fi gráde en tous pays,
& luy cõmença le cueur à fremir eftát neátmoins bien aife d'auoir ocafiõ
de le cõbatre:car il eftoit fi glorieux & outrecuidé , qu'il penfoit en venir
ayfémént audeffus, & partát luy faire perdre l'hóneur & grande reputatió en laquelle il áuoit vefcu iufques adóc, & l'atribuer à foy, par le moyé
de la victoire qu'il fe promettoit, & à cefte caufe entrant en plus de colere que deuát,refpondit au cheualier à la verde efpée: Puys doncques que
le Roy vous dóne telle puiffance,que tardez vous à eflire le cóbat? Pourtant, dit il, que la chofe eft de telle importance, qu'elle merite bien auoir
l'aduis des princes & feigneurs de ce Royaume, & me fuffira grandemét,
fi le Roy me fait tát d'hóneur,de me retenir pour l'vn des douze, des cét,
ou des mil, qui feront choifiz pour cõbatre: car oncques hóme n'eut plus
d'enuie de lay faire feruice contre vous, que i'ay, non feulemét en ceft en-
droit:mais en tous lieux,ou il me voudra employer.Mon grand amy,re
fpondit le Roy,ie vous mercie & ne refufe pas ce bõ vouloir que vous me
portez:mais ie vous prie eflifez pour moy des cõbatz,celuy qui vous fem
blera plus prohre & aduantageux.En bonne foy,fire, dit il,vous me pardonnerez,s'il vous plaift,vous auez au tour devous tát d'autres bons Che
ualiers,& qui aymét voftre honneur,que fi leur demádez ce qui leur en fé
ble,ilz vous confeilleront fidelemét:touteffoys premier que de vous don
ner peine de celà,ne d'autre chofe que Garadan vous aye dit, faites qu'il
vous monftre le pouoir qu'il a de fon maiftre,felon lequel vous luy ferez
refponfe telle que vous rrouuerez par voftre confeil.Ha paillard,refpon-
dit Garadan : i'entés bien que c'eft,vous cherchez moyen de reculer,pour
ne combatre.Si vous me cognoiffiez bien, dit le Cheualier du Nain,peut
eftre, m'auriez vous en meilleure eftime, que vous n'auez,& ne trouuez
eftrange

eftange fi i’ay dóné ceft aduis au Roy:car fi vous eftiez apres defauoué,ce
feroit pour efmouuoir plus forte guerre que deuát,au lieu d’auoir achaté
la paix. A cela ne tiendra,refpondit Garadan. Lors tira de fa manche vne
lettre felée de trente feaux , au meilleu defquelz eftoit celuy de l’Empereur,laquelle il prefenta au Roy,luy difant,qu’il aduifaft à luy faire pró-
ptement refponfe. Par ma foy,refpondit il, puis qu’auez fi grand hafte,
vous l’aurez auant que partir de ce lieu. Adonc fe retira, & appellant aucuns des principaux de fa compagnie, les pria particulierement, le confeiller fur ce qu’il auoit affaire.A dóc chacun dit fon aduis . Mais leurs opi
nions furent quafi tous differens,pource que les vns approuuoient le com
bat de cent contre cent,les aucuns de douze à douze, & la plus part con-
feilloient de temporifer,fouftenant la guerre,ainfi qu’elle eftoit commé-
cée: Car difoiét ilz, c’eft chofe trop dangereufe de hazarder vn royaume,
fouz la force de fi peu de gens:Et d’auantage par le propos mefme de Garadan,l’Empereur fe commente à fafcher de la guerre,& peult eftre,il eft
defia fi preflé ailleurs,qu’il fera cótrainét fe retirer,& nous laiffer en paix.
Sire,refpondit le cónte Galtines,il feroit bon que vous euffiez l’aduis du
Cheualier à la verde efpée.Or ne f’eftoit il voulu trouuer à ce cófeil, parquoy fut foudain appellé, & luy dit le Roy: Mon grand amy,vous auez
entendu les propos que m’a tenuz Garadan, de par l’Empereur fon maiftre,ie vous prie beau fire,nous dire ce qu’il vous féble, que l’on luy doit
refpondre:car les opinions des feigneurs prefens,font tant diuerfes,que ie
ne fçay lefquelles ie doy eflire pour le mieux. Lors luy recita par le menu
tout ce qui auoit efté mis en auant,fans rien obmettre. Sire, refpondit il.
vous fçauez que l’yffue de telle chofe eft en la main de Dieu,& non au iugement des hómmes: Mais puis qu’il vous plaift en auoir mon aduis,ie le
vous diray:Sire,fi ie n’auois qu’vn feul chafteau & cent Cheualiers à mon
commandement, & ie feuffe afsiegé d’vn mien ennemy , qui en eut deux
foys autant , & noftre feigneur me feift ce bien de le faire condefcendre à
me laiffer en paix,foubz le hazard d’vne bataille egale à ma puiffance,ie
penferois eftre bien tenu à luy.Et touteffoys quelque chofe que ie mette
en auant,Meffeigneurs (dit il aux autres Cheualiers) vous ne laifferez de
confeiller au Roy ainfi que la foy que luy deuez vous oblige:tant y a que
luy fupplie humblement,qu’il me face ceft honneur de me tenir dunom-
bre de ceux qui feront ordonnez pour cóbatre. Ie vous diray,dit le Roy,
il me fouuient auoir ouy dire que le Roy Perion de Gaule, eftát vne foys
en pareille affaire que ie fuis,cótre le Róy Abies d’Irlande qui auoit prins
(par force) grande partie de fon Royaume, en fut deliuré par le combat
qu’ofa entreprédre vn ieune Cheualier(n’ayant encóres dixhuit ans)con
tre iceluy Roy Abies , qui lors eftoit eftimé entre les plus rudes Cheualiers du monde: toutesfoys il fut occis , & le Roy Perion remis en tout ce
qu’il auoit perdu,& qui plus eft, il recogneut lors,pour fon filz,celuy qui

G ii

auoit

auoit eu cefte belle victoire , lequel on appelloit le Damoyfel de la Mer,
& depuis Amadis de Gaule: Ainfi noftre feigneur luy feit en vn iour deux
grands biens, recouurant fon Royaume & fon enfant: Parquoy dõcques,
ne puis ie en ce cas femblable imiter le Roy Perion ? & eflayer à deliurer
mon peuple de tant de tribulation qu'il à receue par cefte longue guerre?
En accordant le combat de douze de mes Cheualiers contre douze des
autres, veu que ie les eftime telz, qu'auecq' l'ayde de Dieu, & le iufte droit
qui eft de noftre cofté, ilz emporteront l'honneur & la victoire, qu'en dites vous Cheualier de la Verde Efpée? Sire, refpondit il, ie n'ay point cogneu ceft Amadis, combien que i'aye par long téps hanté le pays de Gaule: mais i'ay quelque foys vcu deux de fes freres, qui ne font gueres moindres que luy en proeffe, & fi ay entendu qu'il aduint au Roy Perion tout
ainfi que vous l'auez recité : Quant au regard du combat qu'auez refolu
de douze à douze , fur mon Dieu fire, fi i'eftoys en voftre lieu, i'en ferois
tout ainfi , & encores fi Garadan le demandoit à plus petit nombre, il ne
luy feroit refufé, qui me voudroit croire, iufques à venir de fa perfonne à
la mienne, & f'il vous plaifoit luy en parler, i'eflayrois voluntiers à luy ab
batre ce grand orgueil, qui le fait parler au defauantage d'vn chacun, pour
fe dõnner plus de gloire. Il vault mieux dit le Roy, que vous foyez douze
enfemble , & pourtãt i'aduiferay à vous trouuer vnze des plus adroitz de
mon Royaume pour vous tenir cõpagnie. Dequoy le Cheualier à la verde
efpée le remercia hũblement. Ce fait le Roy retourna vers Garadan, auquel il dit: Seigneur Garadan, vous auez demandé le combat de douze cõ
tre douze, & ie le vous accorde, fouz les conditions qu'auez mifes en auãt,
& des demain, fi vous voulez. Par mon dieu, fire, refpondit il, vous me
rendez le plus content que ie fuz oncques, & voudrois, f'il eftoit pofsible,
que voz gens fuffent auffi preftz comme font ceux de l'Empereur . Garadã, dit le Cheualier à la verde efpée, f'il plaifoit au Roy, & vous euffiez fi
grand defir de cõbatre que vous en faites le féblant, ie vous en feroys paffer voftre enuye tout à cefte heure. Cõment? refpondit Garadã, doutes tu
que ie m'en fuye ? Par dieu ie ne voudrois pas eftre Empereur de Rome,
pour refufer l'offre que tu me prefétes, & fi ie ne fçay auoir le deffus de toy,
& te laiffer fans tefte auãt qu'il foit nuict, ie fuis contét perdre la mienne.
C'eft le mefme efpoir que i'ay fur toy, dit le Cheualier du Nain, pourtant
voyõs fans tant caufer à qui fortune dõnera la faueur. Lors f'en alleréttous
deux armer, & peu apres fe vindrét trouuer, & difoit Garadan aux Cheua
liers qui l'acõpagnerent: Si vous veiftes oncques donner beau coup de lan
ce, voyez cõme ie m'en fçauray ayder cõtre ce braue, qui a eu la hardieffe
de f'adreffer à moy, & ne m'eftimez iamais digne de porter armet en tefte
fi ie ne réds la fiéne à l'Empereur, auec ce pays payfible, fãs que de vous au
tres ayez la peine de mettre la main à l'efpée. Pédãt que Garadã tenoit ces

propos

ces propos,le Cheualier à la verde Efpée qui eftoit au bout du camp, luy
efcria qu'il fe gardaft de luy.Lors fe couurans de leurs efcuz,baifferent les
lances , & donnans des efperons à leurs cheuaulx, coururent l'vn contre
l'autre,de fi grand force,que leurs boys vollerent en efclatz,fe rencontrãs
de corps & de tefte par fi grand' roideur,que le Cheualier à la verde efpée
fut quafi eftourdy:Mais Garadan tũba à terre,fi hors de foy,qu'il deineu-
ra longuement fans mouuoir pied de main: Car la lance luy eftoit entrée
dãs le bras,qui luy caufoit vne douleur trefextreme.Lors le cheualier à la
verde efpée,le voyant fi mal en poinct,defcédit de fon cheual,pour veoir
f'il eftoit mort,& ainfi qu'il f'approchoit.Garadan reuint de pafmoyfon,
& fe leua promptement,mettant l'efpée au poing,comme f'il n'euft aucũ
mal, parquoy commença le combat merueilleux entre eulx deux , & ne
pouoit on iuger de prime face,qui auoit du meilleur', veu qu'ilz faifoient
tant de deuoir,l'vn & l'autre,que chacun f'en efmerueilloit , & n'euft efté
que Garadan f'affoyblifoit par la quantité du fang qui luy fortoit de la
playe qu'il auoit receue au bras,il euft encores donné plus d'affaires à fon
ennemy,qu'il ne faifoit: Mais à la fin il fe trouua fi las, que pour reprédre
allaine il f'auifa de luy dire:Certes Cheualier à la verde efpée,d'autãt que
ie vous cognois mieux que ie ne fis oncques, i'ay plus d'occafion de vous
vouloir plus de mal que deuant: Touteffoys'pour ce qu'il me femble que
vous commencez à laffer, ie fuis content vous permettre pour ce coup vn
peu repofer.Comment? refpondit il, parles tu maintenant de repos, & tu
tu te vantoys n'agueres d'auoir fi legerement ma tefte? Affeure toy, que
tu n'auras repos, ne moy auffi, que l'vn de nous deux ne foyt mort,pour-
tant pren grrde à toy, fi tu veulx.Ce difant le chargea de plus fort,en plus
fort,& à la fin luy iecta vn tel coup fur le hault de l'armet, qu'il luy faulça
la coiffe de fer,le teft,& le cerueau enfemble,& tumba mort fur le champ,
dequoy le Cheualier à la Verde Efpée fut trefayfe, non tant pour hayne
qu'il luy portaft, comme pour le defplaifir qu'il penfoit auoir fait à l'Empereur, au grand contentement du Roy Tafinor. Puys effuya fon efpée
& la remift au fourreau, rendant graces à Dieu , de la victoire qu'il luy a-
uoit donnée.Lors f'approcha le Roy, & vint l'embracer,luy demandant
comme il fe portoit.Si bien fire(refpondit il)que ie n'ay playe qui me gar
de paracheuer demain le combat auecq' eux que vous ordonnerez . Par
ma foy,dit le Roy, vous en auez affez fait pour vn coup . Lors fut conduict en la ville, au plus grand triumphe qu'il fut poffible, & ce pendant
les Romains emporterent le corps de Garadan , tant effroyez de fa mort,
qu'ilz perdirent deflors tout vouloir de plus combatre, & conclurent enfemble remonftrer à l'Empereur, que leur compagnon les auoit obligez
(maulgré eux , & par fa temerité) à vuider par armes le different ,dont
luy mefmes f'eftoit mal trouué, en forte que nul d'eulx y fut côtredifant,

G iii   fors

fors vn ieune Cheualier nommé Arquifil, proche parent de l'Empereur,
lequel cognoiffant le mauuais cueur des autres, & l'iniure qu'ilz feroient
(non feulement au Patin ou à eux mefmes: mais à tous ceux de l'Empire)
leur feit telle remonftrance: Comment feigneurs, vous voulez vous oublier & perdre ainfi la reputation de noftre empire?fera il publié que vnze Cheualiers Romains (par crainte de mort) ont efté fi lafches de n'ofer
combatre douze Almans groffiers, & peu vfitez aux armes? Sur mõ dieu,
quand moy feul l'aurois entrepris, fi ne differois ie pour mourir de mille
mors enfeble:& fi vous doutez celuy qui a deffait Garadan, laiffez le moy
combatre,& vous adreffez aux autres:car ie vous affeure,que fi nous auõs
le cueur bon, nous en viendrons au deffus, & recouurerons ce qu'ilz penfent auoir defia obtenu(par l'infortune auenue à noftre compagnon)cõ-
batõs les doncques, & mourons tous, pluftoft que differer,veu qu'il nous
vault trop mieux eflire vne telle mort honorable , que viure cy apres en
perpetuelle honte,& d'vne vie tant malheureufe que feroit la noftre.Cer-
tes la remonftrance de ce ieune prince,eut tant de pouoir fur la pufillani-
mité des autres, & eurent telle hôte d'eux mefmes, qu'ilz refolurent de tê-
ter fortune,& eux proftituer à tout peril , pluftoft que de tumber en partie de leur deshonneur: Mais ilz furent promptz & preftz d'entrer en ce
combat.Le Cheualier à la Verde efpée n'eftoit en cela pareffeux, ains fol-
licita leRoy leur faire entendre,que le lendemain enfuyuant,il fourniroit
la refte des Cheualiers qu'il auoir promis,& qu'ilz fe trouuaffent au camp
fi bon leur fembloit.Ce que le Roy vouloit retarder,iufques à ce qu'il fuft
guery des playes que luy auoit faites Garadan , neantmoins il le fupplia
tant,qu'il f'y accorda,luy difant:Cheualier à la verde efpée,vous auez defia tant fait pour moy,que ie ne vous defdiray iamais de chofe qu'ayez defir de faire,& puis que voulez paracheuer,mõ filz Grafandel vous tiendra
compagnie:car en meilleur endroit ne fe pourroit il trouuer de fa vie. Sire,refpondit le Cheualier,vous le deuez referuer pour quelque autre affaire,fans le hazarder en ceftuy cy, ou il n'eft nul hefoing. Ha ha fire Cheualier,refpondit Grafandel,me voudriez vous bien pourchaffer tát de mal,
fans vous auoir oncques meffait?foy que ie dois au Roy,fi i'auois autátde
puiffance fur vous,côme ie vous en donneroys bien fur moy,ie vous prierois me faire l'hôneur de vous acõpaigner toute ma vie,& croyez que i'aymerois mieux n'auoir efté oncques né,que ie ne fuffe du nôbre des douze
efleuz,pour fi bóne affaire.Puis que c'eftvoftre plaifir dit le Cheualier àla
verde efpée,& que vous voulez cõbatre,i'efpere que dieu nous aydera:car
no² eftát auecvous,il eft ípoffible que la cõpagnie n'é foit trop meilleure.
Adõc chacũ fe retira iufques au lédemain matí, que le roy vít veoir leCheualier lequel il trouua defia armé,&voyãtque fes armes eftoiét fort endõ-
magées,luy dit:Il me fêble mõ grãd amy,que vous ne deuez entrer en tel
combat

cóbat si mal equipé que vous estes, pourtât ie vous prie vous armer d’vnes
armes(que selô mô auis vous serôt propres & aysées: Ce disât enuoya querir vn harnois qu’il auoit de long temps gardé, pour l’vn des meilleurs du
monde, puis le presenta au Cheualier à la Verde Espée, luy disant: Essayez
le, & s’il vous est bien fait, armez vous en pour l’amour de moy, qui le
vous donne d’aussi bon cueur, que ie baysay oncques damoyselle. Treshumblement le remercia le Cheualier, & regardant l’espée si bien en ordre, la tira du fourreau, & luy sembla si belle, qu’il dit en soymesmes que
oncques il n’en auoit veu de plus parfaite, fors celle du Roy Lisuart, & la
sienne, laquelle il aymoit singulierement, tant pour la bonté qui estoit en
elle, que pource qu’il l’auoit conquise par force d’aymer, comme il vous à
esté declairé au second liure, & pourtant ne l’eust laissée pont la meilleure
du monde: Mais voyant que ceste autre meritoit bien tumber es mains de
quelque gentil Cheualier, il pria Grasandel de la prendre. Ce qu’il ne re-
fusa, & ainsi qu’ilz s’amusoyent à regarder le reste du harnoys, on leur vint
dire que les vnze cheualiers Romains estoient desia au camp, qui les atten
doient: Au moyen dequoy chacun s’arma diligément, & sortirent les dou
ze cheualiers accompagnez du Roy, & de maintz autres, & quand Arquisil les vid approcher, il dit à ses compagnons. Ie vous prie messeigneurs
compagnons & amys, auoir souuenance, que nous allons combatre, non
seulemêt pour acquerir terre à l’Empereur, ou pour entretenir la promesse
qu’a faite Garadan: mais pour l’honneur de tout l’Empire Romain, au de
mourant ie vous ay dit, & prie me laisser combatre celuy, qui eut hyer la vi
ctoire de nostre compagnon, ie le voy marcher le premier, & le premier
aussi sera renuersé comme i’espere. Allons donc au deuant, & que nul ne
s’espargne. Lors prenans leurs escuz, marcherent droict contre leurs ennemys, lesquelz les voyant approcher, allerent à l’encontre, & d’arriuée baif
sans leurs lances, chargerent l’vn sur l’autre. Arquisil rencontra le Cheualier à la Verde Espée de si droit fil, qu’il brisa sa lance sur luy en plusieurs
pieces: mais s’il ne se fust tenu aux crains de son cheual, le Cheualier l’eust
mis par terre: Car il le print tant à propos, qu’il luy feit perdre les estriers,
& sortir des arçons, puis parfaisant carriere, rencontra l’vn des autres auquel il dona si grande attaincte par le hault de l’armet, qu’il l’en desarma,
& à l’instât fut chargé de deux ensemble, & nauré si fort en la cuysse, qu’il
cuyda cheoir, dont il fut si marry, que mettant la main à l’espée donna si
grâd coup à celuy qu’il trouua mieulx à propos, que si elle ne luy eust tour
né au poing, il l’eust mis à mort: Mais elle glissa, & abatit le col du cheual,
& la iambe de celuy qui estoit dessus, tumbans l’vn sur l’autre. Ce que voyant Arquisil, vint par derriere, luy donner sur l’armet, par si grand force, que les yeulx luy commancerent à estinceler : Toutesfoys il ne laissa
pour cela à bien se venger: car il luy aualla quasi l’espaule gauche: Lors fut
le combat plus rude que deuant, pource qu’il entrerent pesle mesle, &
G iiii   combien

cõbien que Arquifil fentift grand douleur de cefte nouuelle playe, & que
par là il perdift beaucoup de fang, fi ne laiffa il pourtant à faire cognoiftre
aux regardans de grand cueur qu'il auoit, en forte qu'à le veoir combatre,
on l'euft iugé aufsi frais que nul des autres, neátmoins fur la fin, luy & fes
compagnons furent tant mal menez, que la plus part d'eulx demeurerent
fur le champ, & luy mefmes ne trouuant moyen d'endurer l'effort du Che
ualier à la Verde Efpée, qui le pourfuyuoit fans prendre alaine, fe trouua
tát affoibly, qu'il n'en pouuoit quafi plus, quád Grafandel s'adreffa à luy,
& de toute fa force l'attaignit fi rudement, qu'il demeura fur le cháp efuanouy. Lors mit foubdain pied à terre, faignant luy vouloir trácher la tefte:
Mais le Cheualier à la Verde Efpée, luy pria qu'il differaft, & s'approchát
luy tira l'armet, & pour l'air qu'il eut, reuint à foy, bié effroyé (toutesfois)
quand il fe vid fi pres de la mort, parquoy pria que l'on euft mercy de luy.
Par Dieu, dit le Cheualier, vous mourrez, fi vous ne vous rédez. Helas, dit
il, ie me metz à voftre mercy. Adóc fe leua, & luy bailla fa foy, & fur ces en
trefaites furuint le Roy Tafinor, lequel ioyeux de telle victoire, demanda
au Cheualier du Nain, comme il fe portoit, & s'il eftoit fort nauré. Sire, ref
pondit il, ie n'ay playe que ie ne tiéne pour bien employée, puis que vous
eftes demeuré fi bien feruy. Lors monterent tous à cheual, & prindrent le
chemin de la ville, ou le peuple eftoit par les rues, qui crioit: Benoift foit le
bón Cheualier, par lequel (s'il plaift à Dieu) nous aurons la paix, & fera la
guerre finie, & les fuyuirent iufques au logis du Roy, ou Chirurgiens le
vindrent vifiter, l'affeurát fur leurs vies, qu'en peu de iours ilz le rendroiét
preft à monter à cheual s'il fe contregardoit, & pource que les Cheualiers
Romains eftoient tous demeurez fur le champ, fors Arquifil qui auoit efté
emmené prifonnier, il fupplia le Cheualier à la Verde Efpée, le laiffer aller
fur fa foy, pour faire emporter fes cópagnons, fouz condition qu'il retour-
neroit vers luy, toutes & quantesfoys qu'il le manderoit. Arquifil, refpondit le Cheualier, vous eftes gentilhóme, & croy que vous ferez ce que vous
promettez: Or allez, & retournez le pluftoft que vous pourrez. Ainfi s'en
partit Arquifil, duquel noftre hyftoire fe taira à prefét, pour vous dire, que
peu de iours apres, le Cheualier à la Verde Efpée fe trouua du tout guery, & affez fort pour porter harnoys. Au moyen dequoy ennuyé du long
fe iour, qu'il auoit fait auec le Roy Tafinor, le vint trouuer à propos, & luy
dit: Sire graces à noftre feigneur, vous eftes maintenant en paix, & hors de
voz affaires, parquoy il vous plaira me donner cógé: car i'ay deliberé partir demain du matin, & fuyure ma fortune, ainfi qu'elle trouuera bón me
guider, vous affeurant, fire, qu'en quelque part ou ie foye, ie demeureray
tant que ie viuray, voftre humble feruiteur, ainfi que le bien, & honneur
que vous m'auez fait m'y ont obligé. Comment? refpondit le Roy, me
voulez vous laiffer? vous ennuye il fi fort en ce pays? duquel vous pouuez
difpofer comme moy mefmes? Ie vous prie, beau fire, prenez en telle part
qu'il

qu’il vous plaira,& me tenez compagnie.Sire,dit le Cheualier, ie vous fu-
plie humblement me pardonner,& croyre,que s’il eſtoit en ma puiſſance,
(veu le deſir que i’ay de vous ſeruir)ie le ferois:Mais mõ cueur,ne le pourroit nullemét permettre.Lors le Roy cognoiſſant qu’il n’y auoit ordre de
l’arreſter,luy reſpondit:Ie vous diray,demain nous orrons la meſſe enſem
ble, puis s’il vous plaiſt m’accorder vne requeſte que i’ay à vous demáder,
vous me ferez vn ſingulier plaiſir.Par mõ Dieu,ſire,dit le Cheualier,vous
auez tant de commandement ſur moy , que (reſerué l’arreſt que vous me
pourriez faire)ie ne vous deſobeyray en ce que vous me commanderez. Ie
vous mercye,reſpondit il.Adonc changerent propos , puis venant le ſoir,
le Cheualier à la Verde Eſpée commanda à Gandalin tenir ſon cas preſt,
pour deſloger le lendemain des le poinct du iour.Mais ainſi qu’il cuydoit
repoſer,il luy va ſouuenir de la Princeſſe Oriane,& commença tellement
à y penſer,qu’il ne ſe peut tenir de plorer,& diſoit en ſoy meſmes : Helas!
amye,quand verray ie le téps que ie pourray encores auoir le bien de vous
tenir entre mes bras!Ha ha Amour!vous m’auiez eſleué au plus grãd heur
ou oncques loyal amát pourroit eſtre!Mais quoy? d’autant que ceſte gloire m’eſtoit non pareille en faueur , d’autant plus m’eſt elle tournée en tribulation & ennuy, me ſentant ainſi eſlongné de celle que plus ie deſire
voir & tenir , & ce qui me tourmente d’aduantage , eſt la crainte que i’ay,
que mon abſence ſoit cauſe qu’elle me mette en oubly, ou l’eſmeuue à autre nouuelle amour, puis ſoudain ſe reprenoit , & diſoit : Helas!dont me
peult proceder ceſte folle opion ? Ha ha amye! ie vous ſens trop ferme &
conſtante,& cognois auſsi bien que i’ay peché contre vous:car ma peine &
grande fidelité mont tant de foys donné eſpreuue, & aſſeurance de vous,
que i’ay tort d’en auoir doubté, puis ie ſçay bien, qu’oncques ie ne penſay
qu’à vous obeyr, & feray toute ma vie , ainſi n’aurez vous occaſion de me
vouloir mal,ne deſirer aucune vengeance ſur moy,ſi vous ne penſez eſtre
offenſée par vous aymer plus ardemment & conſtáment qu’aultre ne ſçau
roit faire,ie ne ſçay pourtant ſi amour me vouldroit point punir,de ce que
pour auoir deſdaigné toutes autres,ie me ſuys tant rendu voſtre,que main
tes en ont eſté de moy mal traitées,&rigoureuſement refuſées:mais ie ſçay
bien que mes penſées ſont tant familieres en voſtre cueur , & voſtre grand
beauté ſi caracterée & emprainte en mon ame, que ie doy tenir pour certain,qu’auec le temps mes peines ſeront eſtaintes,ou par ma fin, ou par vo
ſtre accouſtumée loyauté . Ainſi paſſa la nuict en pleurs & ſouſpirs, iuſques au poinct du iour, qu’il feit leuer Gandalin, & eſtant armé s’en alla
en l’Egliſe,ou il trouua le Roy qui l’attendoit: puis ayant ouy la meſſe, le
print par la main,& le tirant à part, luy dit:Mõ grand amy,puis que vous
deliberez de partir,ie veulx premier vous aduiſer , que vous auez vn Roy
& vn Royaume du tout à voſtre commandement, & pour tel le cognoiſtrez,ou il vous viendroit affaire, & i’en fuſſe aduerty , parquoy vous
                                                          ne de-

ne deuez plus differer à me dire qui vous estes, vous promettant en foy, &
parolle de Roy, que par moy ne serez nullement descouuert oultre vostre
gré. Sire, respódit il, ie vous supplye ne me faire ce tort: car ie n'ay deliberé
me donner à cognoistre à nul, si force ne m'y contrainct. Vous me ferez
donc desplaisir, dit le Roy. Sire, respondit il, Dieu me gard d'offenser tant
bon Prince, plustost le vous diray: Sire, ie suys celuy Amadis de Gaule, filz
du Roy Perion, duquel il vous souuint, quand vous accordastes le combat
des douze Cheualiers. Ha ha, dit le Roy, par la foy que ie doy à Dieu, le
cueur me l'a tousiours iugé ainsi, & soyez seur que vostre congnoissance
m'est autant agreable, que chose qui m'eust peu auenir, que benoist soit le
pere & la mere qui ont produit tel personnage, duquel tant de gens de bié
ont receu plaisir & profit, & s'efforça le Roy de plus longuemét l'arrester:
Mais il le pria tresinstamment luy donner congé, ce qu'il ne luy osa refuser. Parquoy montát à cheual, fut conduit en bonne & grosse cópagnie assez loing hors la ville, & le commandant à Dieu, print son chemin vers la
Romaine, cherchát les auantures estráges, ainsi que fortune le conduisoit.

Comme le Roy Lisuart chassant

en la forest ou il auoit laissé les dames, trouua causuellement vn
ieune damoysel, lequel luy monstra le chemin de l'Hermitage,
ou Nascian le bon Hermite se tenoit: Et fut cest enfant long téps
apres recogneu pour filz d'Amadis & d'Oriane.
Chapitre   VIII.

En la

EN la saison gaye du verd moys de May, le Roy Lisuart estant de long seiour, fut prié par les dames, de les mener à la chasse. Ce qu'il leur accorda tresuoluntiers, & des l'heure commanda à ses veneurs, faire tendre ses toylles, en la prochaine forest, & dresser les tentes ioignant la fontaine des sept fouteaux, qui estoit l'endroict du boys plus plaisant, & delectable, pour le temps. La au pres estoit l'Hermitage, ou Nascian le saint homme nourrissoit Splandian, comme il vous a esté recité. Or aduint le iour mesmes, que le Roy se trouuant à l'assemblée, ayant laissé les dames en leurs pauillons, poursuyuit si longuement vn Cerf, mal mené & eschappé des toylles, qu'il le contraignit prendre la routte de la haulte forest, tout le long d'vn grand costau, bien couuert de buissons & fors halliers: Et aussi tost qu'il fut au dessus, aduisa de l'autre part, descendre hastiuement vn ieune damoysel, aagé (peult estre) de cinq à six ans, qui menoit en lesse vne Lyonne, lequel voyant ce Cerf fuyr & eschauffé, la halla apres, au moyen dequoy elle le poursuyuit de si grand' vitesse, qu'elle le vint abbatre deuant le Roy. Adonc le damoysel, ioyeux de si bonne prise, y courut legerement, & vn autre ieune enfant son compagnon, lequel se saisissant de la venaison, print son cousteau, pour le massacrer: Puis sonna vn cor, tant qu'il peut, appellant à haulte voix, deux petis brachetz, qui les suyuoient ordinairemét, lesquelz suruindrent tost apres & eurent curée du sang de la beste, & à la Lyonne semblablement. Ce fait, la reprindrent, & atacherent en vne petite lesse, & ayant couplé leurs petis chiens, prindrent leur chemin au trauers du boys. Lors le Roy cognoissant qu'ilz s'eslógnoiét, eut desir de sçauoir qu'ilz estoient, & sortant du lieu ou il s'estoit caché, appella le damoysel: Lequel s'arresta, tant que le Roy fut ioignant de luy, qui luy dit: Mon enfant, ie vous prie, dites moy qui vous estes, & la ou vous demourez. Sire Cheualier, respondit le damoysel, Nascian l'Hermite m'a iusques icy nourry, & est, comme ie croy, pere à mon compaignon & à moy. De ceste response fut le Roy tout pensif, & ne pouuoit comprendre en son esprit. que Nascian (vieil & caducque, estimé par le pays homme de saincte vie) peust auoir enfant si ieune & tant beau, & voulant sçauoir plus oultre, luy demáda, en quel lieu estoit l'Hermitage. Il est, respódit il, au sommet de ceste roche, & luy monstrant vn petit sentier, le laissa la, luy disant: S'il vous plaist y aller suyuez ceste sente qui vous y conduyra: car ie m'en voys apres mon compagnon, vers la fontaine, ou nous auons dressé nostre chasse des le matin. Adonc le Roy le laissa, & montát contremont le rocher, aduisa au dessus le petit repaire de Nascian, si enuironné de gros halliers, que le lieu monstroit bien la grande solitude du bon Hermite: Lors descédit du cheual, puis entra au dedans du pourpris, ou il trouua le saint homme à genoux, vestu de draps de religion, lisant dedans vn liure de deuotion, lequel de prime face ne s'esmeut pour son arriuée: Mais ayant acheué son oraison se leua, demandant

au

au Roy qu'il cherchoit. Mon pere, respondit il, n'agueres trauersant ceste
forest, i'ay rencontré vn ieune enfant, menant vne Lyonne en lesse, ie vous
prie, par courtoysie, me dire qu'il est: car à le voir ie croy qu'il soit yssu de
quelque bon lieu. Et tandis que le Roy parloit, l'Hermite le regarda tant,
qu'il le recogneut, comme celuy auquel il auoit fait maintz bons seruices
du temps qu'il hantoit les armes : Au moyen dequoy, il se prosterna deuant sa face, luy demandant pardó de la faulte qu'il auoit commise enuers
luy, pour ne luy auoir fait si grand recueil, que sa maiesté le requeroit: mais
le Roy le souz leua, & le prenant par la main, luy dit: Mon pere, ne me vou
lez vous pas dire, qui est le ieune enfant, que ie vous dy ? Asseurez vous
sur ma foy, que la cognoissance que me donnerez de luy ne luy peult tour
ner qu'à profit. Sire, respondit l'Hermite, nostre seigneur luy a iusques cy
monstré grand signe d'amour, & puys qu'il l'a tant songneusement gardé,
comme ie vous diray, il est bié raisonnableque vous (cõe Roy) l'aymez &
gardez en sorte qu'il n'ayt mal, ne desplaisir, vous auez (à ce que vous me
dites) desir de sçauoir à qui il est: En verité, sire, puis que ie le nourris il est
bien mié cóbien qu'il y a tátost six ans que ie l'ostay des dés d'vne Lyonne,
qui le portoit à ses faós, & en cela nostre seigneur móstra bié, qu'il est protecteur de toutes ses creatures : car la beste ne luy fit oncq mal, ains l'alaita
ainsi que l'vn de ses petis, tellement que par le laict d'elle & d'vne Brebiet
te que i'auoys lors, i'ay trouué moyen de l'entretenir plus d'vn moys, attendant qu'vne mienne seur, mere de l'autre ieune enfant qui l'accompa-
gne, fust venue vers moy, & depuys elle la nourry, & si bien gouuerné,
que, graces à nostre seigneur, ie croy que ce soit l'vne des plus belles creatures, qu'il est possible de voir: & si a vne chose en luy, plus estrange que
ne pourriez estimer. Entendez sire, ainsi que ie le vouloys baptiser, & que
ma seur luy ostoit les riches langes, ou il estoit enuelopé, elle me monstra
vne lettre, qu'il a sur le tetin droit, ausi blanche que neige, contenant ce
vocable: Splandian, & de l'autre part (au droit du cueur) autres caracteres rouges comme sang, lesquelz ie n'ay oncques enteuduz, pource qu'ilz
ne sont Latins ne de nostre langue, & au moyen du nom qu'il a apporté en
sa naissance, ie l'ay tousiours depuys fait appeller Splandian. En bóne foy
mon pere, dit le Roy, vous me contez grandz merueilles : mais puis que
vous le trouuastes en l'equippage que vous dites, il est à presuposer, qu'il
ne fut né gueres loing de ceste contrée. Ie ne sçay pas celà, respondit Nascian, & si n'ay enuie d'en entendre plus que nostre seigneur a permis. Or
bien doncques, dit le Roy, ie vous prie me faire ce plaisir de vous trouuer
demain, à la fontaine des sept fouteaux, ou ie seray auec la Royne, & bon
ne compagnie, & amenez quant & vous Splandian, & la Lyonne auecq
vostre nepueu, à qui ie feray du bié pour l'amour de Sargil son pere, lequel
i'ay autrefois cogneu pour bon Cheualier. Sire, respondit le saint homme
ie feray ce qu'il vous plaira me commander, & Dieu vueille' que ce soit

à sa

à sa gloire & honneur. Lors le Roy luy dóna le bon iour,& reprenát son chemin arriua en ses tentes,enuiron l'heure de midy : Et pource que l'on ne sçauoit qu'il estoit deuenu,chafcun estoit attendant de ses nouuelles, & combien que ses plus familiers,luy demádaffent ou il auoit esté,si ne leur en declaira il rien:Mais commanda que l'on couurist pour le disner:Toutesfoys ainsi qu'il se vouloit mettre à table,Grumedan luy vint dire,que la Royne luy fupplioit venir iufques en sa tente,auát que manger, pour quelques nouuelles qui luy estoient furuenues,parquoy il se retira vers elle, & estans retirez à part,elle luy compta,comme au partir de la ville, vne tresbelle damoyselle (montée sur vn puiflant haulbin,s'estoit presentée à elle) conduicte seulement par vn Nain,combien qu'elle fust richement vestue laquelle (dit la Royne) paffa tout au trauers de mes femmes,sans vouloir dire vn seul mot iufques à ce qu'elle fut deuant moy(qu'elle me bailla ceste lettre) me disant que vous & moy la lisifsions,ce iourdhuy auant disner,& que par icelle sçaurions choses admirables:Et à peine elle eut dit ce mot qu'elle s'en partit,le pluftoft que son cheual peult cheminer, sans me donner loysir de luy respondre vne seule parolle. Adonc bailla la lettre au Roy,qui estoit féellée d'vne efmeraulde enchafsée en or, ou estoient grauez ces motz:C'est le féel d'Vrgande la defcogneue. Puis l'ouurit,lisant le contenu,qui estoit tel:

Lettres d'Vrgande au Roy Lisuart.

TReshault & trefpuiffant prince,Vrgande la defcogneue qui vous ayme & desire faire seruice,vous aduise & cóseille,pour voftre trefgrád proffit,qu'au temps que le damoysel (alaicté de troys diuerses nourrisses) comparoiftra deuát voftre maiefté,vous le retenez,entretenez ,aymez ,& gardez bien cherement : car il sera cause de voftre repoz,en vous deliurant du plus grand danger ou vous fuftes oncques , il est yffu de semence Royalle des deux costez , & tiendra du naturel des creatures qui l'ont alaicté, par celuy de la premiere il sera tant fort & magnanime en courage,qu'il obfcurcira toutes les prouesses des meilleursCheualiers,qui ont esté par cy deuant, estant toutefoys si doulx & debonnaire qu'il en sera aymé & eftimé d'vn chafcun, & ce luy caufera la nouriture de la seconde nourriffe:Quant à la tierce , croyez(Sire)qu'oncques gentil homme ne fut de meilleur efperit,plus catholique ne accomply en toutes bonnes conditions, en forte qu'il s'adónera à faire œuures plaifantes à dieu, fuyant les chofes vaines,ou la plus part des aultres Cheualiers s'adonnent comunéemét:Et qui plus est, luy seul sera cause de mettre paix immortelle entre vous, Amadis,& toute sa lignée : Pourtant bon Roy,retenez mon

H

nez mon conseil , & bien vous en prendra. De ces nouuelles fut le Roy
trop esmerueillé,n'estoit l'estime qu'il auoit d'Vrgande la descogneue, il
y eust adiousté peu de foy:mais sur l'heure il luy va souuenir,que ce pour
roit estre celuy qu'il auoit trouue auec la Lyonne, & respondit à la Roy-
ne:Ie vous asseure ma dame que i'ay ce iourdhuy parlé àceluy duquel Vr
gande nous escript,& sera demain icy auec le bon Hermite Nascian, qui
m'en à dit chose estrange . Lors luy recita comme il auoit rencontré , &
tout ce qu'il en auoit entendu, dequoy la bonne dame fut tresayse, tant
pour veoir l'enfant si heureulx, comme pour parler au sainct homme ,
des choses de sa conscience,& se confesser à luy:Toutesfoys ma dame,dit
le Roy, ie vous prie n'en parler à nul , iusques à ce qu'il soit en nostre
presence: Puis s'en alla mettre à table, ne tenant propos durant son disner que des grandz Cerfz qu'il auoit veuz . Là suruint Galaor & Norendel auec force venaison,lesquelz persuaderent au Roy de retourner le l'é-
demain: Car ilz auoient failly à prédre vn sanglier, le plus estrange qu'ilz
eussent oncques veu:mais il leurs respondit,qu'il auoit receu quelques let
tres d'Vrgande,qu'il leurs vouloit communiquer, le iour ensuyuant: Et
qu'a ceste cause, l'on feist rafreschir ses chiens, iusques à ce qu'il eust fait
ce qu'il auoit deliberé : Puis se leua de table,& retourna vers les dames,a
uec lesquelles il se tint tout le reste du iour ,tant qu'il fut heure d'aller dor
mir,que chascun se retira, & le lendemain ensuyuant apres auoir ouy la
messe, leurs fut donné le boniour.Or estoit il desia haulte heure,& faisoit
vn chault le plus extreme qu'il estoit possible : Au moyé dequoy , la Roy
ne auoit fait leuer les murailles de son pauillon,pour receuoir la frescheur
d'vn petit vent, qui donnoit au trauers.Et pourtant pouoit on veoir dessoubz ses toilles,la bonne trouppe des dames qui l'accópaignoient , vers
lesquelles estant le Roy arriué (Et deuisans la plus part de ses Cheualiers
à celles qu'ilz auoient plus affectionnées)tyra de sa manche la lettre
d'Vrgande qu'il auoit receue le iour precedent , & dist à Galaor ,& aux
aultres : Or ça ie vous veulx monstrer vn aduertissement que l'on m'enuoya hyer , dont ie croy que ne serez moins esbahyz que moy, Adonc
la leut si hault, que chascun l'entendit , toutesfoys ilz ne pouuoient pre-
sumer , qui estoit cest enfant bien heureulx , duquel la destinée prome-
toit tant de grandz biens : Fors Oriane,à qu'il toucheoit de pres ,la-
quelle auoit esté aduertie (n'y auoit encores lóg temps)de la perte de son
filz : Au moyen dequoy elle souspeçonna, que ce pourroit il estre , dont
luy suruint telle motion ,qu'elle changea plus de dix foys couleur,en
moins de rien :mais nul n'y prenoit garde:car ilz estoient tous ententifz à
la lecture de la lettre,& au propos du Roy,lequel demanda à Galaor qui
luy en sembloit.Sire,respondit il,puis que Vrgande le vous mande , il se
doibt croire qu'il sera ainsi,veu les choses veritables qu'elle vous a tant de
foys predites, & Dieu le vueille permettre, car ce me sera la plus grand
ioye

ioye que ie ſçauroys auoir de ma vie, voyant ſi bonne paix entre vous,
monſeigneur Amadis,& mes aultres parens & amys. A bien vienne tout,
dit le Roy,& ſoit la volunté de noſtre ſeigneur faite, ainſi qu'il luy plaira,
& cóme il acheuoit ceſte parolle, il aduiſa de loing venir le bon Hermite
& les deux damoyſeaulx,Splandian & Sargil, auec deux vauaſſeurs parés
de Naſcian, en l'equippage que ie vous diray : Splandian auoit ſur ſes eſ-
paules vn grád lieure & deux perdrix qu'il auoit tuées·de ſon arc en chemin, Sargil menoit la Lyonne.en leſſe, attachée d'vne petite corde,& les
ſuyuoient Naſcian & les deux aultres, l'vn deſquelz portoit le cerf que la
Lyonne auoit pris le iour precedent deuant le Roy,ainſi que ie vous ay
recité, & l'aultre tenoit les deux brachetz de Splandian couplez : Mais
quand les dames apperceurent la Lyonne, en ſi petite garde, elles eurent
telle frayeur,qu'elles ſe vindrent toutes ieƈter autour du Roy, lequel pour
les aſſeurer ſe miſt à rire,en leur diſant,que nul ne s'eſmeuue,celuy à qui el
le eſt,a bien puiſſance de nous deffendre , de plus dangereuſe beſte que
ceſte cy,Ie ne ſcay,reſpondit Galaor,quel pouoir il en a:mais ſi elle ſe deſ-
pite vne foys,la ſeureté n'en eſt pas trop grande:car le veneur qui la tient,
a vn peu les reins bien foybles,pour la dompter à ſon plaiſir.Celuy, dit le
Roy,qui la conduiƈt,eſt le ſainƈt homme Naſcian,allons au deuát de luy.
Lors chaſcun ſe leua , & vint le Roy embraſſer l'Hermite, luy diſant,qu'il
fuſt le tresbien venu,puis le print d'vne main,& Splandian de l'aultre, lequel il preſenta à la Royne,luy diſant: Voyez (ma dame) le plus beau damoyſel que vous veiſtes oncques . Adonc Splandian aſſeuré (comme s'il
euſt tout le temps de ſa vie eſté nourry à la court) luy feit vne grande reuerence,& luy preſentant la venayſon qu'il portoit,luy dit: Madame voy
cy la chaſſe que nous auons faiƈte en chemin, laquelle vous departirez có
me il vous plaira.Mon mignon, dit le Roy, ce ſera vous meſmes . Mais
vous,dit il,ou bié ma dame:car ie la luy ay deſia dónée. Voyla pourquoy,
reſpondit le Roy,elle veult que vous la diſtribuez à toutes ces damoyſelles , ainſi que vous l'entenderez, puis s'il en demeure , nous aurons noſtre
part . Diſant le Roy ceſte parolle, l'Hermite ieƈta ſa veue ſur l'enfant lequel cogneut bien qu'il auoit failly à parler:Au moyé de quoy la couleur
luy monta au viſaige , qui luy embelliſt le tainƈt, & monſtrant le Cerf,
dit au Roy (comme s'il euſt demandé pardon de ſon offence) Monſeigneur,prenez doncq ce grand Cerf pour vous,&ma dame aura ce Lieure,
& ces deux perdrix,ſeront pour ceſt aultre dame,qui eſt aupres d'elle ; ce-
cy diſoit il d'Oriane ſa mere,qui le regardoit,lors, d'vng tel œil,que vous
tous pouez eſtimer.Comment reſpondit le Roy,ne dónerez vous rien à
ces gétilz hommes?Ie n'en ay plus,reſpondit l'enfant: mais ſi ie viens vous
veoir demain,ie leur apporteray ce que ie prendray , & ce pendant vous
leur departirez , s'il vous plaiſt , de voſtre venayſon.Et faiſoit Splandian
tout ce petit diſcours de ſi bonne grace,& auec telle naifueté,que chaſcun

H ii ſe prin

ſe print à rire,& à le louer.Certes dit le Roy,ce n'eſt pas merueilles s'il a ſi
gentil eſprit:Car à ce que m'a recité celuy qui la gouuerné iuſques icy,no-
ſtre ſeigneur luy promet de plus grandes choſes:Pourtant mon pere , dit
il àNaſcian,affin que chaſcun entende l'aduenture eſtrange de luy,ie vous
prie nous la declairer preſentement ainſi que me feiſtes hyer.Sire,reſpon-
dit l'hermite , ie trouuay l'enfant il y a enuiron cinq ans entre les dens de
ceſte Lyonne,qui le portoit à ſes faons nouuellement nez,& croy qu'il n'y
auoit encores vn iour naturel qu'il eſtoit né: Puis commença à deſcouurir
comme il eſtoit enueloppé,la contenance que tint la Lyonne, quand elle
l'allaicta premierement , & le ſoulcy qu'il eut,huict ou quinze iours durant,pour le nourrir,attendât que ſa ſœur vint.Tout ce propos eſcoutoiẽt
diligemment Oriane,Mabile,& la damoyſelle de Dannemarc , cognoiſſans par le recit de l'Hermite,que certainement Splandian eſtoit filz d'A-
madis,& de la princeſſe,dont eſtoient ſi ayſes,qu'elles ne ſçauoient bon-
nement le diſſimuler.Mon pere,dit le Roy,vous me dites hyer, que puis
que noſtre ſeigneur l'auoit preſerué iuſques icy,que ie debuois penſer de
luy à l'aduenir,vrayement s'il vous plaiſt me le laiſſer,& ſon compaignon
auſsi,ie les feray ſi bien nourrir,qu'il ſeront ſi dieu plaiſt tous deux preudhommes & bons Cheualiers , & ie vous en prie tant qu'il m'eſt poſsible.
Sire,reſpondit Naſcian,ilz ſon voſtres , puis que vous auez deſir de les a-
uoir, & prie noſtre ſeigneur qu'il leur doint grace de vous faire quelque
iour ſeruice.Lors leur donna ſa benediction,leur diſant:Mes enfans, puis
que le Roy vous fait tant d'honneur de vous retenir en ſa court , mettez
peine d'eſtre obeiſſans, & à luy complaire , & pleuroit le bon homme à
groſſes larmes,en leur faiſant ces petites remonſtrances.Mon pere , dit le
Roy,ie les feray ſi bien gouuerner,qu'ilz ſeront telz que vous les deſirez.
Ie vous ſupplie donc,reſpondit la Royne,me les laiſſer,iuſques à ce qu'ilz
ſoient plus grands pour vous ſeruir,& voſtre fille aura Splandian, & moy
Sargil.Et bien madame,dit le Roy,ie les vous recommande,Ainſi fut l'en
fant liuré en la garde de ſa mere,qui le receut auſsi voluntiers que preſent
que l'on luy euſt peu faire,& demeura vng bien long temps auec elle,ſans
ce que nul le cogneuſt , fors les damoyſelles qui ſçauoient les priuées affaires de la princeſſe,laquelle ſe voulut confeſſer à Naſcian auât qu'il s'en
allaſt: Parquoy elle luy feiſt entendre, comme Splandian eſtoit filz d'A-
madis & d'elle , qui auoit eſté perdu ainſi que l'on le portoit à nourriſſe,
Certes ma fille,reſpondit l'Hermite,noſtre ſeigneur ne doit eſtre conten-
té de vous, ayant fait telle iniure à voſtre propre ame , pour vne volupté
deſordonnée,meſmes vous qui eſtes née de ſi haulx parentz,& qui deuez
eſtre miroir & exemple au peuple,ſur lequel dieu vous a preferée. Mô pe
re,reſpondit elle,ie ſçay bien que i'ay griefuement peché, & toutesfois ce
que ie feiz , fut de femme à mary : car ſur l'heure nous nous donnaſmes
l'vng à l'aultre. Adonc luy declaira comme Arcalaus l'auoit emmenée,
& que de

& que depuis Amadis l'a fecouru, ainfi que cy deuant vous à efté recité.
Donc l'Hermite fut trefayfe, congnoiffant que par ce moyen dieu n'auoit
efté offenfe, & depuis cefte confeffion fortit tel effet que par le moyen d'i
celle, long temps apres Nafcian meit paix entre le Roy & Amadis, eftans
fur le poinct de fe donner vne dure & cruelle bataille, ainfi que vous entendrez au quatriefme liure enfuyuant. Puis ayant Oriane receue la penitence que Nafcian luy ordonna, il print cógé du Roy, & de toute la court
pour retourner en fon Hermitaige, ou il ramena la Lyóne, & le Roy print
le chemin de la ville, pour donner ordre à fes affaires.

Comme le Cheualier a la

Verde Efpée, eftant party d'auec le Roy Tafinor
de Boefme, vint es marches de Romanie, ou il
trouua Grafinde fur les champs, accompaignée
de plufieurs gentilz hommes, dames & damoyfelles, mefmes d'vng Cheualier nommé Brandafidel, lequel le voulut contraindre par force d'armes faire venir parler à' icelle Grafinde, & du
combat qu'ilz eurent enfemble.

Chapitre   LX.

Ous auez cy deuant entendu,comme le Cheualier à la Verde Eſpée, partant d’auec le Roy Taſinor, print ſon chemin,
vers les parties de Romanie ,ou il ne ſeiourna long temps
qu’il n’y feiſt tant d’armes , que ſa renommée volla en tous
les endroitz:Mais ce ne fut ſans beaucoup endurer, pour la
grande melancolie qu’il auoit , penſant continuellement à la princeſſe O-
riane. Or aduint qu’vn iour entre aultres , trauerſant pays , arriua en vng
port de mer,ſur lequel eſtoit ſitué vne ville,en la plus plaiſante aſsiete qu’il
euſt oncques veue,laquelle ſe nommoit Sadine, & pource qu’il eſtoit encores haulte heure , ne voulut entrer dedans: Mais la tournoya de toutes
pars,pour mieulx la veoir à ſon ayſe,& voyāt la riue de la mer,luy va ſouuenir de Gaule,dont il eſtoit party, deux ans y auoit & plus : Au moyen
de quoy ſon dueil rēgregea,en ſorte que les larmes luy vindrēt aux yeulx:
Et comme il eſtoit en ceſte melancolie,aduiſa venir à luy vne trouppe de
Cheualiers,de dames,& damoyſelles,entre leſquelles y en auoit vne plus
belle,& mieulx parée(ce luy ſembloit)que nulle des aultres ,au deſſus de
laquelle on portoit vn ciel de taffetas blāc,attaché à quatre verges de fer,
pour luy oſter la chaleur du ſoleil,qui pour lors eſtoit trop vehemēte:mais
pource qu’il ne prenoit plaiſir pour l’heure ,à ſe trouuer en telles compai-
gnies:Ains auoit tant accouſtumé la ſolitude,qu’il s’eſlógnoit le plus qu’il
pouoit de toutes perſonnes , pour plus à ſon ayſe penſer aux faueurs qu’il
auoit autresfoys eues en la grand Bretaigne. Voyāt ceſte trouppe approcher, s’eſcarta : toutesfoys il ne fut guieres eſlongné,qu’l veid vne damoyſelle aſſez bien en ordre , venir apreſ luy accompaignée d’vn Cheualier,
qui tenoit en ſon poing vne groſſe láce , laquelle il faiſoit brāſler aſſez rudement,pour la mettre en pieces . Et s’approchant ceſte damoyſelle plus
pres,picqua deuant ,& laiſſa celuy qui la conduiſoit derriere . Puis dit au
Cheualier du Nain : Sire Cheualier , ceſte dame que vous auez nagueres
peu apperceuoir ,vous mande que venez parler à elle,& pour voſtre proffit. Dieu la gard de mal, reſpondit le Cheualier,encores que ie ne la co-
gneuſſe:Mais dites moy ie vous prie,que demāde ce Cheualier qui vient
auec vous?Certes,dit elle, il ne vous en doit challoir , faites ſeulement ce
que ie vous ditz,& bien vous en prendra.Vrayement,reſpondit il,ſi vous
ne le me dites , ie ne vous obeyray pas auſſi.Puis qu’ainſi eſt,dit elle,vous
le ſçaurez donc,encores que ce ſoyt oultre mon gré:Entendez que quand
ma dame vous a apperceu,& le Nain qui vous ſuyt,pource que l’on luy à
dit, qu’il y a en ce pays vng Cheualier eſtrange , faiſant tant d’armes qu’il
n’eſt poſſible de plus,lequel eſt touſiours ainſi accópaigné que vous eſtes,
à eſtimé que c’eſtes vous meſmes: Au moyen dequoy,elle delibere vous
faire tout honneur,dont elle ſe pourra aduiſer,& vous deſcouurir vn ſien
ſecret qu’elle n’a encores declairé à nulle perſonne qui viue. Et quand ce
Cheualier eut entédu le vouloir de ma dame,il luy a reſpondu qu’il vous

feroit venir

feroit venir à elle par amour,ou par force:ce qui luy fera facile à faire, veu
la haulte Cheualerie qui eft en luy,telle qu'il ne fe treuue fon femblable
en toutes ces contrées,parquoy ie vous confeille de me croyre,& me fuy-
ure.Damoyfelle mamye,refpôdit il, ie feroys plus pour voftre maiftreffe
que cela:Mais ie veulx premier veoir,fi ce Cheualier pourra accomplir ce
qu'il a promis . Sur ma foy, dit elle,i'en fuys defplaifante : car à ce que ie
puis iuger,vous eftes courtoys Cheualier,Lors tourna bride,& le Cheualier du Nain fuyuit fon chemin,comme au parauant. Ce que voyant l'aul
tre,luy efcrya tant qu'il peuft : Cheualier couart & recreu , defcendez de
cheual,& le menez au rebours,prenant la queue pour vous feruir de bri-
de:Puis venez à ma dame vous prefenter,& crier mercy de ce que n'auez
voulu fuyure fa damoyfelle , aultrement ie vous ofteray la tefte de deffus
les efpaulles: Pourtant eflifez de fes deux offres, la plus honorable pour
vous . Par dieu , refpondit le Cheualier du Nain, elles font propres pour
vous mefmes,quand à moy,ie les vous remetz.Eft il vray ? dit l'aultre, &
vous le ferez vueillez ou non : Ce difant meit la lance en l'arreft, efperant
l'abbatre de la premiere rencontre, ainfi qu'il auoit fait à maintz aultres:
Toutesfoys le Cheualier du Nain qui eftoit en equippaige de le receuoir,
donna des efperons à fon cheual, & print l'aultre nommé Brandafidel tât
à point,qu'il le defarçonna,& demeura efuanouy fur le champ:toutesfois
luy mefmes fut nauré en la gorge , & au bout de la carriere tourna bride:
Lors aduifant Brandafidel eftendu fur le champ,dit à Gandalin: Defcendez,& regardez s'il eft mort,& luy oftez l'efcu & l'armet. Adonc s'approchea Gandalin,& ainfi qu'il defarmoit,Brandafidel reuint de pafmoyfon.
Et à cefte caufe le Cheualier du Nain luy cria:Ha a paillard,par dieu tu es
mort,fi tu ne faitz tout ainfi que tu veulx contraindre ceulx que tu ne co-
gnois:car puis que tu en as fait la loy,il conuient que tu l'accompliffes. Et
ainfi que Brâdafidel ouurit les yeulx,il veid le Cheualier du Nain qui luy
tenoit l'efpée nue fur fa gorge,& le regardoit fans mot dire .Commét,dit
le Cheualier,vous ne voulez doncques pas parler,foy que ie dois à dieu
voftre tefte m'en fera la raifon:Lors meit pied à terre,& leuât le bras pour
le frapper,Brandafidel commença à crier:Ha a Cheualier,ie feray voftre
vouloir pluftoft que mourir ainfi.Or fus donc, que ce foit prefentement
refpondit le Cheualier du Nain. Adonc fe leua Brandafiel , & appella fes
efcuyers pour luy ayder à fe mettre à cheual , ainfi que le Cheualier du
Nain luy auoit cômande,& s'affift à reculôs,prenant la queue de fon cheual au lieu de la bride,& tournant fon efcu s'en alla droiĉt vers Grafinde,
laquelle le voyant tourner fi honorablement ,ne fe peuft tenir de rire,ne
les aultres de fa compaignie,par ce qu'il eftoit battu des verges dôt il me-
naffoit les aultres:Au moyen de quoy il eftoit fi hôteux qu'il n'ofoit leuer
la tefte,ains baiffât les yeulx paffa oultre iufques en la ville.Or auoit la da
moyfelle(qui eftoit allée quâd & luy vers le Cheualier du Nain)entendu

H iiij

les propos

les propos d'eulx deux, & veu le combat ainſi qu'il auoit eſté, & comme elle en faiſoit le cópte à ſa maiſtreſſe, le Cheualier du Nain ſuruint, lequel ſalua humblement Graſinde, & luy dit: Ma dame, à ce que ma dit l'vne de voz femmes, vous auez deſir de parler à moy. Certes, reſpondit elle, Sire Cheualier, elle vous a dit verité, & puis qu'il vous a pleu me faire ceſt honneur, vous ſoyez le treſbien venu: Car oultre les merueilles que i'ay ſçeues (pour vray) qu'auez faites en ces marches, l'on m'a de long temps aduertie du bien qu'a receu le Roy Taſinor de Boeſme mon conſin, par voſtre moyen, dont ie me ſens obligée à vous, & vous prie tant qu'il m'eſt poſſible, venir loger en mon palays, ou voſtre playe ſera diligemment penſée, eſtant ſeure qu'en nul aultre lieu pourrez vous (peult eſtre) ſi toſt receuoir guariſon. Ma dame, dit il, voyant la volunté de laquelle vous me priez, ie ne me vouldrois eſpargner en tous les perilz du monde, pour vous faire ſeruice, par plus forte raiſon ie ne doys pas refuſer le bien que vous me preſentez, pour le ſalut de moymeſmes. Lors prindrent le chemin de la ville, deuiſans touſiours enſemble, & le trouua Graſinde tant beau, & de ſi bónne grace, que des l'heure elle en deuint amoureuſe: Or eſtoit elle excellente en toute beaulté, ieune, en bon poinct, & deliberée autant que dame que l'on euſt peu veoir, & ſi n'auoit oncques eſté mariée qu'enuiron vn an qu'elle demeura veuſue & ſans enfans: Mais le Cheualier du Nain péſoit bien à aultre choſe, ayant continuellement deuant les yeulx de l'eſperit, ſon Oriane, pour l'abſence de laquelle, il enduroit vne paſſion extreme, & toutesfois il la ſçauoit tát bien diſſimuler, que l'on n'y cognoiſſoit quaſi rien, & comme ilz entrerent dans la ville, les habitás d'icelle (qui auoient deſia ſçeu le combat de luy & de Brandaſidel, lequel au parauant eſtoit eſtimé le plus rude Cheualier de tout le pays) l'attendoiét par les rues pour le veoir, & diſoient l'vn à l'aultre, ainſi qu'il paſſoit, ce ſeroit bien le cas de ma dame, ſi elle le préd à mary: Car de plus beau ne pourroit elle trouuer, ne de plus preux qu'il eſt. Puis fut códuict au palays, & mené en vne treſbelle chambre, ou il ſe deſarma. Lors vint maiſtre Heliſabel vng Chyrurgié treſexquis, lequel ayant veu la playe que le Cheualier auoit en la gorge, luy dit. Sire vous eſtes nauré en lieu treſdangereux, & auez beſoing de long repos, aultrement vous pourrez tumber en danger de voſtre perſonne. Treſdeplaiſant fut le Cheualier de ceſt arreſt, & reſpondit à maiſtre Heliſabel, ie feray ce qu'il vous plaira, pourueu que vous me promettiez ſur la foy que vous deuez à dieu & à voſtre maiſtreſſe, qu'auſsi toſt que me verrez en diſpoſition de póuoir endurer le trauail, que vous me le direz: car quelque choſe que ie face, il eſt impoſſible que i'aye repos, n'aucun ſoulagement, iuſques à ce qu'il plaiſe à noſtre ſeigneur, permettre que ie ſoys la part ou mon cueur deſire ſeiourner: Ce diſant entra en telle melancolie, que les larmes luy vindrent aux yeulx, dont il fut tout honteux: toutesfoys (en les eſſuyant le plus couuertement qu'il peuſt) commença à

monſtrer

monftrer meilleur vifaige qu’au parauant,& luy dit: Maiftre Helifabel,ie
vous prie vous melácolier le moins que vous pourrez , & i’efpere en dieu
qu’en brief vous ferez du tout guary.Lors commáda que l’on luy appor
taft à manger,& Grafinde mefmes le feruoit,& le perfuadoit à fe refiouyr
le mieulx qu’elle pouuoit , puis le meirét entre deux draps, faifant retirer
vn chafcun à ce que l’õ ne le gardaft de repofer:mais au lieu de repos fuyuant fon accouftumée façon de faire (encores qu’il fentift grád douleur à
fa playe) commença à penfer à Oriane,à quoy il prenoit toute fa ioye &
plaifir,l’entremeflant , neantmoins , auec pafsions & tourmens extremes,
qui combatoient continuellement l’vne contre l’autre,fi qu’en ce trauail
il s’endormit,& fi amour l’efguillónoit ,lors ,il ne laiffa en paix la nouuelle amante Grafinde,laquelle eftát retirée en fa ch ambre fe coucha toft a-
pres en fon lict, & foubdain la beaulté & bonnes graces du Cheualier à la
Verde Efpée fe prefenterent deuát elle, dont elle fe trouua tant efprife de
l’amour de luy,qu’il luy fut impoffible en diftraire fa penfée voulũtaire,
& difoit en foy mefme:Helas dont me procede maintenant cefte fantafie,la mort de mon feu mari m’auoit fi bien eflongnée de cefte façon de
faire, que maintesfoys i’ay propofé n’entrer iamais en fubiection d’homme uiuant: Ce nónobftant ceft eftranger (qui peult eftre ne vouldra de
moy)à rauy tellemét ma liberté,que ie me fens trop plus fiéne que mienne,& neantmoins fi tant de bien me pouoit aduenir qu’il fe voulfift faire
maiftre & feigneur de moy & de mes pays, oncques femme ne fut plus
tenue à fortune,veu les prouefles& grandes vertus qui font en luy,fi fçauray ie s’il ayme allieurs, & quoy qu’il en doiue aduenir ie luy declaireray
ma fantafie:Lors peult eftre aura il pitié de moy :mais dont luy pourroit
bié eftre venu cefte trifteffe qui le feit pleurer,quád maiftre Helifabel luy
dit qu’il luy failloit faire lóg feiour pardeça,fi ie puis fon efcuyer me le de
clairera,& fera caufe que plus difcretement ie pourray paruenir à mon
entente & des demain en feray mon effort fi ie le treuue à propos . Ainfi
paffa la nuict fans dormir nullement,puis venant le iour ,elle enuoya
l’vne de fes femmes,fçauoir cóme fe portoit fon nouuel hofte , & s’il auoit
bien repofé , laquelle luy rapporta qu’il eftoit defia efueillé : Parquoy elle
vint en fa chambre & en luy donnant le bon iour ,luy demanda comme
il fe trouuoit. Bien dieu mercy,refpondit il .Certe,dit Grafinde,i’ay auffi
mal repofé cefte nuict que ie feiz oncques.Comment ma dame,refpondit
le Cheualier,vous eftes vous trouuée mal?Et ainfi qu’elle luy voulut decla
rer ce que fon cueur en penfoit,honte & crainéte entremeflée d’vne pudi-
cité longuemét par elle obferuée,luy fermerent tellemét la bouche qu’elle demeura fans pouoir paracheuer fon propos:Mais le regardát d’vn œil
piteulx commença à changer couleur ,dequoy le Cheualier du Nain s’ap
perceut tresbien,toutesfois péfant que cefte foybleffe luy procedaft d’autre maladie , luy dit : Ma dame , puis que vous trouuez mal,il me femble
que vous

que vous ferez mieulx de vous recoucher & effayer à dormir,mieulx que
vous n'auez fait.Ie vous diray,refpondit Grafinde,ce mal m'eft affez con-
mun,& fe paffera(fi dieu plaift)auffi foudainement ,comme il eft furue.
nu,& ce difoit elle pour n'auoir occafion de fortir de la prefence du Cheualier,auec lequel elle fe tint tout le iour,prenât tant de plaifir à le regar
der qu'elle en oublyoit elle mefmes & toutes aultres chofes ,iufques à ce
qu'il feuft l'heure de fe retirer:Parquoy luy donnant le bon foir , s'en alla
mettre à fon lict,ou fi la nuict precedente, elle auoit eu peu de repos ,en-
cores en eut elle moins cefte cy enfuyuant . pouce que inceffáment elle
fe tournoit,retournoit d'vne part & d'aultre , à caufe que feu de cefte a-
mour nouuelle s'embrafa tellement en elle,que poftpofant toutes chofe,
delibera fans plus attêdre des le lendemain faire ouuerture de fon marty-
re au Cheualier,&de fait s'il n'euft efté nauré ,elle eftoit en telle extremité,que fur l'heure elle s'en feuft allée côcher auec luy:Car il luy fouuint à
l'inftant du grâd plaifir qu'elle auoit aultresfoys eu auec fon feu mary,en
moins d'vn an,qu'ilz furent enfemble,& en cefte penfée oultrée de trop
ardéte amour,fe trouua fi laffe,qu'elque s'endormit iufques à ce qu'il fuft
hault heure.Lors elle s'efueilla & fuyuant fa couftume,vint veoir comme
fe portoit le Cheualier du Nain,plus craintifue qu'elle n'auoit encores e-
fté,& fi la nuict elle arreftoit en elle mefme de fe declarer à luy, le iour
honte l'en deftournoit,tellement que plus d'vn moys durât elle fe main-
tien en cefte forte,tât qu'vne foys entre aultre, trouuât Gandalin à poinct
luy dit:Efcuyer mon amy,ie vous prie par la foy que vous deuez à dieu&
à voftre maiftre,me dire vne chofe que ie vous demâderay de luy,laquel
le ne luy pourra tourner qu'a honneur & trefgrand proffit,& fi ne fera
defcouuerte par moy en forte du monde.Ma dame,refpôdit il,fi ie la fçay
croyez que ie la vous diray.Mon amy,dit Grafinde,fçauez vons point s'il
ayme aulcune femme affectueufement,qui le gardaft d'en aymer d'aultre
s'il venoit à propos?Ma dame,refpondit il,il n'y a encores long temps que
le Nain & moy fommes des fiés, & aultre chofe ne nous à mis en fon feruice,finon la grande renômée de luy,& fi nous a deffendu expreffement,
de nous enquerir,ne de fon nom,ny de fes affaires : mais que nous le fer-
uiffiôs fans vouloir plus fçauoir qu'il ne vouloit que fçachiôs,tant ya que
nous auons defia tant veu de proueffe en luy,que vous pouez croyre fans
doubte que c'eft le meilleur Cheualier du môde.Et ainfi que Gâdalin recitoit ce qu'il auoit veu du Cheualier,elle tenoit les yeulx baiffez côtre ter
re,& en foufpirant fe môftroit tant penfifue,qu'il s'apperceut de l'amour
qu'elle portoit à fon maiftre.Et bié,dit elle,ie vous prie dôc me faire enté
dre,pourquoy il pleura l'aultre iour en noftre prefence.Ma dame,refpon-
dit il,cela luy aduiêt fouuêt,& tant continuellemêt foufpire nuict & iour,
que ie m'esbahys côe il peult viure , & toutesfoys ie le cognois tel,& de fi
grâd cueur,que cela ne luy procede pour crainte de peril ou entreprinfe

hazardeufe

hazardeuſe qu’il face, ainſi il eſt ayſé à preſumer que c’eſt d’amour extreme, qu’il porte à aucune dame que ie ne cognois. Si dieu m’ayde reſpondit Graſinde, ie le croy ainſi, & vous mercie grandement de ce que m’en
auez dit: Or vous en allez vers luy, que dieu luy doint auſſi prompt remede à ſes penſées que ie vouldroys auoir aux miennes : Ce diſant, elle ſe retira en ſa chambre, cognoiſſant bié qu’elle eſtoit fruſtrée de ſon intentió.
Au moyen dequoy ella delibera d’eſſayer par tous moyens à eſtaindre ce
feu ia trop allumé en elle, ce nonobſtant amour y côtredit, en ſorte qu’elle demeura en eſperance de le gaigner auec le temps : Mais il aduint bien
aultrement: Car auſſi toſt qu’il ſe ſentit fort pour porter armes,il commãda à Gandalin, tenir ſon cas tout preſt, pour partir le lendemain matin . Et
ſur l’heure entrant Graſinde en ſa chambre, ſe meirent à deuiſer enſemble
ainſi qu’ilz auoient de couſtume & tumbãs de propos en propos, le Cheualier du Nain luy dit: Ma dame, ie me ſens deſormais tant bien , graces à
dieu & à vous, que ie me delibere, ſi c’eſt voſtre plaiſir, partir demain matin n’eſtant plus en peine d’aultre choſe, ſinon à penſer comme ie pourray
toute ma vie recognoiſtre le bien & l’honneur qu’il vous à pleu me faire:
Pourtant madame ie vous ſupplye bien humblemét aduiſer s’il y a ſeruice qu’il vous plaiſe prendre de moy, vous aſſeurant que ie m’y employeray iuſques au mourir . Quand Graſinde l’entendit ainſi parler , elle fut ſi
triſte qu’elle ne luy peult ſi toſt reſpondre: Toutesfoys à fin , elle luy dit:
Certes Cheualier à la Verde eſpée, ie ne doubte que ne le feiſſiez ainſi, tãt
pour le bien que dites auoir receu en ceſte maiſon , que pour celuy que ie
vous deſire qui eſt trop plus grand, & portãt venãt l’heure que i’en voul-
dray prédre recópéſe, ſoyez ſeur que ie la vous demanderay priuéement,
ſans auoir crainte ne honte de vous deſcourrir vne choſe que i’ay iuſques à
preſent tenue occulte dedans mon cueur: Ce pendant ie vous prie me declairer quel chemin vous voulez prendre. Par ma foy ma dame reſpondit
il, ſe dieu plaiſt i’eſpere eſtre de bref en Grece, tant pour veoir le pays, que
l’Empereur duquel i’ay ouy dire maintz grandz biés. Vrayemét, dit Graſinde, i’ayderay à voſtre entreprinſe, & vous feray freter vne nef, & mettre
en ſi bon equippaige que vous ferez ayſéement voſtre voyage , & ſi vous
bailleray maiſtre Heliſabel pour vous ſecourir ou il vous ſuruiédroit quel
que inconuenient: Pourueu que me promettiez ſi vous eſtes ſain & à vous
meſmes , que vous ſerez vers moy en ceſte ville dedans vn an. Pas ne refuſa le Cheualier ſe ſecours: mais en remercia hũblemét Graſinde, en luy
diſant: Madame, ie ſeroys bien le plus chetif Cheualier du monde, ſi ie ne
mettoys peine à recognoiſtre tãt de graces que vous me faites, & ne m’e-
ſtimerois iamais digne de porter armes, ſi par crainte de mort, ou aultre
choſe ie differoys d’accomplir ce qu’il vous plairroit me commander . Ce
que i’ay deſir d’auoir de vous, reſpondit elle, ſera differé iuſques à voſtre
retour, & ſi n’eſt choſe qui ne vous ſoit honorable & proffitable . Mada-
                                                                        me

me,dit il, i'ay telle confiance à voftre grand vertu, que ie me tiens affeuré, que ne vouldriez faire aultrement. Non fur ma foy, refpondit elle : Lors manda maiftre Helifabel,auquel elle donna charge de faire equipper vng bon nauire, & le pourueoir de tout ce qu'il feroit neceffaire pour condui-re le Cheualier en Conftátinople. Ce qu'il feift auec telle diligence, que le cinquiefme iour enfuyuant le Cheualier prenant congé de Grafinde, s'embarqua auec maiftre Helifabel , & faifát voile trauerferét grand par-tie des Ifles de Romanie, en la plus part defquelles ilz prindrent port, & y feit le Cheualier maintes proueffes,tellemétque fa renommée fut en peu de temps publiée par tout le pays:mais pource qu'il n'auoit qu'vn an à re-tourner vers Grafinde, les mariniers l'importunerét de faire diligence,luy donnant à entendre qu'il feroit impoffible(faifant tant de feiour)parache uer fi toft leur voyage : Et à cefte caufe il delibera ne prédre pl' terre qu'il ne feuft en Grece , & finglerent des l'heure en pleine Mer : Ou nous les laifferons à prefent pour retourner es chofes qui aduindrent, en la graud Bretaigne,durant le long voyage d'Amadis.

I L vous a efté recité au fecond liure comme n'eftant enco-res le Patin qu'vn fimple Cheualier, fans eftat ou grand feigneurie : mais en efperance feulement d'eftre quelque iour Empereur de Rôme , la mort aduenant de fon frere qui n'auoit nul hoirs procreé de fon corps entreprit pour l'amour de la Royne Sardinde qu'il aymoit ardemment, le voyage de la grand Bretaigne, ou il fut receu treshonorablement du Roy Lifuart,(pe-cialement apres l'auoir cogneu frere d'Empereur, & auffi comme il ou-blia cefte premiere amour, voyant la beaulté & bonne grace de la prin-ceffe Oriane , laquelle il demanda en mariage au Roy fon pere, & la ref-ponfe qui luy fut faite , par laquelle il delibera(pour fe monftrer entre les plus cheualeureulz) aller chercher les aduentures eftranges, & combatre tous Cheualiers errans qu'il rencontreroit: Au moyen dequoy trauerfant la foreft ou pour lors Amadis eftoit defefperé de plus veoir Oriane,pour le baniffement qu'elle luy auoit enuoyé fignifier par Durin, frere de la damoyfelle de Dannemarc, il fe mift à chanter les louanges de la prin-ceffe, & à fe glorifier de l'amour qu'elle luy portoit felon fon aduis, & fur l'heure mefme Amadis & luy eurent combat enfemble, ou le Patin fut a-batu,& depuis fort nauré en la tefte, qui fut caufe de le faire retourner à Rome, fans rapaffer par la court du Roy Lifuart, laiffant fon mariage en fufpendz, iufques à vne aultre foys : Mais fi bien luy aduint, qu'auffi toft qu'il fut arriué l'Empereur fon frere alla de vie à trefpas, le laiffant feul heritier de tout l'Empire : Parquoy il eut plus grand defir que deuant de paracheuer ce qu'il auoit commencé, efperant qu'a l'occafion du grand eftat ou il eftoit paruenu , il obtiendroit plus ayfeément le mariage

par

par luy tant defiré. Et à cefte caufe delibera enuoyer embaffadeurs vers le
Roy Lyfuart,& de nouueau demander fa fille à mariage, Et à ce faire, furent ordonnez Saluftan Quide prince de Calabre,Broudaiel de Roce fon
grand maiftre,L'archeuefque de Talance,& la Royne Sardamyre,accom-
paignée de bonne trouppe de cheualiers, dames & damoyfelles pour a-
mener la princeffe Oriane,comme ilz efperoient,Mais les chofes vindrent
à aultre fin,ainfi qu'il vous fera cy apres faict entendre plus au long.

Comme quelque temps

apres que le cheualier à la Verde efpée eut faict
voille en mer,& laifsé les Ifles de Romanie,
fut iecté par fortune en l'Ifle du dya.
ble,ou il combatit contre vng
monftre appellé En-
driague.

Chapitre,   X.

I   Ayant

AYant donc les mariniers dreſſez leurs voilles pour tirer la voye de Cõſtantinople, auſſi toſt (quaſi) qu'ilz eurent perdu de veue les iſles de Romanie, la mer s'eſleua en ſorte, & ſi grãde fut la tépeſte, que quelque ordre que ſceuſſent mettre les mariniers à gouuerner leur vaiſſeau, il fut tant agité de l'impetuoſité des vés & des vagues, que pluſieurs foys il cuyda tumber au peril de naufrage. Et eſtans quaſi deſeſperez de ſalut, n'attendant plus que la miſericorde de Dieu, furent huiçt iours durant, ſans ſcauoir ou, ne quelle part ilz eſtoient: Car l'orrage, la greſle, & la pluye, eſtoient ſi eſpais

&

& cõtinuelz,qu'il fembloit que le ciel,la terre,& la mer fe deuffent affembler,mais à la fin la nef fut poulfée à terre enuiron deulx heures deuant le
iour,par fi grand force qu'elle fe cuyda ouurir de toutes pars.Et demeura
hors de l'eau à fec: Toutesfoys elle n'eut aulcun mal,qui leurs donna meil
leure efperance qu'ilz n'auoient encores eue,iufques au lendemain matin
qu'ilz cogneurent eftre enl'ifle du dyable:Laquelle pour eftre habitée d'ũg
eftrange monftre,eftoit defpeuplée,que creature viuant n'y reperoit,Lors
nouuel effroy,& plus grand crainte de mort qu'auparauant les furprint.
en forte que peu s'en faillut qu'ilz ne fe ietaffent au parfond des vndes.
Quand le cheualier à la verde efpée leurs demanda qui les mouuoit.Helas
Seigneur,refpon dirent ilz,ou péfez vous eftre abordé? quelgouffre,quel
naufraige,nous euft peu aduenir pire que ceftuy?eftans arriuez,& mis au
pouuoir du dyable,qui en forme de monftre a ruyné,& deftruit toute ce
fte contrée,laquelle eftoit l'une desplus fertilles du monde?Comment,dit
le cheualier,ie ne voys encores chofe qui vous deuft eftonner:Mais cõptez
moy ie vous prie quel diable,ou quel mõftre c'eft qui vous faiét ainfi de-
fefperer.lors maiftre Helifabel(vng peu moins efpouuété que les aultres)
print la parolle .& refpõdit,Entendez Seigneur , que cefte ifle ou noftre
malheur nous a mis, fut n'a pas encores long téps poffedée,par vng geant
le plus grand tyrãt qui fut en toutes ces ifles,lequel auoit à femme vne ho
norable dame,autant faige,doulce,& vertueufe , qu'il eftoit mefchant &
cruel,en laquelle il engendra vne fille nommée Brãdagindé,qui fut en fon
temps,l'une des plus belles damoyfelles de la terre,Et cõbien que maintz
grandz feigneurs & haulx hommes l'euffent voluntiers requife en maria
ge,Neantmoins la cruaulté du geant fi extreme , les en deftournoit,
ioinét que luy mefmes ne la vouloit pas marier.Au moyen dequoy cefte
fille croiffant en aage & defir d'experimenter,quel bien l'on a auec les hõ
mes,congnoiffant que fon pere n'eftoit deliberé de la donner pour femme
à perfonnage qui la requift,feit tant par blandiffement & inceftueufes de-
monftrances ,qu'elle l'attira à l'amour d'elle , & eut fa compaignie char-
nelle.Et qui pis eft,machina la mort de fa propre mere,pour plus facilement ,& fans crainte viure en l'erreur de fon incefte,Aquoy le geant dõna prompt confentement , Et de faiét, cefte fille fe trouuant groffe vng
iour qu'elle & fa mere fe pourmenoient dans vng vergier,paffant pres de
vng puis parfont,la poulfa fi rudement dedans,qu'elle luy rompit le cõl.
Et pource q̃ le peuple en murmuroit le geant leur dit,qu'il auoit fceu par
troys de fes dieulx , l'ung figuré en Leopart,l'autre en Lyon,& le tiers en
homme,que de luy & de fa fille,deuoit naiftre vne creature tant redoub-
tée par toute la cõtrée,que nul de fes voyfins oferoiét iamais étreprédre à
luy mal faire,& foubz cefte couleur il efpoufa publiquemét fa malheureu
fe fille,laquelle peu apres éfanta vng monftre tel que ie vous diray,il eft fi
plein de poil par le vifage,piedz & mains,qu'il femble d'ung ours,Et a la

I ii

refte

reste de son corps couuert d'unes escailles si fortes & dures,qu'il n'ya trait
d'arc qui le puisse offencer,Et si a ælles tant grandes qu'elles luy passent le
dessus du doz,dót il se couure comme d'ung escu,tellement que nul fer-
remét ne le peult endommager,Par dessoubz lesquelles luy sortent piedz
bras & mains auecques vngles tráchans,comme ceulx d'ung fort Lyon,&
à veoir ses yeulx,il semble proprement de deux charbons ardans, & tant
sont estincellans & rouges,que la nuict l'on les prendroit pour deux luy-
santes estoilles,Et qui plus est,il a les dens si grands & esguz,qu'il en tran
che & rompz les plus fors harnoys,& mieulx acerez. Au moyen dequoy
il a tant faict de maulx,qu'il en a rendu ceste isle inhabitable . Mesmemét
qu'il saulte & court aufsi promptemét que scauroit faire le plus leger cerf
du monde,& si vne foys il se irrite (comme il luy aduient souuent) en có-
batát cótre Ours,Lyós,ou porcz sangliers,il escume,& sort de ses narines
vne telle & si grande fumée,qu'il semble promptement estre flammes de
feu ambrasé, si puantes qu'il n'ya creature viuante qu'il n'en soit infectée.
Et à ceste occasion il est fuy de tous,& s'il heurle,il faict vng cry si espou-
uentable,& grinsement de dens tant estrange,auec vng tel bruict de ses
ælles,que c'est chose trop redoubtable aux plus hardis,Ceulx de ceste mer
l'appellent communement Endriague:lequel est tenu & reputé par eulx
plus pour diable que pour beste produicte par nature.Trop fut esbahy le
cheualier à la verde espée oyant ainsi deuiser maistre Helisabel,& ne pouoit penser comme chose tant estrange peult auoir esté engendré d'homme à femme, N'estoit que la grauité du peché monstrueux,eust tellement
aliené le naturel,que l'esprit maling s'y fust mis au lieu de quelque ame
raisonnable,& demáda pour quoy l'on l'auoit tát laissé regner . Ie le vous
diray,respódit il,tous ceulx qui ont essayé de le destruire ont cruellemét
finy leurs iours,Et fault que vous entédez que l'épereur de Cóstantinople
à la subiectió duquel souloit estre ceste isle,y a mis tout son pouuoir,mais
il a trauaillé en vain.Ie m'esbahis,respódit le cheualier que l'on ne l'occist
aufsi tost qu'il fut né.Entendez,dit maistre Helisabel,que se trouuant Brá
daginde ensainte le geát son pere en fut merueilleusemét ayse,pésant auoir
telle lignée que ses dieux luy auoient promis.Et à ceste cause il feit diligément chercher trois ou quatre nourrisses,estimát que puis que son enfant
debuoit estre si fort,qu'il estoit raisonnable,luy donner gráde nourriture,
mais la mere approchant le terme de l'enfanter,cómença à sentir les plus
grandes douleurs du monde.Toutesfoys le geant, & elle preuoyant tout
en bonne part,cuydoient que ce mal ne procedoit seulemét que par la force de l'enfant,lequel estant à terme sortit du ventre de sa mere,si espouué-
table,que toutes les aultres fémes presentes s'en esbahyrét. Ce nonobstát
pour crainte du geát elles l'éuelopperét en riches láges,& luy bailla on l'u-
ne des nourrisses pour l'alaicter,laquelle il tira tát,sans la lascher,que quelque cris qu'elle feist ou force qu'elle y mist,luy sucça le pur ság du corps,en
sorte

forte qu’elle tumba morte fur la place, autant en feift à la feconde & la
tierce, qui toutes moururent tant de la poyfon de luy que de la violence
qu’il leur faifoit. Ce que l’on enuoya dire au geant:lequel esbahy de ces
nouuelles,vint à recours vers fes die ux, aufquelz apres auoir facrifié felon fa couftume, leur demanda pourquoy ilz luy auoient donné lignée
tant monftrueufe,Celuy qui reffembloit à l’homme refpondit il,eftoit neceffaire qu’il fuft tel,affin que tout ainfi que mes œuures font eftranges &
admirables,les fiennes foient telles, & conformes aux miennes, Specialement pour deftruire tous chreftiens,voyla pourquoy il a eu la femblan-
ce humaine,à qui tous animaulx donnent obeiffance, Et moy dit l’aultre pour te fauorifer,luy ay voulu donner la force de Lyon qui me refem-
ble,C’eft ce qui me meut,dit le tiers de larmer d’aifles & ongles trenchans
& aguz,ad ce qu’à l’imitation de moy qui tiens du griffon il foit maiftre
& dompteur de toutes les creatures qu’il pourra rencontrer, Et à tant te
fuffife ,fans plus t’eftonner pour la mort de troys femmes qu’ilz l’ont al-
laicté:Mais faictz le nourir deformais du laict de tes trouppeaulx,iufques
à vng an. Auquel temps il fera tant beau,& fi bien formé,qu’il reffemble-
ra à nous trois enfemble,qui fommes caufe de fa creation, Et ce pendant
garde fur ta vie que toy , ta femme ou aultre que celle qui aura foing de
luy,ne le voye, Aultrement foys affeuré que mal t’en pourra venir, A cefte caufe le geant voulant obeir au commandement de fes dieux, pour-
ueut diligemment à tout ce qu’ilz luy auoient ordonné,par le moyen de
quoy fut nourry & efleué ce malheureux monftre vn an entier, dans v-
ne chambre bien clofe:lequel temps accomply, & eftant la mere aduertie par celle qui en auoit le gouuernement, qu’il eftoit deuenu grand &
fort oultre nature,eut tel defir de le veoir, qu’elle y feit condefcendre le
geant, & entrerent eulx deux en la chambre ou il eftoit nourry, lequel
voyant fa mere, vint luy faulter au col, & de fes fors ongles la defigura,
en forte qu’auant que fon pere y peult mettre remede, il la feit cruellement mourir, parquoy le geant trop irrité, luy courut fus pour le tuer,
Mais en luy iectant vng coup de toute fa force,il rencontra fa propre iambe,& fe la couppa, dont il fentit telle douleur,que tumbant en terre rendit l’efperit,& à l’inftãt mefmes l’Endriague trouuant la porte de la cham
bre ouuerte s’en fuyt en la montaigne,laiffant tous ceulx du chafteau in-
fectz de fon poyfon,Et depuis a faict tant de maulx cy à lentour,que tous
les habitans de cefte contrée ont efté contrainctz habandonner le pays,ou
mourir de malle mort.Voyla cóme cefte ifle eft demeurée deferte,depuis
quarante ans que ce monftre malheureux fut produict fur la terre, ainfi
qu’auez entendu. Sur ma foy,refpondit le cheualier, vous m’auez recité
merueilles.Et en cela noftre feigneur monftre bien apres qu’il a vfé de ló
gue patiéce,en attédant l’amédement des pechez des hommes,les voyans
endurciz,& du tout obftinez,en préd fouuét trefdure vengéce,toutesfoys

I iii   fi ne

si ne partiray ie de ce lieu que ie n'aye combatu cest Endriague,& venge-
ray si ie puys tout à vng coup,ceulx à qui il a faict mal , Affin que ceste isle
puisse estre repeuplée de quelques gens de bié,qui seruiront deuotemét
à dieu,Et pource qu'il estoit desia haulte heure,il delibera attédre le lende
main,Au moyé de quoy la cópaignie ne bougea du nauire,en grád craîte
toutesfoys,tant de la mer qu'ilz veoiét enfler & irriter de plus en plus que
du monstre:lequel venoit plus ordinairement à l'endroict de l'isle, ou ilz
estoient,qu'en nul aultre lieu. Puis estant la nuict passée & se monstrant
l'aube du iour,il demanda ses armes,& ouyt deuotemét la messe.Lors ap
pella tous ceulx du nauire,& leurs dit: Mes amys ie m'en voys droict au
chasteau chercher le monstre,& s'il plaist à dieu i'auray la victoire de luy.
Et pource qu'il me semble que de deux ou troys iours,nous ne pourrions
rentre en mer, Ie suys deliberé si ie treuue le chasteau encores habita-
ble,de vous venirquerir,ad ce que attédant le calme,vous puissiez reposer
en seureté. Adonc monta à cheual,& prenant Gandalin pour toute compaignie, s'en alla contremont la roche,ou il aduisa incótinent la forteres-
se,vers laquelle il s'adressa.Mais il n'y trouua bestes ne gés, Parquoy apres
l'auoir bien visitée. Et voyant qu'elle estoit encores assez bien close,retour
na soubdain vers ceulx du nauire,& les y feit tous venir,auec viures pour
troys iours,puys les commandans à dieu leur dit,tenez vous sur vos gardes le mieulx que vous pourrez, car ie m'en voys acheuer mon entreprise
vous aduisant que si i'ay bonne fortune Gandalin sonnera sa trompe,lors
soyez seur que l'Endriague est mort,& moy vif,& si le contraire m'aduiét
il ne sera ia besoing de vous en donner aulcun signal,Car vous le scaurez
assez tost. Ce pendant priez dieu pour moy,& pour vous mesmes.Lors se
meit en chemin,laissant les aultres pleurans & tristes pour le peu d'esperáce qu'ilz auoient de son retour,Mais si quelque vng en portoit ennuy , ce
n'estoit rien au respect d'Ardan le Nain:Lequel estant contrainct laisser le
cheualier,par le commandement qu'il luy auoit faict,commença à deme-
ner vn tel dueil que chascú auoit cópassió de luy,& disoit:helas, ne suys ie
pas la plus malheureuse creature du móde,que lors que i'ay plus d'occasió
suyure mó maistre,ne l'ayát oncques habádóné,il me le deffend, & veult
que l'attende , comme s'il s'estrangeoit de moy . Lors maistre Helisabel
feit chascun mettre en oraison,Et tandis le Cheualier & Gandalin trauer-
soiét halliers & buyssons sans rien trouuer,& estoit Gádalin tát triste,que
le cheualier voyant qu'il pleuroit,luy dit, Gandalin,il semble à veoir ta có
tenance que tu ayes peur de mourir,estant auec moy,ie te prie beau sire retourne auec les aultres , & m'attendz la , Et si ces larmes viennent pour
doubtes que tu ayes,que ie ne puisse venir au dessus de ce móstre, asseure
toy que l'esperáce que i'ay en la misericorde de dieu,& le souuenir de madame,laquelle s'est maintenant represétée deuant moy,cóme il me semble,me donne tant d'effort que ie combatteroys le diable mesmes ,si ie le

trouuoys

trouuoys, Car il m'eſt aduis q̃ ie la voy au danger de l'Endriague, & que
ſuis icy pour la deffendre, eſtimes tu doncques que ie la voulſiſſe laiſſer
oultrager? veu que d'elle, & non d'aultre deſpéd toute ma vie, & mõ ſeul
bien? Ne ſçais tu qu'elle a eſté cauſe de toutes les armes q̃ ie feiz oncques?
Et de tant de perilz que i'ay euitez plus grandz que ceſtuy? Croy moy q̃
ie ſens mes forces redoubler, & mon eſperance croiſtre, ſentant d'elle ce q̃
ie t'ay declairé, Or ne crains dõcques plus, Et appelle & crie le plus hault
que tu pourras, ad ce que l'Endriague te puiſſe entendre, & venir prõpté-
ment vers nous, s'il eſt en ces parties. D'vne choſe te vueil bien fort prier,
C'eſt que ſi ie meurs tu trouues moyen de porter à madame le cueur qui
eſt entierement ſien, & luy ditz q̃ ie luy enuoye, à ce que cõpareſſant deuãt dieu, il ne die que ie luy preſente choſe qui n'eſt pas miéne. Quãd Gã
dalin ouyt ceſte parolle il eut le cueur ſi ſerré, qu'il ſe cuyda paſmer, deſi-
rãt pluſtoſt ſa ꝑpre mort, que ſe veoir en peine de faire ce que ſon maiſtre
luy cõmandoit. Et cõme ilz eſtoyent en ces termes, ilz veirent venir l'Endriague d'vn creux rocher, ieċtant par les yeulx, & de la guelle vne flam-
be & fumée ſi puante, que tout l'air d'alétour en eſtoit infaiċt, Et auſsi toſt
qu'il les deſcouurit, il vint vers eulx chifflãt, & hurlant d'vne façon treſad-
mirable. Toutesfois le Cheualier ne s'en eſtonna, mais marcha droiċt à
luy, & tãdis Gandalin s'en fuyt cacher, penſant que ſon maiſtre ne recha-
peroit iamais deuãt ceſte beſte tant furieuſe & horrible, de laquelle le che
ualier ne peut oncques faire approcher ſon cheual pour coup d'eſperon
qu'il luy dõnaſt, Au moyé de quoy il meit prõptemét pied à terre, & prenant ſa lance à deux mains s'addreſſa à l'Endriague: Auquel de bonne fortune il ieċta vn coup à l'œil gauche, & luy creua, lors l'Endriague feit vn
hault cry, & en ſe leuant ſur les pates de derriere, ſaiſit la lance ſi rudemét
qu'en la cuydant mettre en ſa guelle pour mieulx la briſer, il ſe donna du
fer dans l'ouye ſi auant qu'il ſe perſa la langue, & luy demeura le tronçon
entre ſes dens. Ce nonobſtant il feit vn grand ſault pour ſurprendre le
Cheualier: Mais il ſe retira à coſté, & mettant la main à leſpée, luy donna
de toute ſa force ſur l'eſpaule droiċte: Toutesfois il luy ſembla frapper vn
roc, & l'euſt l'Endriague à l'inſtant prins aux dens, Mais à l'occaſion du
fer & de partie du fuſt qui luy eſtoit demeuré en la gorge, il ne peult tenir ſerré, Et ce qui luy nuyſoit encore d'anãtaige, eſtoit le ſang qui luy entroit dedans le goſier, en ſi grand abondance, qu'il perdoit alaine, Neantmoins il arrachea l'eſcu du col du cheualier ſi rudement qu'il luy fit dõner
des maῐs cõtre terre, & aῐſi qu'il s'amuſſoit à le deſpecer, & briſer en pieces le cheualier ſe releua, & prenãt ſon eſpée à deux mains, luy en dõna ſur
le hault de la teſte, mais elle y entra cõme ſur vne encluine. Lors péſa bien
en ſoymeſmes, que ſi dieu ne luy aydoit, qu'il trauailleroit en vain: car il
ne veoit endroit ou il le peult endõmager q'ua l'autre œil qui luy reſtoit
ſain, Et à ceſte cauſe ſe retira à coſté, luy ieċtant vn coup d'eſtoc droiċt au

I iiij   muſle,

mufle,& l'adreffa fi bien qu'il entra dedans l'vne de fes narines(qu'il auoit grandes & ouuertes)fi auant qu'il luy perça le cerueau,ce nõ obftant l'Endriague le faifift au trauers du corps,& auec fes ongles trenchás luy froyf fa le haulbert & la chair iufque aux oz,& ne fault doubter qu'il l'euft mis à mort fi le fang qui luy entroit continuellemét dedans leftomac ne l'euft eftouffé. Au moyen de quoy il tumba à la renuerfe,lafchant fa prinfe. Et ainfi qu'il rendoit l'efperit le dyable luy fortit du corps,faifant vn fi hault fon de tonnerre,que toute l'ifle en retentit. Parquoy ceulx qui eftoyent au chafteau cogneurent bien que le Cheualier eftoit au combat,& encores qu'il fuffent en lieu affez feur & biê cloz,fi ny eut celuy en la trouppe qui ne fuft furprins de trefgrand paour,Eftát dõcques l'Endriague deffaiĉt,le Cheualier fe releua,& cuydát s'approcher de Gádalin,qui venoit vers luy, tumba efuanouy tout ioingnant vn petit ruyffeau qui deualloit de la mõtaigne. Lors Gandalin penfant qu'il fuft mort,commença à faire le plus grand dueil du monde. Toutesfois eftant pres de luy,il veift qu'il afpiroit encores. Au moyen dequoy il le defarma,Lors le Cheualier reprint fes efpris,& appellant Gandalin,luy diĉt: Mon amy Gandalin tu vois maintenaut la fin de mes iours,ie te prie par la nourriture que i'ay receu de tes pere & mere,que fi tu m'as efté loyal en la vie,que tu foys tel à la mort,prenant mon cueur aufsi toft que ie feray tranfy & le portes à madame,luy difant,que puis qu'il fe rendit fien du mefmes iour que premier ie la veiz,Et depuis à cõtinué de mieulx en mieulx à la feruir tant qu'il a demeuré enferré en ce trifte corps,fás fe trouuer oncques las de luy obeyr qu'elle le reçoiue en fouuenáce de celuy qui en auoit la garde de pareille. Ce faifant ie croy que mon ame en aura plus de repos en l'autre monde, Et comme il vouloit dire plus,la parolle luy faillit,& demeura de rechef efuanouy,Lors Gandalin(fans s'amufer à luy refpondre)monta foubdain à cheual au hault de la roche,& fonna le cor qu'il auoit porté(pour donner le fignal de la mort de l'Endriague)fi hault que Ardan,lequel eftoit à l'heure au fommet d'vne des tours du chafteau l'entendit. Au moyé dequoy il courut en aduertir maiftre Helifabel,le fuppliát aller fecourir fon maiftre qui peult eftre,auoit grád necefsité de luy,Et à cefte caufe maiftre Helifabel prenant les appareilz qu'il auoit faiĉtz,monta à cheual tirant le pluftoft qu'il peuft au lieu ou le fon de la trompette auoit efté entédu, mais il n'eut longuement cheminé qu'il apperceut Gádalin,qui le venoit hafter: Lequel luy efcria de loing: Helas maiftre Helifabel l'Endriague eft mort,mais fi ne pouruoyez promptement à monfeigneur c'eft faiĉt de luy. Pourquoy? refpondit il. Helas,dit Gandalin,il a defia tant perdu de fang qu'il ne parle plus. Trop fut dolent maiftre Helifabel de ces nouuelles,& courut prõptement la part ou gifoit le Cheualier tant affoibly qu'il n'auoit plus poulx. Toutesfois il auoit les yeulx ouuers,pquoy pour le re conforter,Maiftre Helifabel luy dit,Cõmét Cheualier voulez vous auoir

fi peu

ſi peu de cueur à ce beſoing, Apres auoir mis fin à vne ſi haulte entreprinſe, Ne ſçauez vous que ie ſuis cy pour vous rédre en bône ſanté, & de brief
s'il plaiſt à dieu? Quand le Cheualier l'entendit, il cuyda reſpondre, mais
il ne peult. Lors le meiſrent doulcement ſur vn manteau, puis le deſarmerent, & voyant maiſtre Heliſabel ſes playes, les trouua tant grádes & ſi dá
gereuſes qu'il eut grand doubte de le pouuoir ſauluer, Neantmoins il ſe
delibera d'en faire tout ſon poſsible, & dés l'inſtât y applicqua telz vngués
qu'il eſtácha le ſang, & luy appaiſa la douleur, en ſorte que la parolle luy
reuint, & d'vne voix foible, dit aſſez bas, Ha a Seigneur dieu, qui pour me
rachepter prinſtes chair humaine au ventre virginal, Et depuis enduraſtes
tant griefue & abhominable paſsion, ie vous ſupplie auoir pitié de mon
ame, Car ie cognoys bien que mon corps n'eſt plus que terre. Vrayement
Cheualier, reſpondit maiſtre Heliſabel, vous auez raiſon de vous recômá-
der à luy, veu que par ſon ayde vous aurez briefue guariſon, Et ainſi qu'il
acheuoit ce propos, aulcûs des mariniers ſuruindrent qui luy feirent vne li
ǎiere à bras, telle qu'ilz peurent, & l'emporterét au chaſteau, puis meiſrent
en ſon lict, tant hors de ſoy, qu'il ne ſentoit choſe qui bien luy feit, & demeura ainſi toute la nuyǎ, ſe plaignant continuellement comme celuy
qui enduroit beaucoup, ſans toutesfoys dire vn ſeul mot, puis ſur le poinǎ
du iour ſe meiſt à dormir. Parquoy maiſtre Heliſabel feit retirer chaſcun
de la chábre, pour ne faire bruiǎ, & ſe tint quoy tout au plus pres de luy
iuſques ad ce qu'il l'entendiſt reſuer, criant, Gádalin, Gandalin, gardes toy
de ce dyable tant cruel & dangereulx, Lors il s'approcha & luy dit, en
bonne foy ſi vous fuſsiez auſsi bien gardé que luy, voſtre ſanté fuſt meilleure, & voſtre renômée beaucoup moindre. A ceſte parolle le Cheualier
ouurit les yeulx, & congneût maiſtre Heliſabel. Auquel il dit: Maiſtre, ou
ſommes nous? Ou? reſpondit Heliſabel, en lieu ou vous porterez bien ſe
dieu plaiſt, & voyát qu'il eſtoit hors de ſa fiebure, luy feiſt apporter à má-
ger, prenant telle ſollicitude de luy, qu'auant qu'il fuſt nuiǎ il reuint en ſa
memoire, & côméça à cognoiſtre & à parler à chaſcun. Parquoy Heliſabel veid bien que le danger eſtoit eſtainǎ, dont il n'y eut celuy qui n'en ré-
diſt graces à dieu. Et de là en auát ſe trouua en ſorte qu'il continua de bié
en mieulx: toutesfois il demeura vingt iours couché ſans ſe leuer aulcunement, Mais à la fin Heliſabel cognoiſſant que ſans le peril de ſa perſonne,
il pourroit endurer la mer, meſmes que les viures leur commençoient a
faillir, vn iour deuiſans enſemble, il luy dit: Monſeigneur, graces à Dieu,
vous en allez guarir du tout, & ſeló mô aduiz pourrez (quád il vous plaira) rentrer en voſtre nauire. Ce ǫ ie vous cônſeille, Car noz victuailles ſont
ſi courtes, que ſi ne deſlogeons promptement, elles nous fauldrôt du tout.
Ha a mon grand amy, reſpôdit le Cheualier, ie puis bié dire qu'apres dieu,
vous eſtes celuy à qui plus ie ſuis tenu, m'ayant deliuré du grand danger
ou i'ay eſté, Auſsi m'aſſeuray ie bien, que tant que i'auray l'ame au corps,

vous

vous aurez vn Cheualier en moy, bien preſt à s'employer pour vous, ſans
y reſeruer peril ou danger quelconque, veu que vous auez tant fait pour
moy, (ne me cognoiſſant aultre que ſimple Cheualier ſans moyen, n'ayát
pour tous biens qu'vn meſchant harnois rompu & deſcloué) qu'il ne ſera
iour de ma vie que ie n'eſſaye à le recongnoiſtre. Monſeigneur, dit Heliſabel, vous direz ce qu'il vous plaira de vous meſmes, tant ya que ie m'eſti
me plus heureux qu'aultre qui me reſſemble, d'auoir ſauué la vie (apres
dieu) au plus gentil Cheualier qui oncques monta ſur deſtrier. Ce que i'o-
ſeray dire publiquement, vous ayant veu entreprendre & paracheuer cho
ſes incroyables à toutes perſonnes, meſmes que ie ſuis tout aſſeuré, que
d'icy en auant, maintz à qui on aura fait tort ou iniure, ſeront ſouſtenuz
par vous, qui aultremét demeureroyent ſans aulcune eſperance, par ainſi,
eſtant cauſe de tel bien ie me tiendray pour mieulx recompenſé que ſi i'a-
uoys tous les treſors du monde enſemble. Mon grand amy, reſpondit le
Cheualier, laiſſons ces louéges pour quelque aultre, à qui (peult eſtre) elles ſerót mieulx deues, Et me cóſeillez ie vous ſupplie, ſur ce que i'ay deliberé de faire, ainſi ǵ ie le vous feray entédre. Vous ſçauez qu'a treſgrád
regret ie partis de l'iſle de Romanie, Et que par l'importunité ſeule des ma
riniers nous feiſmes voille pour paſſer oultre, & prédre la voye de Conſtantinople: De laquelle toutesfois le vent & tempeſte nous eſlongna toſt
apres. Ce neantmoins pour peril ou ie me ſoye trouué, ie n'ay en rien a-
moindry le vouloyr de pourſuyure ma premiere deliberation, En ſorte
que ſi vous n'y cótrediſez, ie ſuis plus preſt (que ie ne fuz oncques) à rentrer en mer, pour tyrer en Grece, ou ie verray volútiers l'Empereur, & les
ſingularitez de ſes pays, choſe peu commune entre les Cheualiers de noſtre Gaule. Pourtant mon grand amy, ie vous ſupplye ſoyez content que
nous adreſsions celle part, A la charge de retourner vers Graſinde: touteſ-
foys & quantes, qu'il vous plaira, ſuyant ce que nous luy auons promis à
noſtre partement.

Comme le cheualier a la

Verde Eſpée feit entendre à l'Empereur de Conſtantinople (à qui appartenoit l'iſle ou il auoit occis l'Endriague)
la fortune & grande victoire qu'il auoit eue, & des choſes
qui luy aduindrent depuis.

Chapitre, XI.

Quand

Vand maiſtre Heliſabel, entendit la volunté du cheualier à
la Verde eſpée, qui tédoit touſiours à aller vers l’Empereur
de Conſtantinople, il luy dit : Certes monſeigneur, ie ſuys
donc d’aduis que vous luy eſcripuiez vne lettre, l’aduiſant
comme par voſtre moyen, & la grace que noſtre ſeigneur
vous a faiéte, vous auez deliuré ce pais de la ſeruitude & ſubieétiō du diable: Mon grand amy, reſpondit il, ie ſcay qu’il vous congnoiſt de long-
temps, quand à moy il ne me veid oncques, Pourtát faiétes luy vous meſmes telle lettre que bon vous ſemblera, & ainſi que la ſcaurez bien deuiſer.
Ce que maiſtre Heliſabel luy accorda, & ſur l’heure eſcripuit bien au long
à l’empereur, toutes les aduentures qu’auoit eues le cheualier, depuis leur
parlement de Grafinde, Specialement comme (quaſi miraculeuſement) il
auoit combatu & deffaiét l’Endriague, monſtre plus dyabolicque que hu-
main, luy ſuppliant de la part du cheualier, enuoyer gens pour repeupler
le lieu tant deſert, & le faire nommer de la en auant, l’Iſle ſainéte Marie.
Puis bailla la lettre à vng eſcuyer ſon parent, luy commandant s’en aller
vers l’Empereur, & retourner le pluſtoſt qu’il ſera poſible, auecq viures
pour rauitailler leur nauire. Lors s’embarqua, & eut vent ſi à propos que le
troyſieſme iour enſuyuant, il ariua en Conſtátinople, ou eſtoit l’Empereur,
auquel apres auoir faiét la reueréce, preſenta la lettre de maiſtre Heliſabel,
luy diſant: Sire, Maiſtre Heliſabel (voſtre treſhumble & affeétionné ſeruiteur) vous enuoye ceſte lettre, de laquelle (comme i’eſpere) vous recep-
urez treſgrád plaiſir. Adonc la print l’Empereur & la leut: Mais il fut ſi eſ-
bahy d’entendre que l’Endriague eſtoit deffaiét, qu’il commença à dire
tout

tout hault,Sur mon dieu voicy eftranges nouuelles.Or eftoient lá prefens
(entre aultres) deux ieunes princes fes plus familiers , L'ung nommé Gaftilles fon nepueu,filz de la ducheffe de Gataftre fa fœur,bõ cheualier entre les meilleurs,Et le conte Salender frere de la belle Grafinde : Lefquelz
il tyra à part,& leur monftrant la lettre de maiftre Helifabel, leur dit : Le
cheualier à la Verde efpée , duquel l'on parle tant , a occis en combat l'Endriague,que ie trouue fort admirable.Et pource que ce meffagier a veu de
fes propres yeulx, comme le tout eft pafsé , ie vous prie qu'il nous en die
ce qu'il en fcait . Sur ma foy , refpondit Gaftilles , C'eft chofe vrayement
mal ayfée à croyre:Car il ne fut oncques leu que homme mortel comba-
tift dyable à coùps d'efpée, dont il foit venu au deffus . Et pourtant s'il eft
ainfi que maiftre Helifabel vous l'efcript,& que tel perfonnaige vous face
l'honneur de venir en voz pays,Vous luy debuez faire le meilleur racueil,
duquel vous vous pourrez aduifer.Ie vous diray , dit l'Empereur , Ie fuys
d'aduis que vous & le Conte Salender,allez au deuant de luy, iufques en
l'Ifle ou il eft demeuré malade,& menez tel equippaige que bõ vous femblera,pour l'emmener quant & vous, auecq viures & aultres chofes que
verrez eftre neceffaires:Mais fur tout n'oubliez quelque excellent paintre
pour tirer au naturel cefte befte horrible,Ad ce que s'il n'eft pofsible nous
l'apporter ,ilz nous la puiffe reprefenter au plus pres du vif qu'il pourra,
Car i'ay deliberé faire dreffer au lieu mefmes ou elle a efté deffaicte vne
haulte coulonne de Brouze.En laquelle le cheualier qui la combatue fera
efleué,& elle femblablement,auec lettres,pour cognoiftre au temps aduenir,comme le tout eft paffé.Et à cefte caufe ie vous prie faire la meilleure
diligence que vous pourrez,Pource que ie ne feray iamais à repos,que ne
m'ayez fatisfaict en ce que ie vous prie & commande . Lors les deux cheualiers cognoiffans le vouloir de l'Empereur,dõnerent fi bon ordre à leur
nauigation,que le lendemain des le plus matin ilz s'embarquerent, & fans
tarder feirent voille,auec fi bon vent,qu'en peu de iours ilz prindrent port
en l'Ifle faincte Marie,ainfi nouuellement appellée,à la requefte du cheualier à la Verde efpée:Lequel aduerty de leur venue alla les recepuoir, leur
faifant tout l'honneur,dont il fe peult aduifer, Specialement au conte Salender,fachant qu'il eftoit frere de Grafinde, Et combien qu'il fut meigre
& deffaict pour la longue maladie qu'il auoit eue, fi le trouuerét les Grecz
l'ung des plus accompliz cheualiers qu'ilz euffent oncques veu . Et à cefte
caufe,apres les bien venues faictes d'une part & d'autre , Gaftilles print la
parolle,& luy dit:Sire cheualier,l'épereur mon oncle nous enuoye par de-
uers vous expreffement,vous remercier de par luy,du bien que vous auez
faict en toute cefte contrée,fi long temps deftruycte & ruynée. Et au furplus pour le trefgrand defir qu'il a de vous veoir: il vous prie tant que luy
eft pofsible, que paffez en Conftantinople,ou il vous fera tout l'honneur,
duquel il fe pourra aduifer. Seigneur Gaftilles, refpondit il, i'ay tant ouy

parlé

parlé de la bonté & magnificence de l'Empereur, que encores que ie ne
l'aye oncques veu, si ay ie grand desir de luy faire seruice , & m'employer
en ce qu'il luy plaira me commander . Ie vous prie aussy , dit Gastilles,
me faire veoir l'Endriague, pour luy en porter le pourtraict au vif, comme le scaura bien faire le painctre que i'ay expressement faict venir quand
& moy . Ie vous diray respondit le Cheualier : Voicy maistre Helisabel
qui vous conduyra, la ou il est, & Gandalin aussy qui estoit present quand
ie le combatis : Mais ie me doubte qu'il soit si infect que vous n'en pourrez ayséement approcher . Si y essayrons nous , dit le Conte Salender,
pour en dire des nouuelles à ceulx qui s'en treuuent tant esbahys . Lors
le Cheualier voyant leur volunté tant arresté, pria maistre Helisabel de
les mener au propre lieu ou il auoit esté assailly , & de leur faire le tout
entendre . Adonc monterent à cheual : car c'estoit assez loing du chasteau du geant . Et en allant, Gandalin leur recitoit comme le cheualier
l'auoit au commencement combatu, la doubte qu'il eut de luy, & le
peu d'esperance qu'il se donnoit du retour de son maistre , & en acheuant
ce propos, ilz arriuerent ou gisoit mort l'Endriague tant puant, que si
maistre Helisabel ne leur eut baillé aulcuns preseruatifz, ilz eussent esté
en dangier de leurs personnes, Lors le visiterent à leur ayse tandis que
le painctre le pourtrayoit, qui y besongna d'ung tel art, qu'il n'y restoit
que la vie, mais tant plus ilz le regardoient,& plus trouuoient le cas ad-
mirable, en sorte qu'ilz ne l'eussent peu comprendre, s'ilz n'eussent veu
de leurs propres yeulx . Puis retournerent vers le chéualier à la Verde espée, ou ilz sesiournerent troys iours entiers ,visitans l'Isle de toutes pars.
Et le quatriesme ensuyuant s'embarquerent auecq si bon vent, qu'en
peu de iours ilz prindrent port en Constatinople , de quoy aduerty
l'Empereur enuoya cheuaulx & montures pour conduire le Cheualier
vers luy , & luy mesmes vint le recepuoir auecq bonne & grosse trouppe de princes & grandz seigneurs, Lors le cheualier luy voulut baiser les
mains , mais il l'embrassa, luy disant qu'il fust le tresbien venu comme
celluy qui par ses prouesses meritoit bien tenir le ranc du plus grand
seigneur du monde.car si moy (disoit l'Empereur)& ceulx qui me resem
blent, sommes constituez en preheminence & auctorité d'Empereurs ou
de Roys, ce nous est venu par le moyen de noz predecesseurs, qui nous
ont acquis & conserué tel bien, Mais vous ayant faict tant de grandes
cheualeries, estes digne, non seulement d'ung empire : ains de la monar-
chie du monde . Sire, respondit le Cheualier, vous auez pouuoir de me
despaindre comme il vous plaira : toutesfoys tout tel que ie suys, ie desire demeurer vostre humble seruiteur, que pleust à Dieu auoir le moyen
de vous faire congnoistre, combien i'ay le desir grand à faire chose
qui vous soyt aggreable . Adoncq l'Empereur le mena en son palays,
& le conduict en vne chambre , qu'il auoit faict accoustrer pour le

K　　rece-

recepuoir , laquelle eſtoit tant belle & bien parée qu'il n'auoit oncques
veu ſa ſemblable , fors celle d'Apolidon en l'iſle Ferme, Puis ſe retira, laiſſant pour l'accompaigner Gaſtilles & le conte Salender, Lors vint trouuer l'Imperatrix, à laquelle il feit entédre que le cheualier à la verde eſpée,
(duquel l'on parloit tant) eſtoit arriué, à qui il deliberoit faire tout l'honneur & bon traictement, dont il ſe pourroit aduiſer, & pourtant ma dame
ie vous prie(de voſtre part) ne vous eſpargner à luy faire la meilleure chere
que vous pourrez , faiſant mettre en bon equippaige voz femmes , ad ce
qu'il ait meilleure enuye de demeurer en ceſte court : Car oultre ce qu'il eſt
eſtimé le meilleur cheualier du monde, Et qu'il a remis en mon obeyſſance ceſte belle iſle deſpeuplée de ſi long temps, ſi ne me puis ie perſua-
der qu'il ne ſoit quelque grád ſeigneur deſguyſé, pour mieulx veoir l'eſtat
des princes eſtrangers . Pourtant ie le vous recommande , tant qu'il m'eſt
poſſible. Monſieur, reſpondit elle, puis qu'il vous plaiſt , i'eſſayeray à faire
ce que vous me commandez. Or eſtoit il deſia tard, & ſe trouuoit le cheualier las du trauail de la mer : Au moyen de quoy il ne partit pour le iour
de ſa chambre , iuſques au lendemain matin qu'il vint trouuer l'Empereur à la meſſe, Lequel le mena de là, veoir les dames, qui toutes luy
feirent tresbon recueil , meſmement l'Imperatrix : mais il ſe meit à ge-
noulz deuant elle , pour luy baiſer les mains , Et ainſi qu'elle le ſoubzle-
uoit, il luy dit: Madame, entre les graces qu'il a pleu à noſtre ſeigneur me
faire , i'eſtime ceſte cy l'une des premieres , quand il m'a donné le moyen
de pouuoir veoir la magnificence de la court de l'Empereur (renommée
par tous les endroictz du monde) auecq tant bon viſaige & gratieux
traictement, que ie me ſoucye beaucoup comme il ſera en ma puiſſance
de le pouuoir iamais recognoiſtre, par quelque ſeruice qui luy ſoit aggreable , que pleuſt à Dieu auoir moyen de vous declairer en bon langaige Grec comme ie ſuys , & deſire demeurer ſien & voſtre : Mais le
peu qu'il y a que ie ſáys en ceſte contrée, excuſera le mal parler : & l'effaict
de choſe en quoy il vous plaira m'employer, teſmoignera du bon vouloir . Cheualier à la Verde eſpée, reſpondit elle , l'Empereur vous a de
long temps deſiré en ſa compaignie , & vouldroys bien qu'euſſiez bonne enuye de vous y tenir longuement . Et entrans de propos en propos,
elle qui eſtoit ſaige & curieuſe d'entendre toutes nouuelles , meſmes
les façons de faire des pays eſtranges , s'enqueroit à luy de maintes choſes , a quoy il ſceut reſpondre ſi diſcretement , & auecq vne telle grace,
qu'elle diſoit en ſoy meſmes , eſtre impoſſible qu'il y eut en luy autant
de proueſſe que de prudence. Ce pendant l'Empereur entretenoit la royne Menoreſte , & aultres des principalles dames, Auſquelles il dit: Pourriez vous faire tant de bon acueil à noſtre nouueau cheualier qu'il voulſiſt deſormais eſtre des noſtres ? Certes vous feriez (peùlt eſtre) l'une
des plus belles conqueſtes que damoyſelles ſçauroient faire : Car i'ay en-

ten-

tendu qu’il n’a craint fouuent fe mettre au danger de la mort, pour
fouftenir le droiɛt de toutes celles de qui il a efté requis. En bonne foy,
refpondit la Ducheffe mere de Gaftilles , toutes doncques luy fommes obligées , puis qu’il eft fi prompt à deffendre & mettre la main
à l’efpée pour toutes celles qui en ont befoing , Et Dieu par fa grace
le vueille garder de mal , & augmenter en grande renommée , Là furuint Leonorine fille vnique de l’Empereur, (accompaignée des deux
filles du Roy Barandel de Hongrie) Laquelle eftoit tant bien parée,
& d’accouftremens & de beaulté , que c’eftoit vne perle entre les plus
belles princeffes du monde , Et ce qui augmentoit plus la perfeɛtion
d’elle , eftoit la prudence & bonne grace qu’elle auoit . Au moyen
de quoy chafcun auoit grand plaifir à la veoir , & plus encores à la
hanter . A fon arriuée feit vne grande reuerence à l’Empereur, puis à
fa mere , aux piedz de laquelle elle fe vint feoir . Adonc le cheualier
ieɛta l’œil fur elle , & fe va fouuenir quand Oriane fut laiffée par le
Roy Lifuart en Efcoffe , qui pouuoit lors eftre de fon aage , Auquel
temps , amour rauit fa liberté , pour l’vnir du tout à elle , & foubdain
fe reptenfenterent deuant fes yeulx toutes les faueurs d’amytié , & de
gracieulx traiɛtement qu’il receut defpuis leur cognoiffance , Et n’e-
ftant en rien fon affeɛtion amoindrie , n’eftainɛte (pour quelque laps
de temps , ou diftance du pays : mais pluftoft augmentée) tumba en
telle acceffoire qu’il demeura tout penfif , & en cefte melancolie , difoit en foymefmes : O heureufe prifon , en laquelle mon efperit s’eft librement & par grand raifon captiué pour rentrer en plus de liberté.
O doulce mort occafion de double vie , prompt fouuenir , qui rend
couuerte ceft tant affeɛtionné amour , Pauure Amadis s’eflongne de
ton feul bien. que penfe tu deformais ? veulx tu empefcher l’yffue de ta
vie , par laquelle tu euiteras tant de miferes ? Ha à Oriane exemplaire
de toute vertu , voftre abfence m’eft tant griefue , que ie n’efpere iamais
recouurer ioye. Difant cefte parolle , ieɛta vng hault foufpir , & commença à larmoyer . Ce que voyant l’Empereur fut tout efmerueillé
penfant qu’il luy fut furuenu quelque nouuel accident : Mais il l’apperceu
quafi à l’inftant reuenir à foy , & faire aufsi bon vifage qu’au precedent. honteulx (toutesfoys) d’auoir efté defcouuert , qui donna plus-
d’enuye à l’Empereur de fçauoir , dont telle mutation , & fi foubdaine
luy eftoit procedée , & demanda à Gaftilles qui luy en fembloit. Sur
mon Dieu , Sire , refpondit il , ie ne fcay que penfer , & fuys esbahy comme vng tel homme a eu fi peu de difcretion deuant fi grande affem-
blée , Affeurez vous , dit l’Empereur que ce a efté amour qui luy a (peult
eftre) reprefeté celle qui a toute puifsáce fur luy , Il peult biẽ eftre , refpõdit
Gaftilles , & pour vous en mettre hors de doubte , demádez à maiftre He
lifabel , ce qu’il en eft , lors le feit appeller , & luy dit , Helifabel mõ amy , i’ay
K ii   grand

grand defir d'entēdre par vous,vne chofe que ie vous prie (par la foy que
debuez à Dieu) me declairer , fi vous la fçauez , Et ie vous iure fur mon
ame qu'elle ne fera par moy defcouuerte , non plus qu'au parauant.Si-
re,refpondit il,vous pouuez croyre que ie ne vouldroys mentir à vn tel
perfonnaige que vous,& ne fçache chofe que ie ne vous die librement.Sça
uez vous,dit l'Empereur , pourquoy a pleuré nagueres le Cheualier à la
Verde efpée,ie vous prie beau fire ne me le celler , & fi c'eft pour necefsité
qu'il aye,affeurez vous que i'y pouruoyray,en forte qu'il aura occafion de
chaffer fa melancolie.Sire,refpondit il,cela ne vous puis dire , veu que c'eft
l'homme que ie veiz oncques plus couuert es chofes qu'il ne veult manife
fter,& qui fcait mieulx difsimuler fes fantafies, & encores que ie l'aye veu
fouuent en extremité,telle qu'il fembloit à force de foufpirer que le cueur
luy deuft partir en deux,fi ne m'a il iamais efté pofsible d'en fcauoir la cau
fe,tant y a que ie penfe que ce foit force d'amour qui le tourmente ainfi fe
trouuant (peult eftre) loing de celle qu'il ayme. Certes,dit l'Empereur, ie
le croy bien,que pleuft à dieu que ce fuft de quelque dame de ce pays:Car
ie luy ferois tant de biens qu'il n'ya Roy, prince,n'aultre grand feigneur,
qui ne s'eftimaft heureux de luy donner fa fille en mariage,& moy de le
pouuoir arrefter en ma compaignie,Et fi de tant vous le pouuez gaigner,
affeurez vous(maiftre Helifabel mon amy) que ie vous feray cognoiftre,
combien i'auray le feruice aggreable que vous me ferez en ceft endroiĉt,
& vous prie vous y employer.Sire,refpondit il,i'y feray ce que ie pourray:
Lors fe leua l'Empereur, & s'approcheant l'Imperatrix la tira à part ,luy
difant: Ma dame,vous auez peu veoir (aufsi bien que moy) la trifteffe en
laquelle eft nagueres tumbé le cheualier à la Verde efpée:Et fi ne fcay qui
l'a meu de ce faire . Parquoy ie vous prie trouuer moyen de le fcauoir, &
aufsi qu'il s'accorde à demeurer auec moy , l'affeuraut qu'il ne luy fera ef-
pargné chofe qu'il demande . Monfieur, refpondit elle , il fera meilleur,ce me femble,que demain ie luy en parle,&non pluftoft:Car ie le pré
dray fi à propos qu'il aura bien affaire à me refufer. Ce pendant ie l'entre-
tienday , de forte que vous & moy aurons de luy ce que nous vouldrós.
Ie vous en prie,dit l'Empereur .Ainfi pafferent tout le iour faifant le meilleur entretien au cheualier , dont ilz peurent aduifer, Et le lendemain
apres difner, l'Empereur le ramena chez les dames , ou de premiere rencontre il fut chargé de l'Imperatrix, laquelle pour mieulx paruenir à fes
intentions , luy dit en foubzriant , & comme par maniere de deuis , cheualier à la Verde efpée,vous voyant entrer çeans , il m'eft fouuenu d'vne
grande melancolie que ie veiz hyer vous furprendre, ie vous vouldroys
bien prier beau fire, me dire, dont elle vous pouuoit proceder , car fi ceft
pour fafcherie que l'on vous ayt faiĉt icy n'y ailleurs ou l'Empereur puiffe
commander, croyez qu'il vous en fera faire la raifon , Eftant feure que fi
vous voulez demeurer auecq luy , qu'il vous traiĉtera autant bien que

cheua-

Cheualier qui foit en fa maifon, & ie vous en prie. Madame, refpondit
il,fi i'auoys puiffance de cõmãder à moymefmes, ie m'eftimeroys heureulx d'auoir le party que vous m'offrez, mais eftans contrainct d'obeyr
aux affections de mon cueur, (qui ne le pourroit permettre) ie vous fupplie treshumblement me tenir pour excufé. Par la feit bien entendre
à l'Imperatrix, qu'elle ne le reduiroit iamais ou elle pretendoit. A umoyé
de quoy elle feit aufsi toft figne à l'Empereur qu'il s'approcheaft, & à fon
arriuée luy dit:Monfeigneur ie croy que vous ne m'eufsiez pas defauoué
de ce que ie difoys au cheualier.ie le prioys de demeurer en voftre court,
me promettant que vous le traicterez comme il merite, & autant bien
que Cheualier que vous auez. Vrayement, refpondit l'Empereur,s'il me
faict ce party,ie luy en feray vn aultre:Car il ne me pourra demander cho
fe dont ie le refufe.Sire,dit le cheualier:Vous m'auez defia tant faict d'hõneur, que croyray toute ma vie n'eftre en ma puiffance vous pouuoir
faire feruice qui meritaft le moindre des biens que i'ay receu de vous :
Toutesfoys ie fuys de fi longue main hors de ma liberté, m'eftant fub-
mis à la feruitude d'vne feule, que ie ne puis ,ny ne veulx luy defobeyr
pour vous complaire, eftant certain que faifant aultrement, la mort ne
me laifferoit longuement voftre, & me priueroit de tout point d'eftre
plus fien. Certes telle vehemente refponce tefmoigna affez à l'Empereur qu'amour le forceoit, parquoy ne le voulut importuner d'aduantage : mais fe print à deuifer d'aultre matiere. Et fur ces entrefaictes,
furuint la belle Leonorine (portant deuz trefriches couronnes, l'vne fur
fa tefte,& l'aultre en fes mains, laquelle s'adreffant au cheualier à la
Verde efpée, luy dit, Sire cheualier, ie ne demanday oncques don, que
à l'empereur mon pere, Toutesfoys ie m'en hardiray d'en auoir quelque
vng de vous, s'il vous plaift me l'accorder. Comment ma dame, refpondit il, pourroit on bien trouuer gentil homme fi mal gratieulx qui peuft
refufer vne fi belle dame, de chofe qu'elle luy voulfift demander. quand
à moy,vous prometz que ie vous obeyray en ce qu'il vous plaira me cõ-
mander. Trefaffectueufement le remercia la ieune princeffe, & leuant
la courõne de deffus fa tefte,luy dit,Ie vous prie doncques (puis que vou
lez tant faire pour moy) prefenter cefte couronne à la plus belle damoyfelle que vous cognoifsiez, & en la faluant de ma part, priez la qu'elle
me face le bien de me mander de fes nouuelles, ou de bouche, ou par
efcript. Le cheualier print la couronne, & comme il vouloit refpondre,
elle continuant fon propos, luy dit:Et ceft aultre(non moins riche que
la premiere)fera pour la plus excellente dame que vous fachez,à laquelle
s'il vous plaift ferez de par moy femblable meffaige,tãt ya que ievous prie
me dire prefentement qui font celles à qui vous les donnerez. Ma dame
refpõdit il,par la foy que ie doibz à dieu ce fera vous mefmes,qui aura la
premiere & non aultre, car vous eftes la plus belle damoyfelle que ie

K iij   cognoiffe.

cognoiſſe. Ce diſãt la luy remeit ſur ſon chef, & s'il y a cheualier qui vueil
le dire le contraire, ie ſuys preſt de le combatre, Grand plaiſir eut l'Empereur & toute la compaignie, voyãs Leonorine entretenir le cheualier d'v-
ne ſi bonne grace. Toutesfoys pource que chaſcun auoit l'œil ſur elle, elle
commença à rougir, qui ne la rédit que plus belle. Lors l'Imperatrix print
la parolle, diſant au cheualier: Vous direz de ceſte damoyſelle tout ce qu'il
vous plaira. Si aymerois ie mieulx (à mon ſeruice) les cheualiers que vous
auez vaincuz par armes, que ceulx qu'elle a gaignez par ſa beaulté: Mais
il ne luy reſpondit mot: Car Leonorine s'aduança, luy diſant: Ie ſcay bien
que vous auez plus faict pour moy, que ie n'ay merité. Et neantmoins cela
ne me gardera de vous prier par la choſe qu'aymez le mieulx en ce monde, me dire pourquoy vous pleuraſtes hyer, & qui eſt la dame à qui voſtre
cueur rend plus d'obeyſſance. Quand le cheualier ſe veit ainſi contrainct
à declarer ce que plus il deſiroit tenir ſoubz ſilence, il ſe doubta bien que
l'infante eſtoit faict à cela par l'Empereur ou aultre, qui vouloit plus ſcauoir qu'il ne deſiroit. Au moyé de quoy il changea tellement couleur que
chaſcun s'en apperceut, & penſa longuement auant que parler: Toutesfois à la fin il reſpondit: Madame, ie vous ſupplie vouloir prendre aultre
ſeruice de moy, & me quicter de ceſte demande. Vous ſcauez, dit elle, ce
que vous m'auez promis. Et ie ſcay bien auſſi que ſi ne faulſez voſtre parolle, que vous me direz ce que i'ay deſir de ſcauoir. Ie le feray, reſpondit
il, ſans vous en mentir, puis que me forcez iuſques la. Aſſeurez vous ma
dame que quand ie vous veis au premier, il me ſouuint du temps & de
l'aage auquel vous eſtes à preſent, & des graces & bons traictemés que i'a-
uoys aymant lors, vne dame toute ſemblable à vous, de ſorte que mon
cueur ſe voyant eſlongné de tel bien, enuoya aux yeulx le teſmoignage du
regret qu'il en a, tel que vous en apperceuſtes, comme vous dictes, Et au
regard de la force que vous me faictes, voulant ſcauoir qui eſt celle à qui
ie ſuys à preſent le plus. Quand il vous euſt pleu vous departir de telle im
portunité, i'euſſe eſtimé voſtre prudence plus entiere, que ie ne faiz, ayant
contrainct vng ſimple cheualier errant, vous dire plus qu'il ne vouloit, &
choſe qu'il a deſiré toute ſa vie tenir couuerte, Toutesfoys puis qu'il fault
que ie paſſe oultre, ie vous iure ma foy madame, q̃ c'eſt celle meſme à qui
vous enuoyez l'aultre couronne, qui eſt (comme ie croy) la plus belle dame qui fut, ne qui ſera iamais entre les plus parfaictes: Et pour dieu conté-
tez vous ſans me vouloir forcer d'aduantaige. Vrayemét, dit l'Empereur,
ma mignóne il demeurera quitte pour ceſte heure, Et ie vous en prie, encores que nous en ſaichons autãt, que s'il ne nous en eut riens declaré. Si en
aye, reſpondit le cheualier, dit plus, qu'oncques ie ne feiz ny ne feray ſi ie
puis: Mais en cela i'ay bien voulu faire cognoiſtre à madame Leonorine,
combien ie me vouldrois employer à luy faire ſeruice. Si dieu m'ayde, dit
l'Empereur, vous debuez donc eſtre bien ſecret en telz affaires, puis que

vous

vous péſez les auoir manifeſtez,pour choſe que nous ayez publiée.Et cer
tes puis qu'elle vous à offencé ,il eſt raiſonnable qu'elle en paye l'amande.
Sire , reſpondit il , vous me pardonnerez s'il vous plaiſt : car s'il ya of-
fenſe,elle ſeroit à ceulx qui l'ont induicte & perſuadée à faire telles demã
des à vng ſimple cheualier qui entend encores ſi peu le langaige Grec,que
quand il commence à le parler,il ſe deburoit bien du tout taire,pour n'ap-
preſter à rire à celuy qui l'oyent ainſi iargonner . Vrayement, dit l'empereur,moy ſeul en ay eſté cauſe .Neantmoins elle & moy l'amenderons en
ſemble . Ha a Sire,reſpondit il , l'amande en eſt deſia de trop amendée,
pourueu que ie demeure en voſtre bonne grace, & que ayez ſouuenance
de moy à l'aduenir.Ie vous diray,dit l'épereur,à cela ne pouuez vous faillir , ny en auoir la ſatiſfaction que i'en feray , encores que ne le voulſiſ-
ſiez permettre,Et combien que l'empereur dit telles parolles par ieu,ſi ad
uint il vng temps qu'elles ſortirent leur effect,ainſi qu'il vous ſera recité au
quatrieſme liure enſuyuant.Sire cheualier,reſpódit Leonorine, ie ſcay que
ie vous ay faict tort,& puis qu'il n'eſt en ma puiſſáce(pour le preſent)l'ad-
mender,ainſi que ie vouldroys bien , vous ſupplye prendre de moy ceſt
anneau,d'auſsi bó cueur que i'ay eu enuie de ſcauoir de vous tout ce que ie
vous ay demandé.Lors le tira de ſon doy,& s'aduencea pour leluy bailler
Mais au lieu de la bague,il luy print la main , luy diſant:Ma dame ceſte
main blanche,& tant polie, eſt plus digne d'eſtre baiſeé, que aultre que
i'aye veu depuis vng an,Et heureux ſe peult dire l'aneau, de laquelle il eſt
luy meſmes decoré.Pourtant ie vous ſupplie me pardonner,& permettre
que ie la baiſe . Toutefoys,reſpódit elle,ſe ſera il voſtre,& le luy preſenta
de rechef.Parquoy il ne l'oſa plus refuſer:mais en le prenant meit vng genoil à terre,& luy baiſa la main. Aſſeurez vous,dit elle,que vous auez vne
pierre ſi excellente,que ie l'eſtime eſtre vnicque en ſon eſpece , encores que
i'aye ſa ſemblable à la couróne que vous m'auezredónée:Leſquelles deux
pierres ne ſouloint eſtre qu'vne.Sur mon dieu, reſpondit le cheualier , ce
n'eſt pas de merueille ſi choſe tát rare a eſté miſe au pouuoir de la plus bel
le dame du monde,Car tout ainſi que peu facilement on pouroit recouurer ioyau tant precieux,auſsi peu comme ie croy, trouueroit on en tout
l'Orient aultre qui vous precedaſt,fuſt en prudence,ſcauoir & bonne gra
ce,ainſi iuſtemét elle vous eſtoit deue,& deuant tout aultre.Ie vous diray,
dit l'Empereur,quand vous ſcaurez de quel lieu elle eſt venue,ie croy que
vous l'eſtimerez beaucoup d'aduantaige , & ſi regardez à l'excellence de
L'anneau, vous le trouuerez digne d'eſtre bien gardé . Car il eſt d'vne eſ-
meraulde autant belle qu'il eſt impoſsible , & le reſte eſt d'vng Ruby de
deux couleurs par nature,l'vne rouge comme ſang& l'aultre blanche cóme neige.Et entendez que Apolidon mon ayeul,(la renommée duquel à
de long temps circuy toute la terre.Ie ne ſcay pourtant ſi elle eſt venue
iuſques à voz aureilles)tenát le lieu que ie tiens auiourdhuy, entre aultres

K iiii

ſingu-

singularitez qui luy furent dõnées par Filipane Roy d'Inde, il luy enuoyá douze couronnes les plus riches qu'il eſtoit poſsible de veoir. Et combien que toutes feuſſẽt d'ineſtimable valeur, ſi en auoit il vne plus à priſer que nulles des aultres, & eſt celle meſmes que ma fille vous a preſentée la pre-miere, en laquelle eſtoit enchaſſée ceſte pierre entiere, mais Apolidon la trouuant ſi eſträge, la feit ſeparer en deux, laiſſant l'vne des parties à la cou-ronne qu'il dõna à Grimaneſſe ſa femme, laquelle il aymoit tant, qu'onc-ques ne furent deux plus loyaulx amás, & retint l'aultre moytié pour luy, laquelle il portà tãt qu'il a veſcu en ceſt ãneau, que ie vous prie garder pour l'amour de celle qui vous en a faiſt preſent de ſi bon cueur, Et ſi auez quel-que foys ẽuye de vous en deffaire, q̃ ce ſoit au moins à quelque voſtre pa-rẽt, A ce q̃ ſi fortũe l'adreſſe en ces cõtrées, il puiſſe cognoiſtre & ſeruir la damoyſelle qui le vous dõne, ſi elle en a beſoing. Et ainſi aduint il depuis, car il tumba es mains de Splandian, qui pour l'amour d'elle (peu de temps apres) feit mainte cheualerie, comme vous entẽderez au cinquieſme liure. Sire, reſpondit le cheualier, i'ay maintesfoys ouy parler d'Apolidon, qui e-diffia l'arc des loyaulx amans en l'iſle Ferme, ou i'ay eſté trauerſant le pays de la grand Bretaigne, Et ſi ay veu les figures de luy & de la belle Grima-neſſe, auec toutes les ſingularitez qui y ſont ẽcores de preſent, Vous pouez doncques bien cognoiſtre, dit l'empereur, le cheualier qui puisnagueres a conquis le palays enchanté, comme i'ay ouy recite. Sire, reſpondit il, i'ay maintesfoys parlé à luy, & ſe nõme Amadis filz du Roy Periõ de Gaule, Duquel l'on parle en tãt de lieux, celuy meſmes que l'on trouua ſur l'eaue, & qui depuis fut appellé le damoyſel de la mer, qui vainquit en plain chãp de bataille, le treſpuiſſant Roy Abies d'Irlande, & là le recogneut le Roy ſon pere, & ſa mere, pour leur filz. Par mon ame, dit l'Empereur, ſi n'eſtoit que i'eſtime qu'vn tant grand ſeigneur ne vouldroit entreprendre ſi lõg chemin, ie penſeroys que ce feuſſiez vous meſmes de qui vous parlez, Et ſi ne ſcay encores qu'en preſumer. le cheualier ne luy reſpondit riens, mais changea de propos, en ſorte que depuis l'empereur ne luy en parla, encores qu'il ſeiournaſt en Conſtantinople ſix iours entiers, durant leſquelz luy fut faiſt tout le bon traiſtement, dont l'on ſe peult aduiſer. Et pource que le temps s'approchoit qu'il auoit promis à Graſinde d'eſtre de retour vers elle, delibera prendre congé, pour rentrer en ſon nauire, Et de faiſt trouuãt l'Empereur à poinſt, luy dit Sire, Vous m'auez tant faiſt d'honneur & de bien, que ie ne ſeray iamais en lieu ou vous n'ayez vn ſeruiteur en moy, preſt pour vous obeyr toutes & quãtesfois qu'il vous plaira m'employer, Et pource que ie ſuis deliberé, de me trouuer en bref es marches de Roma-nie, ſuyuant ce que i'ay promis, ie vous ſupplie hũblement me donner cõ-ge. Mon grand amy, reſpondit il, s'il eſtoit poſſible que vous feiſſiez plus lõg ſeiour pardeça, vous me ferez vng grãd plaiſir: Mais puis que voſtre parolle vous a de tant obligé, i'à dieu ne plaiſe que ie dõne occaſiõ à vous

ou

ou à aultre de la faulfer. Sire, dit le Cheualier, ie vous affeure que mon hõneur feroit endõmagé faifant aultrement, ainfi que fcait maiftre Helifabel, parquoy ie vous fupplie ne me retenir plus longuement. Et bien, refpondit l'Empereur, i'en fuys cõtét, pourueu que vous me donnez encor
troys iours, fans plus. Sire, dit il, ie vous obeyray puis qu'il vous plaift. Et
pource ḡ la belle Leonorine en fut aduertie, elle l'enuoya querir en fa chã
bre. Et eftant au meillieu de fes damoyfelles, luy dit, vous auez accordé à
l'Empereur(à ce que l'on m'a dit)encore troys iours pour luy tenir compaignie, ie vous prie beau fire m'en donner deulx d'aduãtaige. Durant lef-
quelz(s'il vous plaift)vous ferez ordinairement auec moy & ces damoyfelles, ad ce que fans empefchemét nous puifsions plus ayféemét vous gou
uerner, Pourtãt aduifez fe vous m'efcõduyrez ou non:car aufsi bié fi vous
ne l'accordez de bon cueur, nous toutes enfemble vous y contraindrons
par force. Ce difant feit figne à fes damoyfelles, qu'elles le prinfent. Lors
fe trouua enuirõné d'elles toutes, tellement ḡ par l'importunité volũtaire,
voyãs leur bõne grace, & la force qu'elles luy faifoyét, leur ꝓmift d'obeyr
en ce qu'elles vouldroyét cõmãder, difãt en foubzriãt à la priceffe Leono
rine:Comment ma dame, penfez vous que me voyant preft d'entrer en la
forte & dure prifon que vous me prefentez, ie cõtredie en ce que me fçau
riez commãder. En bonne foy refpondirent les damoyfelles, vous faictes
faigemét, car aultrement vous eufsiez efté en plus grãd danger que quand
vous cõbatiftes l'Endriague. Vrayement, dit il, mes dames, ie le croy certainemét, veu qu'il eft certain, qu'il y auroit trop plus affaire à ennuyer les
anges, qu'a combatre vn tel dyable comme il eftoit. Parquoy i'aymeroys
beaucoup mieulx entreprendre encore vne femblable guerre, que d'eftre
au dangier de tumber en voz malles graces. Or vous fouuiéne doncques,
refpondit Leonorine, de voftre promeffe, & prenez peine de la bien entretenir. Ainfi demeura le Cheualier en Conftantinople, cinq iours plus
qu'il ne penfoit. Durant lefquelz il feit tresbonne cõpagnie aux damoyfel
les, qui d'heure à aultre s'enqueroyent à luy, des fingularitez de l'Ifle Ferme, tant de la chãbre deffendue que de l'arc des loyaulx amans, des pour-
traictures d'Apolydõ, & Grimaneffe, quells dames de la court du Roy Li
fuart eftoyent les plus belles, la forte de leurs accouftremés, leur maniere
de faire, & de mille aultres chofes que defirét cõmunéemét fçauoir fémes
trop curieufes, Et ainfi qu'il leur en difoit ce qu'il en fçauoit, il va penfer ḡ
fi Oriane eftoit en fi bonne compaignie, que toutes les beaultez du monde feroyent ioinctes enfemble. Lors s'oublia tant, que la parolle luy fallit,
& demeura cõme tranfi. Ce ḡ voyant la Royne Menorefte, dame de l'ifle
Gabafte, le tira fi fort par le bras qu'il reuint à foy: Lors cogneut bié qu'il
auoit failly. Parquoy en s'excufant leur dit, ie vous fupplie mes dames ne
trouuer eftrãge fe voyant deuant mes yeulx tant de beaultez(defquelles
dieu & nature vous a toutes pourueues)ie me fuys trãfporté, par le fouue-

nir

nir d'vne,auec laquelle i'ay quelques fois eu tant de graces,& faueurs,que
me trouuât à prefent eflongné d'elle,i'endure vn trauail pire que la mort,
Mefmes que mon efprit vit en elle, & hors de moy,pour la feruir comme
ie doibs & defire. Par ainfi amour qui eft caufe de la faulte que i'ay faicte
deuant vous en doibt recepuoir blafme,& non moy'qu'il tourméte, auec
trop de rigueur.Grand compafsion eurent lors toutes fes damoyfelles, de
la peine qu'ilz veoyent fi ordinairemét fouffrir auCheualier,& n'y eut cel
le qui ne le recófortaft au mieulx quelle pouuoit. Puis venát le iour qu'il
debuoit prédre cógé pour s'embarquer,la Royne Menorefte qui luy por
toit vne amytié fecrete,luy dit,Cheualier,à ce que ie puis cognoiftre,il fe
roit mal ayfé de plus longuemét vous arrefter pardeça,Et puis qu'il nous
eft force d'ainfi vous perdre , ie vous prie receuoir vn prefent que i'ay en
uye de vous faire , Lors feit apporter fix efpées les plus belles & mieulx
garnies qu'il euft oncçs veu,le priát en faire part à fes amys,& auoir fouue
nance d'elle.Ma dame,refpondit le Cheualier, le prefent eft tel,que pour
l'amour de vous ie le feray túber es mains de fix Cheualiers, les meilleurs
à mó aduis,qui foyét auiourd'huy fur la terre,& defquelzvous pourrez fi
ner toutes les fois qu'en aurez affaire,& il vous plaira les máder. C'eft de
quoy nous vous fuppliós toutes,dit la princeffeLeonorine,Par ma foy ma
dame refpódit il,toute ma vie ie feray voftre,preft à obeyr à voz cómáde
més. Ie vous mercie,dit la princeffe,& vous prie d'aduátaige,ç vous nous
faciez le bié de nous enuoyer quelqu'vn de voftre lignée pour eftre par
ticulieremét à nous,& nous feruir toutes,quád en aurós befoing. Ma da
me,refpódit il,i'efpere deuát qu'il foit lóg téps,vous adreffer vn mié parét
leçl eftát en voftre feruice,vous pourriez bié váter auoir le meilleur Che
ualier du móde.Et cela difoit il pour Galaor fon frere,qu'il deliberoit fai
re venir vers l'Empereur,& lá accroiftre fa renómée,en luy faifant feruice:
mais il aduint tout aultremét,car au lieu de Galaor,Spládiá y arriua quelç
téps apres,qui pour l'amour de la princeffe Leonorine , dóna maint coup
d'efpée,ainfi ç vous entédrez quand viendra à propos d'en parler.Suffife
vous,que ce iour mefmes le Cheualier à la Verde efpée s'embarqua auec
maiftre Helifabel,puis faifans voile, fingla en pleine mer,ayant vét affez
propre pour retourner à la Romanie.Parquoy nous tairons de luy à pre
fent,pour vous dire,qu'en cefte fayfon le price Salufte Quide,& la Royne
Sardamyre,auec leur trouppe arriuerét en la grád Bretaigne, pour cóclu
re auec le Roy Lifuart,le Mariage de l'Empereur & d'Oriane,& de faict,
eftimás leur voyage paruenir du tout à leur intétió,publierét par les lieux
ou ilz paffoiét,qu'en brief ilz retourneroiét auec l'Imperatrix,mais dieu
(es mains duquel font toutes chofes)móftra en cela ç bié fouuét il difpofe
tout au rebours de la péfée des perfónes,qui n'ont fiáce,n'amour à luy:ains
penfent commander au temps,& aux aftres,cóme il leur viét à la fantafie
ou ilz fe treuuent deceuz, & mocquez,ainfi ç ces ambaffadeurs,lefquelz
furent receuz au plus grand triumphe,dont le Roy fe peult aduifer.

Eftant

Comme le cheualier a la

Verde espée partit de Constantinople, pour satisfai-
re la promesse, qu'il auoit faicte à la belle Grasinde, & de ce qu'il luy aduint,
Chapitre.   XII.

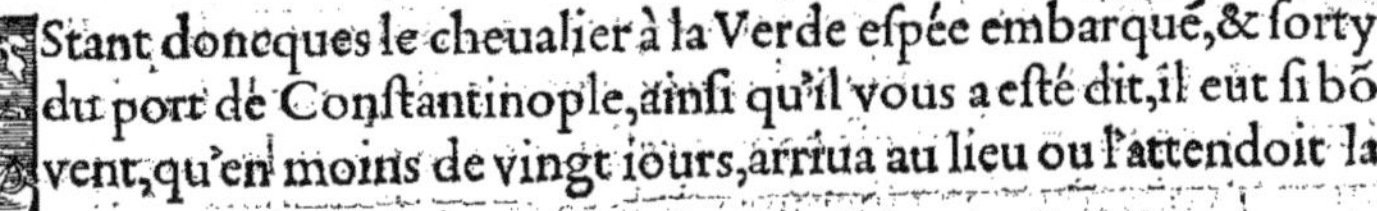

Stant doneques le cheualier à la Verde espée embarqué, & sorty
du port de Constantinople, ainsi qu'il vous a esté dit, il eut si bō
vent, qu'en moins de vingt iours, arriua au lieu ou l'attendoit la

belle Grafinde,Et cõbié qu'il fut encores loing de la grãd Bretaigne,Neãt
moins fe fentant approcher du lieu ou fon cueur prenoit vie,fe trouuoit
tant deliberé,que riés ne luy eftoit impofsible,pource que les cinq ans de
fon abfence,luy auoient (ce luy fembloit)duré vng monde,& plus:& cõme s'il euft defia fenty l'ær de la grand Bretaigne , ramenoit vne infinité
de difcours en fon efprit,des chofes qu'il feroit,& des moyens qu'il auroit
pour veoir Oriane.Or auoit Grafinde entendu de plufieurs (auant fon retour)les haultes cheualeries qu'il auoit faictes par toutes les ifles de la Ro
manie.Parquoy fachãt fon arriuée,vint le receuoir(le plus amoureufemét
qu'elle peult)accõpaignée de maintz cheualiers,dames & damoyfelles de
fes pais,Puis le cõduict en fon palays,l'entretenãt de propos les moins ennuyeulx,dont elle fe peut auifer, tant qu'elle luy dit: Croyez Cheualier à
la Verde efpée,que fi i'ay eu par le paffé bonne eftime de vous,que ie l'ay
à prefent trop meilleure, voyant que fi fidelement vous m'auez tenu promeffe : eftant retourné de voftre voyage, auant que l'an foit paffé, qui me
fait croyre, que puys que n'auez fait faulte en cela, que ferez le femblable en ce que i'ay deliberé de vous employer , fuyuant le propos que nous
eufmes enfemble vn peu auparauant voftre embarquement pour aller en
Grece. Ma dame,refpõdit il, ia dieu ne plaife que ie foys de ma vie ingrat
en voftre endroict , Car vous m'auez tant rendu voftre obligé , que ie ne
tiens la vie apres dieu, que de maiftre Helifabel qui m'accompaigna par
voftre commandement . Ainfi vous pouuez difpofer de moy, comme de
celuy fur lequel auez toute puiffance. Vrayement dit elle, s'il vous a faict
du feruice,ie le repute mié, & luy en fçay aufsi bõ gré que fi c'eftoit en ma
propre perfõne,Et pource qu'il eftoit heure de foupper, & que la chaleur
auoit efté grande tout le iour , elle commanda de dreffer les tables foubz
vne trefplaifante treille , le long d'vng verger le plus excellent qu'il eftoit
pofsible de veoir, ou ilz furét feruiz de toutes viandes exquifes en fi grãd
hãbõdance que merueilles,puis eftans les nappes oftées, fe mifrent à eulx
pourmener fi longuemét,que la nuict les furprint. Lors Grafinde le conduict en la chambre qu'elle luy auoit faict parer, & luy dõna le bon foir.
Adonc fe coucha le Cheualier,lequel au lieu de s'endormir,entra en fa me
lancolie accouftumée, & comme fi Oriane euft efté prefente, difoit en foy
mefmes,Helas amye,la longue abfence de voftre perfonne, m'a tant donné de pafsion, que n'euft efté la crainte qu'eufsiez defplaifir à ma mort, ie
fuffe long temps a,enfepuely & priué du plus grand bien qui me fçauroit
auenir,qui eft auoir la veue de vous.Ha a mes yeulx n'auez vous tort d'ain
fi efpuifer (à force de iecter larmes)le peu d'hõneur,en laquelle fe nourrift
mon trifte cueur,attendant le retour vers celle,pour le feruice de laquelle
feulement,mon efprit eft contét refider en ce penible corps , mefmes que
quand vous n'auriez efperance de la reueoir, fi auez vous eu plus de bien
(par les faueurs qu'elle vous a faict au pafsé)que ne meritaftes oncques,Et

d'aduan-

d'aduantaige vous pouez tenir asseurez que la fermeté d'elle est si constan-
te, que pour accident qui luy suruienne, elle ne pourroit varier, sentant en
son ame ma fidelité, telle que i'aymeroys trop mieulx mourir cent mille
foys, que de perdre sa bonne grace. Ceste parolle dit si hault le Cheualier,
que Gandalin qui dormoit s'esueilla en sursault, & luy demanda s'il luy
plaisoit quelque chose. Las Gandalin, respondit il, ie te prie ne prendre gar
de à mes passions si desmesurées: mais soys content que ie les seuffre, puis
qu'amour me range en telle extremité. Vous estes vn estrange personnage, dit Gandalin, d'ainsi vous affliger, lors que vous deueriez plus vous recóforter, & prendre cueur, veu que nous sommes en voye pour retourner
vers Oriane qui vous cause toutes ces maladies, & me semble que feriez
aussi bien de vous distraire de ce pensement qui vous fait ainsi mourir: car
il est difficile que ne tumbez malade, au temps que vous aurez plus affaire
de vostre santé: ainsi vous apprestez vn mal pis que deuant, dont vous re-
pentirez apres tout à loysir: Pourtant essayez à prendre repos si vous pouez. Comment, respondit le Cheualier, veulx tu que ie repose estant en
doubte de retourner ainsi que tu dis vers Oriane, veu la promesse que i'ay
faite à Grasinde, qui peult estre m'en eslongnera plus encores que ie ne
suys? Ie n'en croys rien, dit Gandalin, peult estre aussi vous en fera elle approcher pluostost que vous ne pensez. Que dis tu Gandalin? respondit le
Cheualier, fortune me pourroit elle prester tant de bon heur? Asseure toy
que si cela m'aduient, ie suys content luy remettre tous les maulx qu'elle
m'a fait souffrir, depuis l'heure que ie fuz iecté sur la mer, & si ie me treuue vne foys en lieu ou i'aye moyen de t'enuoyer vers Oriane, me feras tu
pas ce bon tour, de luy porter incontinent de mes nouuelles, à la charge
de me rendre aussi content, que quand tu y allas au premier que ie retour-
nay de Gaule vers elle, t'en souuiét il? Ouy bien, dit Gádalin, & si luy sçau-
ray aussi bien dire, & compter vostre vie, que ie feiz oncques, & vous en
fiez à moy: car ie cognois le saint ou il la fault vouer: mais ce pendant res-
iouyssez vous ie vous en prie. Ainsi passerent la plus part de la nuict, deuisans ensemble des entreprinses qu'ilz feroient à leur retour en la grand
Bretaigne: Puis le lendemain estant desia haulte heure, se leua le Cheualier, & vint trouuer les dames qui l'attendoient pour ouyr la messe, laquelle paracheuée, Grasinde le print par la main, & le tirant à part, luy dit: Entendez Cheualier, qu'vn an auparauant qu'entrissiez en ces pays, me trouuant en vne assemblée que le duc de Basile feit chez luy, ou toutes les belles dames & damoyselles de la contrée furent semonces: ainsi que nous
estions au plus fort des bonnes cheres, ie ne sçay qui meut mon frere le
marquis Salinder que bien cognoissez, & en la garde duquel i'estois lors,
quand il dit à haulte voix deuant toute l'assistance, que ma beaulté estoit
tant excellente, que nulle aultre de la compaignie ne se deuoit en rien
comparer à moy, & que s'il y auoit Cheualier qui vousist soustenir le con-

L   traire

traire, qu'il estoit prest à le combatre : Toutesfoys, ou pource qu'il estoit craint & redoubté, ou peult estre que telle fut l'opinion de l'assistance, nul ne voulut le contredire, au moyen de quoy i'emportay honneur sur tou-tes les belles dames de Romanie, dont i'euz tel plaisir & contentement, que vous pouez estimer, que si par vostre moyé ie pouoys passer oultre, & paruenir à ce que mon cueur a depuis tant desiré, ie m'estimeroys la plus heureuse du monde. Madame, respõdit il, commandez moy ce qu'il vous plaira: car s'il est en ma puissance de l'executer, vous serez promptement obeye. Monseigneur, dit elle, i'ay entendu qu'en la maison du Roy Lisu-art sont les plus belles filles que l'on sçache, s'il vous plaisoit m'y conduy-re & faire tant pour moy, feust par armes, ou aultremét, que i'aye tel hon-neur sur elles, que i'euz sur les dames de ce pays, ie seroys plus tenu à vous qu'à tous les aultres Cheualiers du móde, & ce est le don que i'ay tousiours eu en vouloir de vous demander, vous priant affectueusement me l'o-ctro yer, ce faisant ie suys deliberée partir en brief, & mener auec moy có-paignie qui fera honneur à tel Cheualier que vous estes, à ce qu'en la pre-sence du Roy de la grand Bretaigne, & de tous ceulx & celles de sa court, vous maintenez que la dame que vous conduysez (qui sera moy) est plus belle que nulle de toutes les filles que nous y trouuerons, & s'il ya aulcun qui die aultrement, vous l'en ferez desdire à force d'armes, & affin que la gloire du vaincqueur soit plus grande, vous aurez vne couronne sur vo-stre armet, que ie porteray quand & moy, & celuy contre qui cóbatrez vn aultre, par tel si que le victorieux aura (en signe de triumphe) celle de ce-luy qu'il aura vaincu, & si fortune nous fauorise tant, & que mettiez fin à ceste entreprise selon mon intention : ie vous supplie d'aduantaige, me mener en l'Isle Ferme, ou il y a (comme i'ay entendu) vne chambre en-chantée, en laquelle dame ne damoyselle ne peult entrer si elle n'excede en beaulté Grimanese, qui ne trouua oncques sa pareille, lors seront mes plus grandz soubhaitz accompliz, & vous quitte enuers moy de la pro-messe que m'auez faicte: Pourtant aduisez si estes deliberé de me refuser ou non. Quand le Cheualier eut entendu ce discours, il mua prompte-ment couleur, & luy respondit : Helas ma dame, que vous auoys ie mes-faict, pour me demander don tant hors de ma puissance, certes vous me donnez la mort : Et ce disoit il, considerant le tort qu'il feroit à Oriane, entreprenant chose tant au desaduantaige d'elle, & d'aultre part il estoit seur qu'il trouueroit infinité de bons Cheualiers en la court du Roy Li-suart, qui pour peril qui leur peust aduenir, ilz n'endureroient que l'on luy feist ceste iniure: Ainsi ne pourroit faillir à estre en mauluaise reputa-tion enuers sa dame, & à recepuoir (peult estre) la mort, par mesme moy-en : Et ainsi qu'il consideroit ces inconueniens, tous les bons traictemens qu'il auoit receuz de Grasinde, le secours mesmes qu'elle luy auoit faict, & la promesse en laquelle il s'estoit voluntairement obligé à elle, se vindrent repre-

drent reprefenter deuant luy,en forte que fi la feruitude qu'il portoit à O-
riane le deftournoit d'entreprendre ce dont il eftoit requis,la raifon le cō-
traignoit & forçoit faire le contraire: au moyen de quoy il fe trouua en
telle perplexité qu'il euft voulu n'auoir oncques efté né, & mauldiffoit fa
fortune qui luy eftoit cōtraire(ce luy fembloit)en tāt de fortes :mais tout
foubdain il fe va aduifer,que Oriane n'eftoit plus fille:mais femme parfaicte,ayāt eu enfant,ainfi que Mabile luy auòit mādé,& pourtāt que celuy
qui la vouldroit maintenir plus belle fille que Grafinde n'eftoit belle fem
me,auroit tort,& par raifon le pourroit combatre : Ce qu'il feroit(puis a-
pres)entēdre à la princeffe,ou deuant s'il trouuoit tēps,& le lieu à propos,
& à cefte caufe cōme s'il fuft forty de quelque prifon tenebreufe,commē-
ça à leuer la tefte,& d'vn vifaige riant,refpondit à Grafinde:Madame,ie
vous fupplie me pardonner la faulte que i'ay cōmife enuers vous,laquelle
ne proceda oncques de crainéte que i'aye eu d'entreprendre plus grand
chofe que ce dont vous me requerez:mais mon cueur qui a toute puiffan
ce fur moy,me vouloit faire aller allieurs, n'euft efté que l'obligation en
laquelle ie vous fuis redeuable(pour tant d'honneur & bon traictement
que vous m'auez fait) fceut vaincre & impetrer de luy congé de vous o--
beyr,ce que ie fuys preft de faire,par tel fi,que fās auoir efgard à l'indifcre
crete parolle que i'ay dicte,vous remetterez mon offenfe . En bonne foy
Cheualier, dit Grafinde,i'ay efté bien esbahye voyāt voftre propos fi toft
changé,& me refufant chofe qui ne peult tourner qu'a voftre honneur &
à ma gloire:Mais puis que vous eftes maintenant en fi bóne deliberation
ie vous prie la cōtinuer ,eftant affeurée que par voftre moyen i'auray fur
les filles de la grād Bretaigne tel pris que i'ay eu enuers les dames de Romanie,& que iuftement ie pourray puis apres porter les deux courónes
comme ayant conquis le premier lieu de beauté .Ma dame,refpondit il,
le chemin que vous entreprenez , eft grand à merueilles,& vous fauldra
paffer par tant de pays eftrāges, que le trauail vous pourra bien ennuyer,
& eftre caufe amoindryr partie de ceft en bon point,& couleur vifue,que
nature a mis en vous , ainfi en gaignant en l'un , vous perderez(peult e-
eftre)en l'aultre, par ainfi vous y deuez penfer,auant que venir au repen-
tir.Cheualier,dit elle,le confeil en eft pris,& ma refolution certaine : car
pour chofe qui me puiffe aduenir,ie ne differeray,fans efpargner argent,
peine ou danger quelconque,& quand a ce que vous dites qu'il nous fau[
dra trauerfer maintes terres eftrangeres , la mer nous pourra releuer de
cefte peine, ainfi que i'ay fçeu de maiftre Helifabel.Et bien madame ,ref-
pondit le Cheualier,faites dóc dóner ordre à voz affaires,& partós quand
il vous plaira. Ce fera le pluftoft que ie pourray,dit elle,& attēdant ie vous
fupplye ne vous ennuyer:mais eflayer à paffer le téps le plus ioyeufement
qu'il vous fera poffible,i'ay oyfeaulx,chiés,& veneurs, pour vous donner
du plaifir.Parquoy ie fuys d'auis qu'auiourdhuy vous allez courre le cerf,

L ij   ou le che

ou le cheureil,comme vous aduiferez.Ce qu’il luy accorda:au moyen de
quoy apres qu’ilz eurét difné,le Cheualier accompaigné de plufieurs gétilz hommes s’en alla en la foreft,là trouuerent maintes beftes fauluaiges,
fur lefquelles furent lancez tant de chiés courans , qu’en peu d’heure elles
rendirét les abboys:toutesfoys ainfi que le Cheualier pourfuyuoit vn cerf
efchappé des toilles,luy & Gandalin s’efgarerent fi auant dedans les boys,
que force leur fut d’y paffer la nuiét,pour ne fçauoir reprédre leurs adreffe:
Et comme ilz trauerfoient d’une part & d’aultre,fe trouuerét au plus pres
d’une tres belle fontaine enuirónee des plus haulx arbres qu’il eftoit poffible de veoir ,foubz lefquelz ilz fe deliberét attendre le iour,là defcendit
rent & feirét boire leurs cheuaulx,puis les desbriderét pour mieulx repai
ftre:Et pource que le Cheualier ne pouoit fi toft repofer, il fe meift à pro-
mener foubz cefte haulte touffe, ioignát laquelle il aduifa vn cheual blác
mort, couuert de maintes playes , qu’il auoit receues, encores frefches &
fanglátes, & entreouyt vne voix d’hóme fe plaindre cóme perfonne fentant griefue douleur:ce nonobftát il ne pouoit veoir d’ou elle procedoit,
tant eftoit la nuiét obfcure.Et à cefte caufe s’approchant plus pres,efcouta
longuement que ce pouoit eftre.Lors la voix cómença à fe lamenter plus
fort que deuát,& difoit aifi:Ha à trifte, chetif, infortuné Bruneo de bóne
Mer,tu vois bien maintenant qu’il t’eft force finir tes iours auecq tes affe-
étionnez defirs, par lefquelz ton cueur loyal a efté fi long téps affligé:He
las Amadis de Gaule mó bon feigneur,vous ne verrez iamais voftre loyal
compaignon Bruneo:car en vous chercát(ainfi que Mellicie voftre foeur
bien aymée luy auoit commandé) il eft tumbées mains des trahiftres,qui
le font mourir,fans auoir ayde ne fecours de nul de fes amys: Ha à fortune ennemye de mon heur,tu m’as fi eflongné de tout remede,que ie n’ay
feullement le moyen de faire entendre mon defaftre à aulcun,pour m’en
venger,qui me feroit vn tel reconfort,que mon efprit partiroit plus content de ce miferable monde:Helas Mellicie fleur & mirouer de toutes les
parfaites du móde,vous perdez auiourdhuy le plus loyal feruiteur,qu’óc
ques eut dame ou damoyfelle : car il ne penfa en fa vie qu’a vous obeyr,
complaire,& feruir,& fur mon ame fi bien vous confiderez,vous trouue-
rez(peult eftre)que cefte perte eft extreme pour vous,eftát affeuré,que ne
recouurez iamais aultre,qui foit tant à vous cóme eftoit le voftre Bruneo
lequel fent defia la lumiere de fa vie eftaindre,& fon cueur affligé perdre
les forces,auec lefquelles(parvoftrefeul fouuenir)i’ay aultresfoys eu moyé
de faire maintz haultz faitz d’armes,& grande cheualerie , par ainfi ie le
vous recommande , vous fupplyant le fauorifer, & traiéter comme celuy
qui oncques ne pecha en fa loyaulté : Helas mort qui me furprens , tu te
móftres enuers moy trop afpre & rigoureufe,me faifant perdre tout mon
bien,mon plaifir,& ma ioye,non que ie te vueilles expreffement blafmer
en me priuant de vie : mais pource que tu n’as permis que i’accompliffe

auant

auāt que mourir,ce que Melicie m’auoit plus enchargé,qui eſtoit de trou
uer ſon frere Amadis: Helas ce commandemēt fut le premier qu’elle me
feit oncques,& ſera comme ie voy le dernier auſſy, dont ie ſens doubler
mon tourment: car ſi i’euſſe eu moyen de luy ſatisfaire, ie tiendroys mon
trauail pour bien employé , mais quoy amye: vous me perderez , auant
que i’aye eu le pouoir de recognoiſtre tāt de graces & de faueurs que vous
m’auez faites,vous aſſeurant ſur mon dieu, que ie n’euz oncques crainéte
de la mort,mais bien de finir ma vie en vous aymant auec trop d’affection : toutesſoys mon malheur m’a priué d’ung ſi grand bien , me faiſant
tumber au peril ou ie ſuys . Puis ſe teut Bruneo , faiſant vn hault ſouſpir,
& peu apres s’eſcria: Ha a mon grand amy Angriotte d’Eſtrauaulx ou
eſtes vous maintenant, ne comme m’auez vous habandonné , ayans ſi
longuement maintenu ceſte queſte enſemble,& au beſoing vous me laiſſez , ſans ayde ne ſecours quelconque , non que ie vueille vous en donner
blaſme: car moy meſmes ay eſté cauſe de nous ſeparer ce iourdhuy à noſtre grand malheur , lequel nons ſeparera auſsi pour iamais l’vng de l’aultre . Lors commença tellement à ſouſpirer,que les ſangloutz qu’il faiſoit
continuellement ,luy interdirent la parolle : Au moyen de quoy le Cheualier qui auoit entendu toutes ces dures plaintes, ne ſe pouuoit garder
de pleurer : toutesſoys à la fin il s’approchea au plus pres de luy , & luy
dit . Mon grand amy Bruneo , qui vous meut , ne quel malheur vous a
ainſi abatu , ie vous ſupplye prenez cueur , & ayez eſperance en noſtre
ſeigneur : lequel a tant voulu faire pour vous & pour moy , que de m’a-
dreſſer en lieu ou i’ay moyen de vous ſecourir : Or penſoit Bruneo q’ue
ce feuſt Laſinde ſon eſcuyer , qu’il auoit enuoyé chercher quelque reli-
gieulx pour ſe confeſſer,parquoy il luy reſpondit: Ha a Laſinde mon
amy , tu as beaucoup tardé:car ie ſens ma fin bien aduancée pour faire ce
que i’eſperoys,par ainſi ie te ſupplie que auſsi toſt que mō anie aura laiſſé
ce triſte corps , que tu t’en retourne en Gaule vers Melicie , à laquelle
apres auoir faiét entendre mon aduenture,preſenteras la manche droiéte
de ma chemiſe ainſi tainte de mon pur ſang , & ſept lettres enueloppées
dedans,que i’ay toute ma vie gardées plus ſongneuſement que ma propre perſonne,& pource que la force me default , ſupplie au reſte, l’aſſeurant que l’ennuy qu’elle portera de mon infortune , s’eſtimant en eſtre
cauſe, pour m’auoir faiét entreprendre la queſte d’Amadis ſon frere, me
fait plus de mal que aultre que i’aye. Comment mon grād amy,dit le Che
ualier à la Verde eſpée,vous penſez dōc que ie ſoye Laſinde,& ie ſuys celuy Amadis voſtre bon cōpaignon,pour lequel vous auez tant eu de peine,pour dieu ne vous deſcōfortez ainſi,mais prenez cueur,& ie vous met
tray es mains de tel qui reſtaurera voſtre ſanté en peu de temps,lors combien que Bruneo fuſt ſi affoibly pour la grand habondance de ſang qu’il
auoit perdu qu’il ne pouoit quaſi plus parler,cognoiſſant Amadis à la pa-

L iii   rolle,&

rolle,& le voyant si pres de luy,l'embrassa doulcement,& luy au semblable,meslans les larmes de leurs yeulx ensemble , de sorte que qui les eust veuz,on eust peu veoir quasi la mesmes partie entre les deux tant grandz amys:& comme ilz estoient ainsi compassionnez,Gandalin qui auoit entendu la resonance deleur parolle suruint : auquel le Cheualier à la Verde espée dit : Gandalin approches toy, & m'ayde à desarmer promptement mon compaignon Bruneo.Lors Gandalin s'auança,& le plus doulcement qu'ilz peurent,luy osterent ses armes , puis le coucherent sur l'herbe . Or commençoit l'aube du iour à apparoistre,parquoy le Cheualier cõmanda à Gandalin d'aller en toute diligence querir maistre Helisabel, & prier Grasinde luy enuoier vne lictiere à bras,pour faire emporter Bruneo. A quoy Gandalin sçeut si bien pouruecir, qu'il retourna peu apres, & emmena quand & luy,le maistre , lequel voyant les deux amys tãt descõfortez l'vn aupres de l'aultre,leur dit : ie vous prie messeigneurs ne vous ennuyer de riẽ:Car auec l'ayde de dieu ie vous pouruoyray à ce qui est necessaire.Lors visita les playes de Bruneo,lesquelles il trouua figées de la froideur de la nuict:Toutesfoys il y applicqua vngués si excellés,qu'auát que partir de la,la douleur luy appaisa,& se meit à dormir, qui donna seure esperance à maistre Helisabel,que le danger en estoit hors:dõt il aduertit le Cheualier,qui en eut tel plaisir,qu'il seroit impossible de le reciter, & cõe ilz attédoient le reueil de leur malade, ilz aduiserent venir à eulx vn hõme portant deux testes de Cheualiers à l'arçon de sa selle,& en sa main tenoit vne hache encores taincte de sang, lequel voyát tant de gés ensemble s'arresta,& eut paour:mais le Cheualier à la Verde espée qui le cogneut in continét estre Lasinde,escuyer de don Bruneo, vint au deuant,accompaigné seulemét de Gandalin,qui augmenta d'aduantaige la craincte de l'escuyer,lequel le voyant approcher tourna bride,pour s'en fuyr,& le Cheualier à la Verde espée apres,& courás ainsi,entrerét en vne profõde vallée,ou le Cheualier le perdoit quasi de veue pour l'espesseur des buyssós, Au moyen dequoy il luy escria tãt qu'il peust: Ou fuys tu Lasinde?arreste toy,car ie suys l'vn de tes amys.Lors Lasinde s'oyát nõmer tourna visaige &cogneut Amadis:Parquoy mettant pied à terre,le salua humblemét,luy disant:Helas mõseigneur,ne sçauez vous les tristes nouuelles de mõ bon maistre,lequel est mort en ceste forest. Ce disant comméça à faire le plus grand dueil du monde,puis continuát son propos,luy dit:Certes vous ne pourriez penser le trauail qu'il à enduré en vous cherchant , tant auoit le desir grand de vous trouuer, que pleust à dieu que c'eust esté auát que ceste infortune luy fut aduenue , par la trahyson que luy ont faite ces deux trahystres desquelz voicy les testes que m'a baillé nagueres Angriotte d'Estrauaulx,me cõmandát expressemét les luy presenter s'il est vif sinon les mettre tout au plus pres de sõ corps,ou ie le trouueroys mort, à ce que l'on cognoisse qu'il à esté végé de ceulx qui l'õt offensé. Lasinde,respõdit

le

le Cheualier,il eſt viuant dieu mercy,& l'ay laiſſé ſoubz ces haulx arbres
en meilleure diſpoſition que tu ne penſe: Toutesfois il eſt encore ſi foyble pour le ſang qu'il a perdu qu'il ne m'a ſçeu reciter,ou,cóment, ne par
quoy il a eſté ainſi oultraigé,& ſi tu veulx me ſuyure tu le trouueras en l'e
ſtat que ie te ditz:mais gardes ſur ta vie de m'appeller deuát les gens,aul-
trement que le Cheualier à la Verde eſpée. Ie le feray, dit l'eſcuyer, puis
qu'il vous plaiſt me le commander.Or t'en viés doncqnes àuec Gandalin,
reſpondit le Cheualier,& ie m'en voys deuant:car ie ne veulx que l'on péſe que i'aye parlé à toy,pourtant ſouuiéne toy de ce que ie t'ay dit.Adonc
donna des eſperons à ſon cheual,laiſſant Gandalin & Laſinde enſemble,
& retourna vers Bruneo,ou peu apres ilz arriuerent: Lors Laſinde feit la
reueréce au Cheualier à la Verde eſpée,& cóme s'il ne l'euſt oncques veu,
luy dit:Benoiſt ſoit l'heure ſeigneur que ſi à propoz auez rencontré mon
bon maiſtre Bruneo,lequel en vous cherchant à eſté tant mal traiĉté qu'il
eſt en l'extremité que vous voyez.Laſinde mon amy reſpondit. le Cheualier tu ſoys le bien venu,ie te prie beau ſire diz moy quelle fortune l'a
icy fait venir & toy auſsi,meſmes qui ſont ceulx qui l'ont tát nauré. Mó
ſeigneur dit il,vous le ſçaurez preſétemét s'il vous plaiſt que ie parle à luy.
Or eſtoit Bruneo ſorty de ſon ſomme,&ſe trouuoit trop mieulx qu'il n'a-
uoit fait:Au moyé dequoy on luy mena Laſinde,lequel luy dit auſsi toſt:
Móſeigneur voſtre bon cópaignon Angriotte d'Eſtrauaulx,vous enuoye
les teſtes de ces deux trahyſtres:leſquelz il a cóbatuz & occis,ſçacháſ l'iniure qu'ilz vous auoient faite,& s'en va en vn monaſtere de dames qui eſt
dans ceſte foreſt,pour faire eſtancher le ſang d'vne playe qu'il a en la iambe droiĉte,& vous máde par moy qu'il en deſlogera incótinét,pour vous
venir trouuer quelque part que vous ſoyez mort ou vif. Ie prie à dieu,
reſpondit Bruneo,qu'il le vueille garder de mal:mais comme m'as tu peu
ttouuer en ce lieu tant eſcarté?Sire, dit l'eſcuyer:Angriotte me commanda de tyrer droiĉt au lieu de ce boys ou ie verroys les plus grandz arbres,
pource qu'il auoit entendu par ces trahyſtres qu'ilz vous y auoiét nauré à
mort,& l'ay laiſſé faiſant vn ſi grand dueil pour l'amour de vous qu'il eſt
quaſi incroyable.Sur mon dieu,reſpódit le Cheualier à la Verde eſpée,
ce ſera dommaige quád Angriotte aura mal : car c'eſt vn perſonnage qui
merite baucoup,& que ie deſire grandement veoir.Pourtant Laſinde có-
duiĉtz moy ſe tu peulx ou il eſt,tandís que Gandalin & les aultres porteront ton maiſtre en la ville.Et à l'inſtát le feit enleuer par deux perſonnes.
Lors leCheualier s'arma des armes de Bruneo,puis luy & l'eſcuyer entrerét au profód de la foreſt:mais il n'eurét gueres cheminé enſemble,qu'ilz
veirent venir à eulx Angriotte, tenát la teſte baiſſée comme vne perſonne triſte & melancolicque,& derriere luy quatre aultres Cheualiers bien
armez & montez qui le ſuyuoyent à bride abbatue, luy criant tant qu'il
pouoyent,tourne,tourne trahyſtre,car tu laiſſeras la teſte pour les deux

L iiij que

que tu as meſchâtemét fait perdre,à ceulx qui valloyent mieulx que toy.
A ce cry tourna viſaige Angriotte, & s'appreſta pour le defendre . Ce que
voyant le Cheualier à la Verde Eſpée s'aduáça,& premier que le combat
 cṍméçaſt,ſuruint,& dit à Bruneo(qui ne l'auoit encore apperceu) A eulx
mon compaignon,dieu vous aydera s'il luy plaiſt. Biẽ esbahy & plus ayſe fut Angriotte,voyant le Cheualier à la Verde eſpée,penſant que ce fuſt
Bruneo,& ainſi qu'il luy vouloit reſpondre,le Cheualier donna deſſus ſes
ennemys,& rencontra premier Brandaſidel(celuy qui l'auoit aultresfoys
voulu forcer ſe mettre à reculons ſur ſon cheual,quád il cuyda contraindre d'aller à Graſinde lequel eſtoit(comme ie vous ay dit)reputé l'vn des
plus adroitz Cheualiers de Iſles de Romanie, neátmoins il luy donna tel
coup de lance entre l'armet & la cuyraſſe,qu'il le deſarçonna, & demeura
eſuanouy ſur le cháp.Lors les troys aultres enſemble chargerét Angriot-
te:mais il les ſonſtint cṍme celuy qui auoit le cueur bṍ & entier, parquoy
ſur l'heure commença le combat des deux contre les troys, faiſans l'vn &
l'autre deuoir treſextreme : Toutesfoys à la fin le Cheualier à la Verde
Eſpée & Angriotte eurent tant d'aduantaige,qu'il leur feirent tourner le
dos,pour ce que ſur l'heure le plus roide tumba par terre. Ce que voyans
les deux aultres perdirét du tout le cueur,fuyans au trauers des boys ainſi
que fortune les guidoit: mais ilz eſtoyent chaſſez ſi legerement , que le
Cheualier à la Verde eſpée contraignit celuy qu'il ſuyuoit d'entrer en vn
mareſt ou il ſe noya , & ce pendant Angriotte tailla l'autre en pieces. Ce
fait delibera d'aller apres ſon compaignon qu'il eſtimoit eſtre Bruneo, &
neantmoins les grandz coupz d'eſpée qu'il auoit donnez , luy cauſoyent
quelque ſuſpeçon, & ne ſçauoit qu'en preſumer, iuſques à ce qu'il aduiſa
Amadis retourner vers luy qui auoit lors oſté ſon armet pour prendre
quelque peu d'ær.Parquoy Angriotte le recogneut:lors cṍme tout esbahy,picqua encontre,& en luy tendant le bras,vint l'embraſſer luy diſant:
Helas monſeigneur que heureuſe m'eſt l'aduenture de vous auoir rencon
tré ſi à propos,veu que ſans voſtre ayde i'eſtoys mort ſans doubte.Par ma
foy reſpṍdit le Cheualier à la Verde eſpée,vous en debuez remercier Laſinde qui en a eſté cauſe:car il m'auoit fait entendre que vous eſtiez retiré en vn monaſtere aſſez pres d'icy, pour vous faire penſer de quelque
playe qu'auiez à la iambe. Par dieu, reſpondit il, ie l'auoys ainſi deliberé,
& m'y en alloys vrayement, quand les trahyſtres m'ont aſſailly : mais ne
ſçauez vous qu'eſt deuenu Bruneo,ſur mṍ dieu ie croy qu'il ſoit mort ou
en treſgrand danger.Noſtre ſeigneur luy aydera s'il luy plaiſt,dit le Che
ualier:Car ie l'ay maintenant laiſſé entre les mains de l'vn des meilleurs
chyrurgiens du monde:Lors luy compta toute la maniere cṍme il l'auoit
trouué,& les complainctes qu'il faiſoit penſant mourir,& par lá dit il,ay
cogneu ayſéemét les trauaulx que vous & luy auez ſouffertz pour me ré-
cṍtrer,dṍt il ne ſera iour de ma vie que ie ne m'en ſente obligé à vous.S'il
eſtoit

eſtoit en ma puiſſance ,reſpondit Angriotte,vous pouoir monſtrer combien ie vouldrois faire d'auantaige,vous cognoiſtrez que ce que vous dites trauail,n'eſt rien que plaiſir,eſtát certain que ie ne tiés vie que de vous
pource que vous me faites auoir la femme que i'ay maintenant eſpouſée,
ſans laquelle ie n'euſſe ſçeu viure longuement. Laiſſons telz propos pour
vne autre foys,dit le Cheualier,& allons veoir ſi ceulx que nous auons a-
batuz ſont mortz ou non:Lors retournerent ou le combat auoit eſté fait,
& trouuerét que l'vn d'eulx ſe vouloit releuer:Mais le Cheualier à la Verde Eſpée(en s'approchát)faignit le frapper , & luy dit:Trahiſtre paillard,
pourquoy aſſault tu ſans occaſió les Cheualiers errás, qui ne t'ont fait nul
deſplaiſir?confeſſe verité,ou tu es mort:Par dieu, reſpó dit Angriotte c'eſt
l'vn de ceulx qui ont ainſi nauré noſtre compaignon Bruneo, & qu'il ſoit
vray ie le laiſſay auec luy,& deux aultres qui le vindrét querir pour ſecou
rir leur ſœur(cóme ilz diſoyent)laquelle on vouloit bruſler au plus grád
tort du monde, & depuis eulx meſmes,m'ont confeſſé leur trahyſon, re-
tournát d'vn lieu ou ie fuz prié , à l'heure meſmes,d'aller pour deliurer le
filz d'vn Cheualier ancien , que aulcuns paillardz tenoyent priſonnier,ce
que ie feiz,& le mis en liberté,& les aultres en ſa place,qui fut cauſe de me
ſeparer de Bruneo,oncques puis ie ne le viz:N'eſt il pas vray?diz larron?
mais il ne reſpondit mot ,& ſe tenoit quoy baiſſant la veue contre terre.
Parquoy le Cheualier à la Verde Eſpée appella Laſinde,& luy dit: Metz
pied à terre,& luy tranche la teſte. Lors Laſinde deſcendit de cheual,& có
me il haulçoit le bras pour le frapper,il s'eſcria:Helas ſeigneurs,pour dieu
mercy ie vous diray la verité du fait.Or te haſtes doncques, dit Angriotte,ou l'on te haſtera pluſtoſt que ne vouldras. Adonc commença à leur
reciter par le menu ainſi qu'il eſtoit aduenu,leur diſant: Entendez meſſeigneurs,que moy & mes compaignons aduertiz que deux Cheualiers er
rás eſtoyét nouuellemét arriuez en ce pays,pour trouuer le Cheualier à la
Verde Eſpée deliberaſmes les mettre à mort,eſtimans par ce moyen faire
deſplaiſir à celuy qu'ilz auoyent deſir de trouuer,lequel nous hayons trop
mortellement,& pource que nous craignions les aſſaillir enſemble , nous
aduiſaſmes de les ſeparer,leur donnant à entendre tout le propos qu'auez
ouy reciter preſentemét:mais quád nous arriuaſmes à la fótaine des haulx
Fouteaulx,celuy que nous conduiſmes pour deliurer la damoyſelle códá
née,voulut faire boire ſon cheual,&ainſi qu'il luy laſchoit les reſnes,nous
tous luy couruſmes ſus,& luy donnaſmes tát de coups d'eſpée & de glay-
ue(auát qu'il euſt moyen de ſe deffendre)qu'il tumba en terre mort comme ie croy.Paillard , reſpó dit le Cheualier,as tu bien oſé commettre telle
meſchanſeté ſoubz vmbre de la hayne que tu me portes? Comment , dit
l'autre,eſtes vous donc le Cheualier à la Verde Eſpée?Regardes, reſpó dit
il,voyla cy en mon coſté.Sur ma foy,dit il doncques vous me deuez aulcunement excuſer : car ce que i'en ay fait a eſté à la perſuaſion d'vn mien
parent,

parent,que vous auez occis naguieres,& encores le pouez veoir gifant à
mes piedz, lequel receut par vous(il y a vn an ou enuiron) l'une des plus
grandes hontes qui luy euft peu aduenir , & fe nommoit Brandafidel,ie
ne fçay pourtant s'il vous en peult encores fouuenir : mais vous le feiftes
monter fur fon cheual à recullons , & prendre la queue au lieu des refnes,
puis le prefentaftes à Grafinde,portant fon efcu réuerfé, dont il à efté depuis fi defplaifant,que par defpit de vous,il à côceu hayne mortelle à tous
aultres Cheualiets eftráges, & nous auffi pour l'amour de luy.Or vous ay
ie le tout recité,pourtát ie vous fupplye (fans auoir efgard à mon offenfe)
me pardôner.Le pardon que tu auras, refpôdit le Cheualier,ne fera pour
euiter la peine que tu merites :mais en efperant que tu deuiédras dorefnauant plus homme de bien que tu n'as efté,tu auras la vie faulue,aultremét
ta mefchanceté me vengera auec le temps de toy mefmes plus que ie ne
fçauroys faire. Et le laiffant la,prindrét le chemin de la ville,puis tumbans
de propos à aultre,le Cheualier demanda à Angriotte quelles nouuelles il
auoit aprifes de la grád Bretaigne.Lequel luy dit ce qu'il en fçauoit,& entre aultres chofes,côme vn Hermite nómé Nafcian auoit amené au Roy
Lifuart l'un des plus beaulx damoyfeaulx qu'il eft pofsible de veoir, lequel il auoit recours,côme il difoit en maillot, d'étre les dés d'une Lyonne,qui l'empórtoit à fes faons,& l'a depuis dóné la Royne à Oriane,pour
feruir deuant elle auec Ambor mon filz:mais il y a differéce bien grande
entre eulx deux:car Ambor eft laid au pofsible,& l'aultre de la plus belle
taille du móde.Vous le ferez tel qu'il vous plaira,dift le Cheualier: toutef
foys s'il reffemble au pere,ce fera l'un des plus preudhómes du móde, &
laiffons ces beaultez de vifaige aux femmes qui en font tant curieufes,que
pleuft à dieu,qu'il fuft defia d'aage pour me fuyure,ie vous prieroys bien
fort de le me dóner,pour tenir le lieu de Gandalin,lequel i'ay deliberé fai
re Cheualier,incontinét que ie feray de retour en Gaule.Par dieu,dit Angriotte,Gandalin merite bien que l'on face beaucoup pour luy, & fi mon
filz auoit le bié que vous luy defirés, i'en efpererois beaucoup plus que ie
ne fais.Auez vous ,dit il, efté long téps enfemble vous & Bruneo? Depuis
noftre partemét de la grand Bretaigne,refpondit Angriotte,nous ne nous
eftiós habandónez pour côbat qu'euffions entreprins iufquesà hyer,enco
res que nous ayós mis fin à plufieurs aduétures eftranges & dangereufes,
lefquelles pourtát n'approchét point de celle que vous auez eüe fur l'Endriague, ainfi que nous auons efté aduertiz:Pourtant ie vous fupplye me
faire entendre quel & comment fut le combat d'entre vous deux.Ce fera
pour vne aultre foys,refpondit le Cheualier:car nous voyci en la ville,&
n'auroys temps pour le vous dire. Lors arriuerent au palays de Grafinde,
laquelle aduertie de leur venue vint les receuoir,& les conduict en la chábre ou repofoit Bruneo,qui comméçoit à bien fe porter,pour l'allegemét
que luy auoit donné maiftre Helifabel , & à fon refueil fe trouuans eulx

troys

troys enfemble,furent merueilleufemēt ioyeux,louans Dieu de leur rencontre fi à propos:Et ainfi qu'ilz parloient des fortunes paffées,le Cheualier à la Verde Efpée leur recita la promeffe qu'il auoit faite à Grafinde , &
comme elle faifoit equipper nauires pour paffer en la grand Bretaigne,
dequoy ilz furent trefayfes pour l'enuye qu'ilz auoient d'y retourner. Ce
pendant Bruneo fe guerit,puis eftant en difpofition de voyager , & leurs
vaiffeaulx armez & fretez,vn iour de dimenche s'embarquerēt auec Grafinde,& ceulx qui luy pleut mener pour l'accōpaigner:Lors faifant voille,
finglerent en haulte mer,ouilz eurent fi bon vent , qu'en peu de iours ilz
perdirent de veue les Ifles de la Romanie.

Comme la Royne Sardamyre

arriua auec les aultres ambaffadeurs de l'Empereur Patin,
en la court du Roy Lifuart,efperans emmener à
leur retour Oriane,& de ce qu'il aduint à aulcuns Cheualiers Romains,iniurians
vn Cheualier errant.

Chapitre XIII.

Eftant donc-

E Stant dōcques les ambaſſadeurs de l’Empereur arriuez en la court
du Roy Liſuart,ilz furent receuz de luy treshonnorablement,ſça-
chans l’occaſion pour laquelle ilz eſtoiét paſſez d’Italie en la grand
Bretaigne,& apres qu’il les eut ouyz,& entédu bien au long leur charge,
il leur dit qu’il aſſembleroit les princes & Cheualiers de ſon Royaulme,
puis qu’il leur feroit reſponſe,leur dōnant eſperance qu’ilz retourneroient
auec ce que l’Empereur leur maiſtre deſiroit.Or n’eſtoit pour lors Oriane
à la court:car eſtant aduertie de leur venue,elle auoit faint eſtre malade,
pour n’auoir occaſion de parler à eulx, & s’eſtoit retirée à Mirefleur: Au
moyen de quoy la Royne Sardamyre,voyant leur remiſe,delibera de l’aller veoir,& de fait elle en parla au Roy,qui en fut treſcontent , & luy bailla pour la conduyre,le vieil Cheualier Grumedan:parquoy le lendemain
enſuyuant,des le plus matin,s’en partit bien deliberée de faire entendre à
la princeſſe l’amytié que l’Empereur luy portoit, les honneurs qu’elle re-
ceuroit,& les ſingularitez qu’elle verroit à Rome: Mais elle eſtoit bié de-
ceue,pource que la ſouuenáce ſeule qu’elle auoit de ſon Amadis,luy ame-
noit plus de contentement, que choſe qu’elle eut peu auoir,ny veoir . Or
faiſoit il en ceſte ſaiſon vne chaleur extreme : au moyen dequoy la Royne
(pour ſe rafreſchir en chemin) enuoya deuant tendre ſes tentes le long
d’vn plaiſant ruiſſeau qui paſſoit à trois lieues pres de Mirefleur,& là vint
deſcendre accōpaignée de Grumedan , & de maintz aultres ſeigneurs dames & damoyſelles de ſes pays : Entre leſquelz eſtoient cinq Cheualiers
Romains, qui s’eſtimoient plus que nulz de ceulx de la grand Bretaigne,
& de fait eſtans deſcenduz aux tentes ,feirent pendre dehors leurs eſcuz,
laiſſans leurs lances appuyées cōtre,qui eſtoit le ſignal (ſuyuant la couſtume des Cheualiers errans) que nul ne deuoit paſſer par deuant,ſans venir
au combat,ainſi que Grumedan leur auoit dit:Mais ilz luy auoient reſpō-
du,qu’ilz ſe vouloient eſſayer cōtre ceulx de la grand Bretaigne,pour leur
faire entendre comme ilz ſçauét mieulx qu’eulx rompre lance , & frapper
de l’eſpée. Nous verrons,reſpondit Grumedan,cōme il vous en prendra:
toutesfois ie vous aſſeure que tel pourroit arriuer,qui vous dōneroit beau
coup d’affaires. Et ainſi qu’ilz eſtoient ſur ce propos , virent venir de loing
Floreſtan le gentil Cheualier, qui auoit trauerſé(en vain) maintes cōtrées
eſtranges,pour trouuer ſon frere Amadis,& cheminoit tout penſif droiĉt
à la court du Roy Liſuart,eſperát en auoir nouuelles par les Romains qui
y eſtoiét arriuez de nouueau,ainſi que l’on luy auoit dit,& aduiſant les té-
tes aſſez pres du chemin,tyra droiĉt celle part,pour ſçauoir qui eſtoit de-
dans:Lors ſ’adreſſa vers vn pauillon,duquel les murailles eſtoiét haulcées
pour donner plus de freſcheur aux dames qui y eſtoient deuiſans enſemble de propos moins ennuyeulx dōt elles ſe pouoiét aduiſer, & ſ’appuyát
ſur la lance ſe meiſt à les regarder fermement,ſans leur dire mot quelconque. Adonc ſe leua l’vne d’elles , qui lux dit aſſez rigoureuſement : Certes
Cheualier

Cheualier vous eftes(ce me femble)trefmal apris de vous tenir ainfi quoy entre tant de grandes dames, que vous pouez veoir fans leur auoir faict aulcune reuerence,& vous fierroit trop mieulx à vous adreffer à ces efcuz penduz qui vous appellent pour faire plus de deuoir côtre leurs maiftres, que n'auez fait enuers nous.En bonne foy ma damoyfelle,refpondit Floreftan,vous auez grand raifon:toutesfoys mes yeulx qui ont eu enuye de vous veoir tant belles ont forcé le refte de moy à faire telle faulte:Parquoy ie vous fupplie toutes enfemble me pardonner,à la charge que ie l'amenderay ainfi que vous aduiferez.Le pardon,dit elle,doibt eftre demádé apres l'amende payée & non plus toft.Sur mon dieu damoyfelle,refpondit il,i'en fuys bien contét,pourueu que laioufte ne me foit interdite contre ces Cheualiers,ou bien qu'ilz retirent leurs efcuz au dedans.Commét,dit elle,eftimez vous qu'ilz foiét la attachez pour en eftre oftez fi legeremét? croyez qu'auant que ce faire,leurs maiftres ont bien deliberé en côquerir d'aultres fur les Cheualiers errans qui pafferont par cy,pour puis apres en triumpher à Rome,ou ilz les porteront auec les noms efcriptz, de ceulx à qui ilz furét,pourtant fi ne voulez tumber au danger de receuoir cefte hô te,ie vous côfeille uous efcarter le plus toft qu'il vous fera pofsible.Affeurez vous,refpôdit Floreftá,que i'ay encores fi peu d'amytié & de cognoiffance à vous, que ie me garderay de croire voftre confeil, enfemble de la honte que vous dites:car au lieu de mon efcu (qu'ilz efperét porter à Rome) i'auray les leurs,& les enuoieray en l'Ifle Ferme,pour embellir le lieu, auec plufieurs qui y font. Ce difant feit la reuerence aux dames,& s'en alla vers les aultres pauillons.Or auoit Grumedan entendu tout le difcours du Cheualier & de la damoyfelle, qui luy feit foudain prefumer que c'eftoit aulcun des parens d'Amadis,dont il fut trefayfe,efperant qu'il pourroit abaiffer l'oultrecuydance de ces Romains, qui à leur aduantaige defprifoient toutes aultres nations du monde .Lors fortit de fa tente , & aduifa qu'il touchoit les efcuz l'ung apres l'aultre ainfi qu'il vouloit que leurs maiftres vinffent au côbat,puis fe retira & paffa le ruiffeau attédant ceulx aufquelz il auoit affaire:parquoy les cinq Cheualiers môterét à cheual,de liberez de luy courre fus tous enfemble,quád Grumedan les arrefta, leur difant:Comment feigneurs,voulez vous rôpre la couftume, & combatre cinq côtre vn feul cheualier?il vous fault aller l'vn apres l'aultre, ainfi que les efcuz ont efté couchez:mais n'oubliez rié derrier,car à la côtenance du Cheualier,il n'eft pour ayféemét endurer vne honte. Seigneur Grumedá, refpôdit Gradamor,nous autres Romains fômes tous differés de vous,qui vous louez auát l'œuure,& nous apres l'effet,aufsi ne fe treuue il cheualier côparable à nous.Ie ne fçay,dit Grumedá,qui font ceulx qui tát vous eftimét:mais fi i'auois affaire côtre quelqu'vn des voftres,q voulfift m'oultraiger,i'é péferois bié venir à mô hôneur . Grumedá,Grumedá,refpôditGradamor,vous parlez trop à voftre aduantaige : mais par dieu ie vouldroys

M   qu'il

qu'il m'euſt couſté tout mon bien,& nous feuſſions auſſi pres de nous biē
faire l'vn à l'autre,que ie ſeray tantoſt à celuy qui nous eſt venu chercher
pour receuoir honte & vitupere: toutesfoys ie crains qu'il ne viendra iuſques à mõ ranc:car celuy à qui il a premier touché l'eſcu,le chaſtiera ſans
me dõner la peine de deſployer mon bras ſur luy. Dõnez vous garde,dit
Grumedan,que le hazard ne tumbe ſur vous,veu qu'il aduient ſouuét,que
ceulx que l'on penſe vaincre ayſéemét , demeurét vaincueurs & fauoriſez
de fortune,qui n'eſt amye nullement des preſumptueulx. I'entendz bien
que c'eſt,dit Gradamor,ce ſeroit pour conteſter iuſques à la nuiét.Lors s'a
dreſſant à celuy duquel l'eſcu auoit eſté touché premier , luy dit:Or allez
mõ cõpaignon , & faites entédre à chaſcun la differéce,qu'il ya du bié dire au mal faire.Fiez vous en à moy,reſpõdit l'aultre,ie ſçay quelz motz il
fault proferer pour le faire deuenir ſaige,& ne m'eſtimez iamais digne de
porter eſpée , ſi du premier coup ie ne luy faiz prendre la meſure de ſon
corps ſur la verdure de ce pré,pour le moïs ie me dõne l'eſcu,& à vous ſeigneur Gradamor le cheual, qui me ſemble d'aſſez belle taille. Lors paſſa
l'eaue ,& mettát la láce en l'arreſt,courut droit à Floreſtá,& Floreſtá à luy:
mais ilz faillirét d'attainte,ſe récontrás neantmoins d'eſcuz & de corps ſi
rudemét, que le Romain(moins adroiét que l'aultre)fut mis bas, & eut le
bras rompu, demeurant en terre tant eſtourdy , qu'il ne remuoit pied ny
main:Parquoy Floreſtá cria à ſes eſcuyers,qu'ilz arreſtaſſent le cheual qui
s'en fuyoit, & oſtaſſent l'eſcu qui eſtoit encores au col du Cheualier,& le
pendiſſent en vn arbre qu'il leur monſtra. Puis s'en retourna au lieu ou il
s'eſtoit au parauát parqué , attédát que le ſecõd vint ſecourir ſõ cõpaignõ,
lequel peu apres ſe preſenta:toutesfoys ſi le premier fut rudemét traiété,il
eut encores pis: car Floreſtan luy dõna ſi grád coup de lance,qu'il luy en-
tama,eſcu, haulbert,& la chair bien auát,le réuerſant luy & la ſelle de ſon
deſtrier en vn moment , & ayant perfait ſa courſe tourna viſaige, luy di-
ſant:Par dieu cheualier,la ſelle demeurera voſtre: mais les cheual ſera mié,
par condition que vous pourrez cy apres faire publier voz proueſſes au ca
pitole de Rome,ainſi que vous l'auez entreprins:ceſte parolle fut ſi haulte
ment proferée,que les damoyſelles la peurent entendre,dequoy Grumedá fuſt ſi ayſe qu'il dit aux aultres: Si vous ne faites mieulx que voz cõpai
gnõs ,ie ſuys d'aduis qu'a voſtre retour à Rome,les murailles ne ſoiét mi-
ſes bas pour triúmpher de voz proueſſes.Croyez,reſpondit Gradamor,a
uant que le ieu ſe departe que vous verrez tourner la chance,au d'eſaduá-
taige de celuy que vous eſtimez ainſi,pour auoir caſuellemét abatu deux
des noſtres. Ie ne ſçay qu'il en aduiendra,dit Grumedan, neantmoins à ce
que ie voy il ſe delibere de deffédre ſon eſcu, & cõquerir les voſtres pour
les porter en l'Iſle Ferme(comme il dit) non pas au ranc de ceulx des loyaulx amans , ains des Cheualiers qui ont laiſſé leurs armes, plus par force
que de leurs bon gré:Pourtant doncques il vous eſt beſoing maintenét de

deſployer

defployer voz forces,aultremēt ie feray meshuy exēpt de m'armer, pour
deffendre l'honneur de noz Cheualiers que vous auez tant blafonné. De
cefte parolle fe foubzrift Gradamor,& en fecouant la tefte,luy refpondit:
Grumedan vous plaifantez,& cōe fi ie n'auoys moyen de faire plus grād
effort qu'a vous combatre,vous faites du braue, affeurez vous que ie vous
en feray repētir auant que le iour fe departe.Vous le dire,dit Grumedan:
mais celuy qui a commençè à traicter voz compaignons,vous feftoyera,
pendant que la nuict s'approchera. Trefdefplaifante eftoit lors la Royne
Sardamyre,d'entēdre ainfi Gradamor contefter fans occafion. Et ce pendant Floreftan feit prendre le cheual & efcu du Cheualier abatu, pour le
renger auec les aultres:Puis s'en retourna en fon premier lieu, & prenant
vne nouuelle lance demeura quoy,attēdant la venue des aultres. Lors arriua le tiers, lequel d'vne fiere contenance faifoit branfler fi fort fon boys
qu'il fembloit qu'il le deuft doubler en deux,& dōnant des efperós à fon
cheual,courut cōtre Floreftan,& Floreftan qui eftoit l'vn des plus adroitz
Cheualiers du mōde,l'attaignit de fi droit fil en l'armet,qu'il luy feit voller hors de la tefte,tant rudemēt que s'il n'euft embrafsé le col de fon cheual,il feuft tumbé fur le champ,puis tournant bride, print fa lance par le
fer,& ainfi qu'il luy en vouloit donner du gros bout,il gauchit au coup,fe
couurāt de fon efcu,lequel Floreftan faifit,& à force de bras le luy arracha
du col,luy en chamaillant tant le nez,qu'il fut contrainct tumber bas, ou
Floreftan le laiffa,difant fi hault que chafcun l'entendit: Par dieu Cheualier,c'eft trefmal cōmençé pour triūpher de noz efcuz à Rome: car le voftre tiēdra cōpaignie à ceulx cy que i'enuoyray en l'Ifle Ferme , tout autát
en feit il au quart,lequel en tumbant fe rōpit la iābe. Ainfi ne reftoit plus
que Gradamor,lequel continuāt en fes haultes parolles,dit à Grumedan:
Ne laiffez à vous tenir preft pour me refpondre , incontinent que i'auray
abatu celuy,à l'aduātaige duquel vous auez parlé tout le iourdhuy,& fi ie
ne vous en fais defdire,ie fuys contēt ne dōner de ma vie coup d'efperon
à cheual qui rien vaille.Il y pareftra,refpōdit Grumedā: mais fi n'en croyray ie rien,que ne le voye:car ie fuys feur que vous aurez tátoft bōne part
au butin,que le Cheualier eftrāge vous prepare.Gradamor ne luy refpondit rien:ains de grand colere trauerfa le ruiffeau, puis cria au Cheualier
qu'il fe gardaft de luy.Lors Floreftan courut encōntre, & fut tant rude le
choc d'eulx deux,que Gradamor luy faulça l'efcu de part en part, & Floreftan qui le print au defcouuert,le defarçōna,le iectát dās vne mare pleine de fange.Par mon fermēt, dit Grumedan(qui parloit lors à la Royne)
à ce que ie puis cognoiftre,i'auray tout loyfir de prendre alaine , attēdant
que Gradamor ait effuyé fes armes,& recouuert aultre monture pour me
combatre. Certes(refpōdit elle)il fe feuft bien paffé des propos qu'il vous
à tenuz:mais il a fait ainfi que font ceulx aufquelz le chaftiment eft iuftement deu : parquoy vous le deuez excufer. Ce pendant Gradamor meit

M ii

toutes les

toutes les peines qu'il peuſt à ſe tirer de la mare ou il ſe cuida nayer : toutesfoys à la fin il eſchappa tát hôteux de ſon infortune, qu'il euſt voulu e-
ſtre mort:Lors oſta l'armet de ſa teſte:car il ſe ſétoit ſi mal de la puáteur de
l'eaue qu'il ne l'euſt peu ſouffrir . Et cóme il reprenoit alaine , Floreſtan
en ſe mocquant luy dit: Cheualier qui ſçauez tát bien menaſſer ceulx que
vous ne cognoiſſez,ſi vous ne vous deffendez mieulx d'eſpée que de láce,
vous n'eſtes homme pour emporter mon eſcu à Rome, ainſi que vous di-
ſiez naguieres.Par dieu ,reſpondit Gradamor, i'ay encores le bras ſain , &
l'eſpée entiere,pour me ſçauoir véger de toy , & du plus hardy Cheualier
de la grád Bretaigne,s'il m'auoit oultragé,ce que tu pourras veoir preſentemét,ſi tu oſes maintenir cótre moy la couſtume de ce pays.Et cóbié que
Floreſtan l'entendiſt mieulx que Gradamor,ſi luy demanda il quelle elle
eſtoit.Il conuient,reſpondit le Romain,que tu me rendes mon cheual,ou
que mettes pied à terre pour venir au combat, & eſtre eſgaulx aux armes,
puis qui aura du meilleur,face de ſon ennemy ainſi qu'il aduiſera , ſans a-
uoir mercy de luy.Vrayemét dit Floreſtan,ie le feray,encores que ie ſoye
ſeur,que tu n'vſeroys enuers moy de telle courtoyſie,ſi tu auoys l'aduantaige que i'ay ſur toy:mais pource qu'il n'eſt raiſónable que tát beau Cheualier Romain s'accouſtre deſormais d'vn cheual tant ord & fangeulx, ie
deſcendray à ta priere de deſſus le mien : Ce diſant meit pied à terre, & ſe
couurant de ſon eſcu,marcha contre Gradamor,lequel eſperoit bien venger ſon iniure:Au moyen dequoy commença la meſlée d'eulx deux aſpre
& cruelle:toutesfoys elle dura peu :car Floreſtan qui eſtoit l'vn des plus á-
droitz Cheualiers qui fuſt lors viuant,le reduiċt en telle extremité,qu'il le
chaſſa iuſques tout ioignát le pauillon de la Royne , ou il túba d'vn coup
qu'il luy donna au plus hault de l'armet,& demeura ſi eſtourdy qu'il ne re
muoit pied ny main.Lors Floreſtan ſe ieċta ſur luy,& le prenant par la iábe,le traina iuſques dedans la fange ou il eſtoit au premier tumbé:mais à
l'heure les corroyes de ſon armet rompirent , & luy ſortit de la teſte : Parquoy prenát air reuint de paſmoyſon,& voyát le dáger ou il eſtoit,requiſt
pardon à Floreſtá,appellát la Royne(qui les regardoit)à ſon aide.Sur ma
foy,dit elle à Grumedan,le mal luy eſt bié employé:car il eſt puny par la
meſme loy qu'il à eſtablie.Cómét,reſpódit Floreſtan, veulx tu auoir mer
cy,veu le conuenant qui eſt entre nous deux,& rópre l'ediċt que tu as fait
de ta propre voulonté ? Aſſeure toy que ie l'entretiendray,puis que ie l'ay
promis.Ha a,dit Gradamor,chetif que ie ſuys,c'eſt doncques fait de moy.
Ouy bien,reſpódit Floreſtan,ſi tu ne faiz deux choſes que ie te comman-
deray.Helas,dit il,ie ſuys preſt à vous obeir & faire tout ce qu'il vous plai
ra.Or eſcriptz donc preſentement,reſpondit Floreſtan,ton nom, & ceulx
de tes compaignons,de ton propre ſang en voz eſcuz , puis tu ſçauras au
reſte quel eſt mon vouloir.Telle frayeur auoit lors Gradamor,qu'il eſtoit
plus mort que vif. car Floreſtá tenoit l'eſpée haulſée & preſte à la deſchar
ger ſur ſa

ger fur fa tefte. Au moyen dequoy il appe lla promptement l'vn de fes gês,
pour luy apporter vne efcriptoire, & prenât la plume, l'emplit de fô fang,
& obeyt au commandement de Floreftan, lequel remonta toft apres à che
ual, & faififfant vne forte lâce que tenoit l'vn de fes efcuyers, retourna vers
Gradamor, auquel il dit: Par dieu Cheualier, ce glaiue ne fut oncques fait
que pour venger ceulx que tu as iufques icy malheureufement iniuriez,
& malheureufemét en mourras tu, fi Grumedá ne me prie de te fauluer la
vie. Helas, dit il, il ne le fera iamais. A peine eut il acheué cefte parolle, que
Floreftan faignit luy donner dedans la gorge. Lors de paour qu'il eut s'efcria: Ha a gentil Cheualier Grumedan priez pour moy ie vous fupplye.
A ce cry s'approcha Grumedan, & luy refpô dit: Certes Cheualier, voftre
grande prefumption vous a reduiɗ en l'eftat ou vous eftes, & quand celuy
qui vous menaffe vous ofteroit la tefte de deffus les efpaules, il ne feroit
que ce qu'il doit: neantmoins ie le prieray pour ce coup qu'il vous pardó-
ne. Seigneur Grumedan, dit Floreftan, vous auez puiffance de me commander, & puis que voulez qu'il viue encores, vous ferez obey. Or l'en re
remerciez dam Cheualier Rômain, & vous fouuienne incôtinent que ferez de retour en Rome de raconter en plain Senat, l'honneur qu'auez huy
acquis fur les Cheualiers de la grãd Bretaigne, lefquelz vous fouliez menaffer & defprifer à tous propos, & fi voftre Empereur préd plaifit à vous
ouyr parler, ne foyez pareffeux de le luy reciter fouuét, car de ma part ie
feray entendre aux Cheualiers de l'Ifle Ferme, la grande liberté de laquelle les Romains vfent en ce pays, donnant fi legierement leurs armes, cheuaulx, & efcuz, à ceulx qu'ilz ne cognoiffent, quand ilz ne les peuuent def
fendre: mais pour parolle que luy dit Floreftan, il ne voulut refpondre vn
feul mot : ains baiffoit la tefte de grand defpit qu'il auoit de fe veoir ainfi
mocqué. Ce que cognoiffant Floreftan, pour plus encore le tourmenter,
luy dit: A ce que ie voy gétil Cheualier, vous remporterez en voftre grãd
cité, cefte grande oultrecuydance que vous en apportaftes: car nous fimples Cheualiers errrans n'auons cure, que de courtoifie, laquelle vous ab-
horrez par couftume, & fi pour cela vous cuidez eftre mieulx aymé de vo
ftre amye, ie fuis d'aduis que paffez iufques au lieu ou eft l'arc des loyaulx amans, pour donner à entendre à chafcun s'il y a en vous autant d'a-
mour, que de proeffe, & peult eftre acquerrez vous par cela, tel honneur
& gloire, que vous en ferez eftimé entre les voftres, & d'icy en auant de
trop plus fauorifé de celle qui vous ayme, laquelle vous cognoiffant tel, fi
elle eft femme de bon iugement, ne vous changera de fa vie pour aultre
qui rien vaille. Or efcoutoit Grumedan tous ces propos, tant ayfe que rié
plus, de veoir les Romains fi abaiffez par vn feul Cheualier, & d'aultre
part Gradamor eftoit fi defplaifant, que fans refpondre à Floreftan, dit à
Grumedan: Ie vous fupplie me faire porter en l'vne de ces tentes, car ie me
fens tant mal, qu'il eft impofsible que ie puiffe longuement viure. Vous en

M iij   eftes

estes cause,respõ dit il:Lors commãda aux escuyers de le prendre, puis dit
à Florestan:Sire Cheualier,s'il vous estoit agreable me dire qui vous estes
ie penserois estre tenu à vous d'aduantaige,mesmes que si preudhomme
ne doit couurir son nom entre ses amys.Seigneur Grumedan, respõ dit il,
vous me pardonnerez, attendu que i'ay ce iourdhuy tant offensé la Royne & les dames presentes,que ie ne vouldrois pour rien estre cogneu,cõ-
bien que l'excellence d'elles en a esté cause : car les voyans tant belles, ie
me suis trouué transporté,en sorte que sans les saluer , il ne m'est souuenu
que de les regarder, pourtant ie vous supplie priez les qu'en me pardon-
nant ilz preignent de moy telle & si grande satisfaction qu'ilz vouldront,
puis m'en mandez la response en l'Hermitage ronde , ou ie me logeray
pour meshuy. Asseurez vous respondit Grumedan,que ie feray enuers el
les tout ce que ie pourray pour l'amour de vous,& croy qu'elles seront aysées à contenter,quand elles sçauront l'honneste offre que vous leur pre-
sentez.Ie vous prie, dit Florestan , me dire si sçauez nouuelles d'Amadis.
Or l'aymoit Grumedan autant qu'homme du monde,parquoy se souue-
nant de luy,les larmes luy vindrent aux yeulx , & respondit à Florestan:
Si dieu m'ayde,gentil Cheualier,depuis le temps qu'il partit de Gaule d'a-
uec le Roy Perion son pere,nous ne sçauons qu'il est deuenu,& soyez seur
que si i'en auoys entendu quelque chose,ie prendrois plaisir à le vous dire,& à tous ses amys aussi.En bonne foy,respondit Florestan , ie n'en faiz
doubte:car ie vous cognois si loyal que si chascun vous resembloit,trahy-
son ne trouueroit ou se logerentre les personnes,comme elle fait communement : Ce disant le commanda à dieu. Et Grumedan s'en alla vers les
dames:mais peu apres veid venir à luy l'vn des escuyers de Florestan , lequel le saluant de par son maistre , luy dit:Seigneur Grumedan , monseigneur Florestan(à qui vous parliez naguieres)vous enuoye le cheual de
Gradamor qui luy à semblé propre vous seruir, & vous prie presenter de
sa part ces quatre aultres,à la damoyselle à laquelle il parla quand il arriua
premier en ces tentes. Bien ioyeux fut Grumedan de ce present pour a-
uoir esté conquis sur le Romain qui le menassoit,mais trop plus ayse quád
il cogneut celuy qui luy enuoyoit, auquel il portoit grand amytié,tant
pour l'amour d'Amadis,que pour les proesses qui estoyent en luy. Lors
conduict l'escuyer ou estoit la damoyselle à laquelle il dit,Ma damoyselle
le Cheualier que vous auez ce iourdhuy mesprisé en beaucoup de sortes
pour aduantager ces Romains vaincuz,vous enuoye quatre de leurs che
uaulx,& vous prie les donner à qui bon vous semblera.Escuyer mon amy
respondit elle,vous remercierez vostre maistre,& luy direz que i'eusse eu
plus de plaisir au sien seul,qu'a ceulx qu'il a cõquis oultre mon gré. Ie n'en
faiz doubte, dit l'escuyer . mais qui aura enuie de riens gaigner sur luy, il
fault que soyent aultre meilleurs Cheualiers que ceulx cy , desquelz l'effait desment la parole.Escuyer , respõdit elle,ne vous esbahyssez si ie de-

sire plus

fire plus l'honneur & proffit d'eulx, que de voftre maiftre que ie ne cognois,ny ne vis oncques:toutesfoys veu fa grand preudhómie, il me def-
plaift grandement de luy auoir dit chofe qui luy ayt porté ennuy, & l'a-
méderay quand il luy plaira.Lors l'efcuyer print congé d'elle,& de Grumedan, pour retourner vers Floreftan qui l'attendoit,auquel il recita les
propos que luy & la damoyfelle auoiét eu enfemble, dont il commença
à fe foubzrire,& faifant emporter les efcuz des Romains,print le chemin
de l'Hermitage, deliberant ne feiourner en quelque lieu que ce fuft plus
hault d'vne nuict,premier que d'arriuer en l'ifle Ferme,ou il efperoit trou
uer Galuanes,lequel s'y tenoit pour l'abfence d'Amadis,& la laifferoit les
armes des Romains,comme il leur auoit promis:Mais entendez qu'auffi
toft que l'efcuyer fut parti de la damoyfelle, Grumedan vint trouuer la
Royne Sardamyre,à laquelle il feit entendre que celuy qui auoit vaincu
ces Cheualiers, eftoit Floreftan frere d'Amadis, & ce qu'il luy mandoit.
Comment,refpó dit elle,effe donc Floreftan filz du Roy Perion de Gaule,& de la Conteffe de Salander? Ouy certes ma dame ,dit Grumedan,&
l'vn des meilleurs & plus hardiz Cheualiers que ie fçache.Ie ne fçay pas
refpó dit elle,cóme il s'eft porté en ce pays: mais aultresfoys les enfans du
marquis d'Ancone(auec lefquelzil a frequété en la Romanie par l'efpace
de troys ans entiers) m'ont affeuré qu'il ne veirét oncques vn plus adroit
Cheualier : toutesfoys ilz n'oferent de leur vie en tenir propos deuant
l'Empereur,qui ne l'ayme ny ne veult ouyr parler de chofe qui foit à fon
aduantaige. Ma dame,dit Grumedan,fçauez vous la caufe? Ouy bien refpondit elle,c'eft pour l'inimitié qu'il porte à Amadis,qui eft frere de luy,
lequel conquift l'Ifle Ferme & meit fin aux aduentures eftranges qui y e-
ftoiét,lefquelles l'Empereur auoit referuées à foy:mais Amadis le deuan-
ça:car il y arriua premier que luy,dont il eft fi deplaifant, qu'il vouldroit
l'auoir baifé mort. Grumedan fe foubzrift du propos que luy tenoit la
Royne,& luy dit:Par ma foy,madame,fi l'Empereur eftoit bien aduife il
l'en deueroit m'ieulx aymer,l'ayant releué du deshóneur ou il fuft(peult
eftre)tumbé,ainfi qu'ont fait plufieurs qui ont effayé les aduentures .tou-
tesfoys aultre que le bon Cheualier Amadis n'ya peu attaindre.Et croyez
ma dame , que cefte raifon n'a caufé l'inimitié qu'il luy porte. mais bien
aultre que ie fçay de long temps.Ie vous prie,refpondit elle,par la foy que
vous deuez à dieu,ne me la celer. Lors luy compta comme il eftoit aduenu à l'Empereur, chantant les louanges d'amours,qu'and il trouua Amadis couché foubz l'arbre en la foreft,& les propos qu'ilz eurent enfemble
iufques au combat,ainfi qu'il vous a efté recité au fecond liure.Vrayemét
refpondit la Royne,à ce que ie voy,l'occafion de leur hayne n'eft pas petite, mais bien aultre que ie n'entendoys.

M iiij   Comme la

Comme la Royne Sardamyre

enuoya prier Floreſtan de la conduire à Mirefleur vers O-
riane , puis qu'il auoit ſi mal traicté les Cheualiers
qui luy tenoient compaignie, qu'ilz ne la
pouoient plus ſuyure.

Chapitre XIIII.

Inſi eſtoiét la Royne & Grumedan deuiſans de ce qu'il aduint à l'Empereur Patin, lequel ſoubz vmbre de l'amytié
qu'il luy portoit en ce temps, eſtoit paſſé d'Italie en la grand
Bretaigne,pour s'eſprouuer côtre tous Cheualiers errans &
maintenir la beaulté d'elle exceder celle d'Oriane, & de toutes les aultres princeſſes du monde:mais il auoit touſiours teu le mal traictemét qu'il auoit receu d'Amadis en la foreſt,qui dônoit plus de plaiſir à
la Royne Sardamyre de l'entédre par Grumedan, lequel tumbât de propos en propos,luy dit:Ma dame,que vous plaiſt il mander à Floreſtan. La
Royne demeura toute penſifue,puis ayant quelque temps ſongé,luy reſpondit: Vous voyez mes Cheualiers ſi mal en point , qu'ilz n'ont moyen
de garder eulx ne moy,parquoy ie deſirerois grandemét que vous & Floreſtan feuſsiez mes guides,pour me conduire à Mirefleur. Ma dame , dit
Grumedan,Floreſtan eſt tant ſaige & bien aduiſé,qu'il ne refuſa oncques
dame ou damoyſelle de choſe dont il euſt eſté requis par elles , par plus

forte

forte raiſon,cõſiderez s'il ſera ayſé de vous faire ſeruice,veu qu'il vous demande pardon de la faulte qu'il a commiſe en voſtre endroit,cõme il pen
ſe. Ie vous prie doncques reſpõdit la Royne,me preſter l'vn de voz eſcuyers pour conduyre ceſte damoyſelle vers luy,par laquelle ie luy feray entendre bien au long mon vouloir. Ce que Grumedan luy accorda, & deſ-
l'heure s'en partit la damoyſelle auec lettres de creãce de la part de ſa maiſtreſſe,& cheminerent tant l'eſcuyer & elle qu'ilz vindrent trouuer Floreſtan en l'hermitaige, lequel recongneut auſsi toſt la damoyſelle:car c'e-
ſtoit celle meſmes qui l'auoit iniurié au pauillõ de la Royne, toutesfois il
la receut gratieuſemét.Et elle en le ſaluant,luy dit: Sire Cheualier il a eſté
auiourdhuy telle heure que ie n'eſperois pas auoir la charge de vous venir trouuer en ce lieu,eſtimát que les choſes ſe trouuaſſent aultremét que
elles n'ont fait entre vous & noz cheualiers.Damoyſelle, reſpõdit il,vous
ſçauez que la faulte eſt venue d'eulx meſmes me demandant choſe que ie
ne leur pouois dõner qu'a mon treſgrand deshonneur:mais dites moy ie
vous prie ſi la Royne voſtre maiſtreſſe dormira ce iourdhuy au lieu ou ie
l'ay laiſſée,Voyla,reſpõdit la damoyſelle, vne lettre qu'elle vous enuoye:
Lors la luy preſenta,& pource qu'elle portoit creance cõme ie vous ay dit,
Floreſtan la pria de luy declairer ſa charge. Monſeigneur, reſpondit elle,
puis que vous auez tant mal traicté les Cheualiers qui la conduiſoient,&
que le chemin ou elle va n'eſt ſeur,cõme elle a entendu,elle vous prie bien
fort que vous la conduyſiez iuſques à Mirefleur,ou elle eſpere trouuer la
princeſſe Oriane,à laquelle elle deſire grandement parler.Vrayement damoyſelle dit Floreſtan,ie ſerois bié marry de refuſer vne tant belle dame
cõme eſt la Royne,de choſe qu'elle voulſiſt auoir de moy,& la remercie
humblemét de l'hõneur qu'elle me fait de me choyſir pour ſa conduicte:
mais il eſt meshuy bien tard,parquoy ie ſuis d'aduis que nous attendions
l'aube du iour,& ſerons demain auſsi matin vers elle,que ſi nous y auions
couché.Faiſons,reſpondit la damoyſelle,tout ainſi que bon vous ſemble-
ra.Lors leur fut apporté à manger , & ſoupperent enſemble deuiſans de
maintz propos,tát qu'il fut heure d'aller dormir, & pource qu'il n'y auoit
(oultre le repaire de l'Hermite)qu'vne petite cellule , Floreſtan la voulut
laiſſer à la damoyſelle,& s'é alla repoſer ſoubz les arbres,iuſques à ce qu'il
fut heure de deſloger:Adõc s'arma,& faiſant appeller la damoyſelle, prin
drent leur chemin vers la Royne, qui les attendoit,& arriuans aux tentes,
Floreſtan entra en celle de Grumedan,lequel le vint embraſſer trop ioyeulx de ſon arriuée,& apres maintz diuers propos qu'ilz eurét enſemble,
Grumedã luy dit:Seigneur Floreſtan,il me ſemble que la Royne n'a rien
perdu au change qu'elle a fait de vous,à ſes Cheualiers,tát ya que ie vous
aſſeure que c'eſt l'vne des plus ſaiges princeſſes que ie veis oncques, & qui
merite d'eſtre honorée & ſeruie. Sur ma foy Grumedan , reſpondit il, ie
me tiendray pour bien fortuné de luy faire choſe qui luy ſoit agreable,

comptez

comptez moy doncques ie vous prie, dit Grumedá,qu'auez vous fait des
efcuz que vous emportaftes hyer,Affeurez vous,refpondit il,que ie les ay
tous enuoyez à Galuanes voftre grád amy,qui eft de prefent en l'Ifle Ferme,a ce qu'il les mette au ranc qu'ilz meritent,affin que fi les aultres Cheualiers de Rome ont defir de les rauoir,pour venger la honte de leurs có-
paignons,qu'ilz ayét aufsi moyen d'efprouuer quád & quád l'arc des loyaulx amás:& ainfi qu'il difoit cefte parolle,la Royne Sardamyre entra en
la tente de Grumedan:Parquoy Floreftan fe teut,& vint au deuát luy faire la reuerence,& cóme il fe mettoit à genoilz pour luy baifer les mains,
la Royne le print par les bras,puis en le foubzleuant,luy dit,qu'il feuft le
tresbien venu.Ma dame refpondit il,i'ay toute ma vie efté feruiteur des
dames,par plus forte raifó ie me dois employer pour vous qui le meritez
entre toutes.En bóne foy,dit la Royne,ie vous mercye bien fort de la pei
ne que voulez prendre,& puis que vous eftes fi preft d'amender la faulte
que me font à prefent mes Cheualiers,c'eft bien raifon que ie vous pardó
ne aufsi celle qu'auez commife enuers moy & mes femmes. Ma dame,
refpódit Floreftan il me femble que ie ne fçaurois auoir peine ou trauail
en vous obeyffant,mefmes que la beaulté de vous merite bien la condui-
&e d'vn trop meilleur Cheualier que ie ne fuis,& me faifant ceft honneur
vous m'obligez plus que ie ne pourrois fatisfaire enuers vous.Vous plaift
il,dit la Royne,que nous partions maintenant?Quand il vous plaira Ma
dame,refpondit Floreftan.Il vauldra donc mieulx,dit Grumedá,faire emporter ces Cheualiers naurez en vne ville qui n'eft pas loing d'icy , & lá
les faire panfer tant qu'ilz ayent le moyen de móter à cheual.Et bien,ref-
pódit elle.Lors on luy amena vne tresbelle hacquenée blanche,fur laquel
le elle monta,puis fe meift en chemin auec fes damoyfelles,& la códuifoit
Floreftan & Grumedan l'entretenant de tant de bons propos,que le chemin ne luy fut point ennuyeulx. Or auoit Oriane au parauant entendu le
partement de la Royne Sardamyre pour venir vers elle à Mirefleur,dont
elle eftoit fi trifte que rien plus,fçachant qu'elle luy vouloit parler de l'Em
pereur,lequel elle auoit en hayne merueilleufe,mais quand elle fçeut que
Grumedan & Floreftan l'accópagnoiét,fa peine fut quelque peu allegèe,
efperát par eulx entédre nouuelles d'Amadis,& cóme elle eftoit en cefte
péfée,on luy vint dire qu'ilz eftoiét defcéduz , parquoy elle alla au deuant
les receuoir.Lors la Royne Sardarmyre s'auança & luy faifant vne grande
reueréce,luy voulut baifer les mains:mais elle la print foubz le bras & la
códuict en vne bien belle falle qu'elle auoit fait expreffement accouftrer:
puis s'afsirent ioingnát l'vne de l'autre,& tout aupres d'elles,les deux cheualiers,& cóme ilz fe deuifoyét enfemble,Oriane voyát que la Royne Sar
damyre preftoit fort l'oreille à vn bon ppos que luy tenoit Grumedá elle
dit tout bas à Floreftan: En bonne foy feigneur Floreftan,il ya bien long
téps que nous ne vous veifmes en ce pays, dont i'ay efté fort ennuyée, tant
pour

pour le bon vouloir que ie vous porte que pour l’indigéce qu’ont souffert
maintz pauures affligez,qui souloyét trouuer secours à vous, voftre frere
Amadis,& à maintz aultres qui l’ót suyuy,ǫ mauldit soiét ceulx qui font
caufe de tel eflongnemét,& croyez que ie ne le diz fans grande occafion:
car ie cognoys vne poure damoyfelle bien prefte à eftre desheritée pour
n’auoir perfonne qui deffende le tort que l’on luy fait,& fi Amadis eftoit
encore pardeça,& tát d’aultres qui en font eflógnez,elle fe pourroit tenir
feure que fon bon droiƈt ne luy feroit ainfi tollu cóme il eft:mais le voyát
abfent,elle n’a recours n’efperance meilleure qu’a la mort . Tenát Oriane
tel propos,les groffes larmes luy tûboyent des yeulx,preuoyát fa malheureufe fin,fi le Roy s’oublioit iufques lá,de la liurer aux Romains : car elle
deliberoit de fe ieƈter en la mer,aufsi toft qu’elle feroit ébarquée.Or enté
doit tresbié Floreftá qu’elle parloit pour elle mefmes:Au moyé dequoy
il luy refpódit:Ma dame , dieu tout mifericordieux n’oublia oncǫs ceulx
qui efperent en luy,& ne commencera fi luy plaift par la damoyfelle qui
eft tant defolée:Quand à mon feigneur Amadis,affeurez vous qu’il eft en
tresbonne fanté,cherchant continuellement les aduentures eftranges , en
forte que par les grandes armes qu’il fait es pays loingtains ou il eft,fa renómée fe diuulgue en toutes les parties du móde.Tout ce propos efcoutoit la Royne Sardamire:laquelle oyant parler d’Amadis,dit à Oriane: ha
a ma dame,dieu le gard de tûber es mains de l’Empereur: car c’eft l’hóme
du monde qu’il hait le plus(apres vnCheualier qui a longuement feiourné en la maifon du Roy Tafinor de Boefme)lequel deffit l’ânée paffée en
champ de bataille,vn nommé Garadan,le plus gentil Cheualier qui fuft
en l’armée des Romains, apres le prince Salufte Quide,qui eft venu en ce
pays de par l’Empereur,vers le Roy voftre pere,pour cóclure le mariage
de luy & de vous,& luy porte cefte inimitié , pource qu’il fut caufe de la
deffaite d’vnze aultres Cheualiers,lefquelz cuydás véger l’iniure de leur
compaignon,accorderent le iour enfuyuant le cóbat contre le Cheualier,
duquel ie vous parle,auec aultát d’aultres,qui rengerét tellemét noz Romains, que l’Empereur fut cótrainƈt(fuyuant leurs cóuenances)faire leuer
fon camp,& rendre au Roy Tafinor tout ce qu’il auoit cóquis fur luy. A-
donc fe meit la Royne à defcouurir par le menu, cóme les cóbatz auoiét
efté entrepris,& quelle auoit efté l’yffue,tout ainfi que vous auez entendu par cy deuát.Sur mon dieu ma dame refpódit Floreftan,fi voftre Empereur ne l’ayme gueres,il y a maintz aultres predhommes,qui luy veulent tout bié & hóneur,& ne s’en doibt(ce me femble)mófeigneur Amadis guieres foulcier:toutesfoys ie vous fupplie nous faire entédre, fi vous
fçauez le nom de celuy que vous louez tant.Entendez,dit elle,qu’il fe fait
aulcunefoys appeller le cheualier à la Verde efpée,& bien fouuét le Cheualier du Nain , combien que ie penfe que l’vn ne l’autre ne fçayt fon
droiƈt nom:mais pource qu’il porte vne efpée qui a le fourreau de cefte
couleur

couleur,& qu'vn Nain le ſuyt ordinairement, on luy a impoſé ces deux
noms,eſquelz il reſpond communéement. Quãd Floreſtan entédit ceſte
parolle,il fut fort ioyeux,ſçachant certainemét que c'eſtoit Amadis,& autant en penſaOriane qui en auoit deſia ouy parler,& pource qu'il luy tardoit qu'elle n'eſtoit à part pour en deuiſer priuéement,elle ſe leua,diſant
à la Royne Sardamyre : Madame, veu le grand chemin que vous auez
fait,vous deuriez eſtre laſſe,vous plaiſt il pas aller repoſer? Lors la cõduiɕt
en vne tresbelle chãbre,& la laiſſant lá entra en vn iardin auec Mabile &
la damoyſelle de Dannemarc, auſquelles elle recita tout ce qu'elle auoit
apris du Cheualier à la Verde eſpée:lequel ſçauoit aſſeuremér eſtre Ama
dis.Par ma foy madame,reſpondit Mabile,s'il eſt ainſi,voila le ſonge adue
nu que i'ay fait de ceſte nuiɕt paſſée : car il ma ſemblé que nous eſtions en
vne chambre bien fermée,& que nous entendiſmes vn grand tumulte au
dehors,qui nous eſpouenta merueilleuſement, mais voſtre Amadis ſuruint qui rompit la porte,vous appellant à haulte voix.Lors ie vous mon-
ſtray à luy,& me fut aduis,qu'il vous print par la main,& nous feit toutes
ſortir,puis nous mena en vne forte tour,ou il nous dit:demourez ceãs ſãs
auoir aulcune crainte,& ſur ce point ie me ſuis eſueillée:cela me fait croyre qu'il vous mettra en liberté , & hors des mains de ceulx qui vous cuy-
dent emmener.Ha a ma couſine ma mye , dit Oriane, quel grand eſpoir
vous me donnez,ie prie à noſtre ſeigneur qu'il vous vueille ouyr , & ſi ie
ne ſuis digne d'vn ſi grand ayſe,au moins qu'il nous face tous deux mourir & en vne meſme heure. Laiſſez tel propos, reſpõdit Mabile,celuy qui
l'a tant fortuné vous dõnera à tous deulx(s'il luy plaiſt)meilleure yſſue de
voz affaires que vous ne penſez:mais parlez à Floreſtã,& le priez affectueuſement que luy & ſes amys mettét peine de rompre la fantaſie du Roy,
en ſorte que ſa deliberation ne puiſſe auoir lieu.Or entendez que Galaor
en auoit deſia fait ſon poſſible,non pour priere ou aduertiſſemét que l'on
luy euſt fait de par la princeſſe,ains ſeulement pource qu'il cognoiſſoit le
tort que l'on luy feroit de la desheriter pour aduantaiger ſa ſeur Leonor,
mais vn iour ou deux au parauant l'arriuée de Floreſtan à Mirefleur, retournant le Roy Liſuart de la Foreſt tyra à part Galaor , & luy dit: Mon
grand amy,i'ay touſiours cogneu tant de fidelité en vous,& me ſuys trou
ué ſi bien d'auoir ſouuét creu voſtre conſeil,que ie ſuis deliberé ne cõclu-
re iamais affaire d'importance ſans vous en communicquer , vous ſçauez
l'honneur que me fait l'Empereur,& l'Ambaſſade qu'il a ẽuõyé nouuelle
mét vers moy,pour me prier luy dõner ma fille Oriane à femme,& croyez qu'il me ſemble que noſtre ſeigneur fait en cela beaucoup pour elle &
pour moy,car c'eſt auiourd'huy le prince de la chreſtiété,plus puiſſant &
redoubté,par ainſi eſtant ſi bien allié auec luy,ie n'auray deformais voy-
ſin ou ennemy,qui oſe leuer les cornes pour me vouloir ſeulemét ennuyer,& feray plus craint & obey que fut oncques Roy de la grãd Bretaigne,

&

Et d'auátaige il fera quafi impofsible de la pourueoir mieulx qu'elle fera,
eftant femme d'vn tel Empereur, & par ainfi Leonor demeurera apres
moy feule dame de mes pays,lefquelz aultrement pourroiét eftre diuifez
qui feroit vn trefgrand dommaige:Toutesfoys ie fuys deliberé de ne faire
riens fans auoir l'aduis des feigneurs,& cheualiers de ma court, fpecialle-
ment le voftre,que ie vous prie (par l'amytié que vous m'auez toufiours
porté) me dire librement & franchement,& fans aulcune difsimulation.
Bien esbahy fut lors Galaor d'ouyr le Roy tenir tel propos,& fentir qu'il
deliberoit desheriter du tout fa fille aifnée,& droiĉte heritiere, pour auá-
taiger la feconde:Et pour cefte caufe demeura longuemét tout penfif fans
pouoir refpõdre,tant que le Roy luy dit:Et bié que vous en femble? Sire,
refpõdit il,ie vous fupplie m'excufer:car ie me fens trop foible pour vous
fçauoir fidellemét refouldre chofe de telle importance:Puis vous deliberez,à ce que vous dites,d'aſſembler les haultx hõmes de ce pays pour leur
en cõmuniquer,lefquelz (ainfi que ie croy) vous en dirõt & confeilleront
cõme loyaux fubieĉtz doiuent faire leur prince.Toutesfoys,dit le Roy, fi
veulx ie premier en auoir voftre aduis, aultremét vous me dõnerez occafion de ne me cõtenter de vous.Ha à fire,refpondit il,dieu me gard de ce
faire,pluftoft en fçaures vous ce que i'en péfe, felon le peu de iugement &
gráde fimplicité qui eft en mõ efprit.Sire vous dites,que mariát madame
Oriane auec l'Empereur,vous la pouruoirez fi bié qu'il feroit impofsible
de mieulx:mais ie fuys feur que ce fera tout le cõtraire:car eftát voftre prĩ
cipalle heritiere, & l'enuoyer en pays loingtain pour luy faire perdre le
royaulme qui luy eft defia acquis,vous la rédez pauure,fans moyen & en
fubieĉtion d'vn peuple affez peu cõuenant aux meurs & cõditiõs de cefte
cõtrée,& s'il vous femble que pour eftre femme d'Empereur & porter nõ
d'Imperatrix,elle foit en plus d'auĉtorité à l'aduenir, fur mon dieu , Sire,
vous vous abufez,& voicy la raifon:Prenez au mieulx qu'il luy puiffe aduenir qu'elle ayt enfans mafles de fon mary,fi elle demeure veufue,la pre
miere chofe que luy fera fon enfant, ce fera de la faire retirer, pour auoir
le gouuernement feul de l'Empire, & s'il prend femme encores pis : car la
nouuelle princeffe ne vouldroit eftre fecõde ànulle,& pourtant il eft tout
feur,que madame voftre fille tumberoit en mille incõueniens, & ennuys
extremes,ayant laifsé ce pays qui eft certain,fa nourriture , & fon naturel,
pour viure en cõtrée eftráge,hors de fes parens,fubieĉtz & feruiteurs : Et
quand à ce que vous dites que par la faueur de luy , vous ferez fecouru,
crainĉt & redoubté:certes , Sire,vous auez (graces à noftre feigneur) tant
d'amys & de Cheualiers à voftre cõmandement,que fans l'ayde des Romains ,vous pouez facilemét eftandre voz limites fi bon vous femble ,&
croy qu'au lieu d'en auoir fupport,ilz effayront pluftoft à vous ruyner &
deftruire, qu'a vous ayder & fecourir,cõe vous eftimez, ne voulát aulcun
efgal ou plus grand que eulx:Et d'aduantaige il eft tout certain , qu'ilz ne
demáderoient pas mieulx, que d'auoir l'occafion de vous mettre en leurs
N   croniques,

cronicques,à voftre côfufion,& à leur gloire,foubz vmbre de quelque pe
tite faueur qu'il vous auroiët portez,qui feroit le plus grãd mal qui pourroit aduenir à vous &aux voftres,& aufsi,fire,quelle raifon feroit ce eflô-
gner de vous ma dame Oriane voftre fille & principalle heritiere, pour
tant aduantaiger la princeffe Leonor, qui eft la plus ieune? Sur mon ame
pour vn Roy droiturier,&qui eft par tout le monde tenu pour auĉteur de
iuftice,vous ferez (peult eftre)la plus grande playe à voftre renõmée, que
feit oncques prince ne puiffant Roy,& ia dieu ne vous doint le vouloir fi
hors de raifon,non pas feulement à vous: mais au plus pauure Cheualier
qui foit en voftre court,vous fuppliant trefhumblement (fire)croyre que
ie n'euffe efté fi temeraire de vous en declairer fi libremét ce qu'il m'en féble,n'euft efté que vous me l'auez expreffement cõmandé,& aufsi que ie
fuys deliberé vous garder toute ma vie la fidelité que ie vous ay promife,
comme celuy qui fe fent trop obligé à vous,pour les biens &faueurs que
vous m'auez faitz.Bien monftra lors le Roy Lifuart à fa contenance, qu'il
n'eftoit pas content de la remõftrance que luy faifoit Galaor.Ce qu'il apperceut aufsi toft,parquoy cõtinuãt fon propos luy dit.Sire, le Roy Periõ
mon pere m'a mãdé l'aller trouuer en Gaule,le pluftoft qu'il me fera pofsi
ble,& pource que ie fuys deliberé partir demain, affin que ne penfez que
ie ne vous aye confeillé fidelement,s'il vous plaift ie vous laifferay par efcript tout ce que ie vous ay dit,pour le cõmuniquer à ceulx que vous deliberez affembler.Ie vous en prie,refpõdit le Roy,& cõe il acheuoit cefte
parolle,ilz entrerét en la ville:parquoy chãgerent de propos, puis eftãt le
Roy defcendu,entra en fa chãbre tout penfif, fans vouloir pour le iour fe
trouuer en cõpaignie,& le lendemain Galaor s'embarqua fuyuãt ce qu'il
auoit deliberé: car il ne fe vouloit trouuer à la refolution de ce mariage,
fçachãt que le Roy n'en feroit aultremét qu'il auoit entrepris, pour cõfeil
que l'on luy dõnaft,mefmes qu'il cognoiffoit quelque peu des priuaultez
d'Amadis & d'Oriane,laquelle ce pédãt ne bougeoit de Mirefleur , ou la
Royne Sardamyre la vint veoir cõe ie vous ay recité , qui la trouua la plus
belle princeffe du mõde.Si dõcques elle l'euft veu en fon bon point & au
parauãt la continuelle melancolie qu'elle print, pour l'abfence d'Amadis,
& le nouueau propos du mariage,duquel on la preffoit, qu'elle eftime, &
quel iugemét en euft elle fait?veu que la voyant meigre,palle, & melãco-
lique,iugeoit en foymefmes,que nature s'eftoit eftudiée à la rédre parfaite
en tout ce qu'elle pouuoit:mais pource qu'elle ne la trouua à point ce iour,
pour luy faire entédre l'occafiõ de fõ arriuée vers elle,elle delibera differer
iufques au lédemain matin,qu'elle la vint trouuer,& apres auoir ouy mef
fe enfemble,fe pourmenãs le lõg des allées du iardin,elle entra fi auant en
propos qu'elle cõméça à luy declairer l'amytié que luy portoit l'épereur,
la pourfuyte qu'il faifoit pour l'auoir à fémè,& les grãds biens & hõneurs
efquelz elle eftoit appellée en faueur de ce mariage:toutesfoys la refpõfe
d'Oriane fut fi meigre,que la Royne Sardamyre ne luy en ofa õcques puis

parler

parler,& fur ces entrefaictes furuint Floreftan,lequel voulant prédre cógé
d'elle pour s'en aller en l'ifle Ferme le tira apart:Lors cómença à renouuel-
ler fes douleurs luy declairant,le tort que luy faifoit le Roy la voulant ma
rier par force en pais eftráge,&à l'hóme du móde à qui elle portoit moins
d'amytié,Et croyez difoit elle,que s'il cótinue en fon opinion, que la premiere nouuelle qu'il aura de moy apres mon partement, fera celle de ma
mort,car quoy qu'il en doibue aduenir,s'il me fepare de ce païs, la mer &
la mort m'en feparerót aufsi,eftát bié deliberée de fuccũber mes malheurs
par l'impetuofité des vagues:Lefquelles feront pour iamais tefmoings de
ma douleur,cóme celles efquelles i'efpere trouuer plus de pitié, qu'en mó
propre pere,parens,pays,amys,& feruiteurs:& pourtát feigneur Floreftá,
ie vous fupplie en l'hóneur de dieu,vous emploier à le diffuader de fa fan
tafie,Aultrement fur ma foy,ce luy fera grande charge de confcience,& à
moy le plus eftrange malheur en quoy pourroit cheoir pauure damoyfel
le desheritée,& habádónée de dieu & des hommes.Ce difant pleuroit fi
fort que Floreftan mefmes(qui eftoit l'vng des plus grandz cueurs du mó
de)ne fe peult tenir de larmoyer,ayant le cueur fi ferré de pitié qu'elle luy
faifoit,qu'il ne pouoit quafi luy refpondre:Toutesfois à la fin il s'efuertua,
& luy dit:Ma dame,vous me feriez grand tort,fi vous ne m'auiez en l'efti
me que ie fuys entierement voftre,& preft à vous obeir & feruir iufques
à la mort: mais de parler au Roy voftre pere,ainfi que me priez,il eft impofsible que ie le puiffe faire:car vous fcauez l'inimytié qu'il me porte par
defpit de mon feigneur Amadis,oubliant tant de grádz feruices,que luy
& tous ceulx de fon lignaige luy ont faictz par le paffé,& aufsi s'il en a receu quelqu'vn de par moy,il ne m'en doibt fcauoir nul gré,veu ǵ ie ne l'ay
faict pour l'amour de luy,mais par le cómádemét de celuy qui a touté puif
fance fur moy,& auquel ie ne puis ny ne doibs contredire :qui fut la caufe
que ie me trouuay dorefnauát en la guerre des fept roys,nó pour aider &
fecourir à ceulx de la grád Bretaigne,aïs feulemét pour cóferuer le droiét
que vous y auiez,cóme celle qui en fera quelǵ iour dames& royne fe dieu
plaift:tát ya qu'au refte ie vous obeiray,& feray étédre ce que vous m'auez
dit au Roy Perió,& aultres mes amys,pour effaier de trouuer remede en
voftre affaire,& efpere qu'il y pouruoira en forte que vous aurez occafion
de vous en cóteter,vous affeurát que ie ne feiourneray iamais en lieu ǵ ie
ne fois en l'ifle Ferme,ou ie trouueray le príce Agraies,qui a bóne éuie de
vous faire feruice,ainfi ǵ vous fçauez,mefmes pour l'amour de Mabile fa
feur,là aduiferós éféble,de ce qu'il nous fauldra étreprédre fás y efpargner
chofe qui foit en noftre puiffáce:Sçauez vous bié dit Oriane,ǵ Agraies y
fera?Ouy madame,refpódit il,ainfi que m'a dit Grumedan,qui l'a fçeu au
vray d'ũ fié efcuier,lequel en eft venu puis peu de iours en ça.Ie vous fup
plie dóques,dit Oriane,luy declarer áplemét l'efperáce que i'ay en luy,et fi
vous aprenez nouuelles de voftre frere Amadis ne faillez à me le faire en

N ii   ten-

tendre le pluftoft qu'il vous fera poſsible.Ie le feray madame,reſpódit Flo
reſtan.Ce diſant luy baiſa les mains,& print congé d'elle,puis retournant
vers la Royne Sardamyre luy dit:Ma dame,ie ſuis contrainct vous laiſſer,
& aller ailleurs chercher mó aduéture:mais quelque part que ie ſoys,vous
aurez touſiours vn Cheualier & ſeruiteur en moy,& pour tel ie vous ſup
plie me tenir.En bóne foy,reſpódit elle,celle qui refuſeroit tát beau party,ſeroit bié pauure de bon iugemét,veu que ie ſuys ſeure,que vous eſtes
eſtimé l'vn des meilleurs,& plus courtoys cheualiers du móde:& Dieu me
gárd de cheoir en tel incóuenient,ains pluſtoſt i'acceptray l'honneſte offre
que vous me faictes,& vous en mercie de bié bó cueur.Floreſtá qui la regardoit d'vn œil affectióné,& la voyát ſi belle,luy dit:madame ie prie à no
ſtre ſeigneur qui vous a pourueue de tát de beaulté,qu'il vous dóne ce q̃ ie
vous deſire,& ſaiche gré de la gracieuſe reſpóce q̃ vous m'auez faicte, puis
qu'à preſét ie ne puis faire autre choſe pour vous,que de demeurer en vo
lúté de vous ſeruir,ou il vous plaira me cómáder,& prenát cógé d'elle,de
Mabile & des aultres móta à cheual.Priát bié fort Grumedan s'il pouoit
ſcauoir nouuelles d'Amadis,qu'il luy en feit part le pluſtoſt qu'il pourroit
en l'iſle Ferme,ou il s'é alloit pour veoir Agraies & ſes aultres cópaignós.

Comme le Cheualier a la

Verde eſpée,nommé depuis le cheualier Grec,Bruneo de
bonne mer,& Angriotte d'Eſtrauaulx,s'ébarquerent en la
compaignie de la belle Graſinde,& de ce qu'il leur aduint.
Chapitre,   XVI.   Ayant

Yant maiftre Helifabel,mis en bonne ordre les nauires qui
eftoiét neceffaires pour l'entreprife que deliberoit faire Grafinde,& eftant le vent bon & à propos, elle s'embarqua auec
le cheualier à la Verde efpée,Bruneo, Angriotte, & plufieurs
aultres Cheualiers, dames & damoyfelles, puis faifant tyrer
les ancres,& haulcer les voiles entrerent en pleine mer,ayant
quelque foys temps calme, & bien fouuent la fortune, qui
tourmentoit leurs vaiffeaulx:Toutesfoys auec l'ayde de dieu & la grande
diligence du bon pillotte maiftre Helifabel,ilz trauerferent tant d'efles,&
deftroictz, qu'ilz defcouurirent la cofte de la grand Bretaigne, Adonc le
Cheualier à la verde efpée voyát le pays auquel il efperoit trouuer tout fó
heur,& plus grande felicité,fe trouua fi ayfe que rien plus,& pource qu'il
ne vouloit nullement eftre cogneu,il pria Grafinde & tous ceulx qui l'ac-
cópaignoiét,de ne l'appeller dela en auát aultremét que le cheualier Grec,
puis commanda à Gádalin luy apporter les fix efpées que la royne Mino-
refe luy auoit données au partir de Conftantinople,& en dóna deux à Bru
neo & à Angriotte , & luy mefmes en retint vne ,car il ne vouloit eftre
defcouuert par celle qu'il fouloit porter,qui eftoit verde,ainfi que ie vous
ay fouuent faict entendre,approchant le lieu ou pour lors le Roy Lifuart
feiournoit,Eftant Grafinde,& luy retirez à part,il cómença à luy dire :ma
dame , graces à noftre feigneur,nous fommes pres de la contrée ou voftre
cueur à toufiours pretendu , pour auoir ce que tant il a defiré,vous affeurant madame,que fans efpargner vie,ne trauail, ie metteray peine de reco
gnoiftre parties des biens que vous m'auez faictz par cy deuant.Ha a cheualier Grec,refpondit elle,i'ay telle fiance en dieu qu'il m'en dónera la gra
ce,eftant affeurée qu'il ne m'euft adrefsé vn fi gentil cheualier pour ma có
duicte,s'il n'euft voulu me faire le bien que i'efpere,mais ie vous prie beau
fire,puis que nous fommes fi pres de terre,faifons nous defcendre & mettre à bort,vous Angriotte,Bruneo & moy fans plus,& la priuéemét pour
rons deuifer de ce qu'il nous fauldra fairé auant que de me prefenter aux
dames de ce pays. Adonc appella maiftre Helifabel, lequel entendant fon
vouloir,feit iecter en mer vn efquif ou ilz entrerent,& ainfi qu'ilz coftoiét
la riue,ilz defcouurirent vng vaiffeau à l'ancre.Parquoy le cheualier Grec,
ayant defir de fçauoir qui eftoit dedans , commanda aux mariniers d'approcher,& eftans tout au plus pres,feit parler Angriotte,lequel appellant
ceulx du nauire,leur demanda ou ilz tyroient , & qui eftoit en leur compaignie. Certes,refpondit le patron,le vaiffeau eft de l'ifle Ferme , & font
dedans deux cheualiers,qui vous diront voluntiers ce qu'aurez enuye de
fcauoir d'eulx.Quand le cheualier Grec entendit parler du lieu,qu'il auoit
tant affectionné,& que deux de fes compaignons eftoient la , le cueur luy
foubzleua de grand ioye,& continuant Angriotte fon propos,pria le patron mander les deux cheualiers,& ce pendant,dit il , faictes nous ce bien
N iii

de

de nous dire comme ilz fe nomment:Cela ne feray ie pas,refpondit le patron,car ilz en pourroient eftre mal côtens,mais volūtiers les appelleray,
ce qu'il feit,Lors vindrent fur le tilhac,& les faluant Angriotte leur demā
da s'ilz fcauoiét certainemēt ou eftoit le Roy Lifuart.En bône foy,refpô di
rent ilz , nous vous en dirons de bon cueur tout ce que nous en auons a-
prins:mais premier vouldrions bien vous prier aufsi nous dire vne chofe
(fi vous la fcauez) pour laquelle nous auons entreprins ce voyage,delibe
rez ne feiourner nul lieu,premier qu'en ayons nouuelles certaines.Si nous
la fcauons,dit Angriotte,vous pouuez tenir feurs,que nous ne vous la tai-
rons.Seigneur cheualier,refpondirent ilz,auez vous rien entendu d'vn che
ualier nómé Amadis de Gaule,pour lequel trouuer,fes amys vont le cher
chant en tous lieux auec vng trauail extreme. Cefte parolle efmeut tellement le cheualier Grec à ioye & pitié,qu'il ne fe peult tenir de larmoyer:
confiderant quelle amitié luy portoient tant de gens de bien,& la calami-
té qu'ilz enduroiét pour l'amour de luy.Or me dictes,dit Angriotte,qui
vous eftes,& voluntiers apres ie vous diray ce que i'en fcay,l'vn d'eulx s'ad
uança,& refpondit,ceulx qui me cognoiffent m'appellent Dragonis,& ce
ftuy mon compaignon , eft Enil qui fommes refoluz courir toute la mer
Oceane,& aller de port en port,auāt que ne trouuions celuy duquel nous
vous parlós.Seigneurs,dit Angriotte,dieu vous en doint ioye,& pour l'a-
mour de vous ie m'en enquerray volūtiers à tous ceulx de noz nauires ou
il y a plufieurs fortes de gens eftranges,qui peult eftre en ont ouy parler,&
ce luy faifoit dire le cheualier Grec,qui ne vouloit fi toft eftre cogneu,Mais
dites nous ie vous prie,dit Angriotte,ou nous pourrós trouuer le roy Lifuart,& quelques nouueilles de la court.Sire cheualier,refpôdit Dragonis
il eft maintenant en vne fienne ville,nómée Tagades tresbon port de mer
contre Normandie,& la à faiét affembler grand nombre de fes cheualiers
pour auoir confeil d'eulx,fur ce que l'épereur de Rome demande ma dame
Oriane fa fille en mariage,toutefoys nul d'eulx n'y veult cô fentir & defia
font arriuez plufieurs Romains pour l'emmener quant & eulx , entre lefquelz eft le prince Salufte Quide duc de Calabre,& aultres des plus grádz
feigneurs de tout l'empire pour l'accompaigner,auec bon nombre de dames & damoyfelles,tellement qu'on la nomme en plufieurs lieux Imperatrix de Rome,mais elle pleure inceffamment , car c'eft maulgré elle que
tel mariage fe faiét.Quand le Cheualier Grec l'entendit,oncques homme
ne fut fi esbahy,& plus encores fachát les doleances & regretz que faifoit
la princeffe.Toutesfoys à la fin le cueur luy reuint,eftimát que puis qu'elle n'y confentoit,& que c'eftoit oultre le vouloir des cheualiers de la grád
Bretaigne,q ayféemēt il la pourroit fecourir par mer ou par terre,à quoy
il ne vouldroit faillirmefmes pour la plus fimple damoyfelle du môde,par
plus forte raifon doncques , ne le debuoit il faire pour celle fans la bonne
grace de laquelle il ne pourroit viure vne feulle heure cóe il eftimoit?& fe

print

print à louer deuotement noftre feigneur de luy auoir donne grace d'e-
ftre arriué au temps de luy pouuoir faire vn tel feruice, efperât que s'il venoit au bout de cefte entreprife(l'ayant en fon pouuoir, fans qu'elle en euft
blafme)qu'il feroit au deffus de toutes fes infortunes, & defia fe reprefen-
toient deuât fes yeulx, l'ayfe & trefgrand contentement ou il feroit, le difcours qu'il luy feroit des peines & dangiers ou il s'eftoit trouué depuis
le temps qu'il ne lauoit veue. Or ça, dit Angriotte à Dragonis, eftes vous
bien certain que les Romains font defia arriuez pour ceft affaire? Par ma
foy, refpondit il, il n'ya que quattre iours que nous fommes partiz de l'ifle
Ferme, & le iour mefmes y furuindrent Quedragant, Landin fon nepueu,
Garnate du val craintif, Mandacian du pont D'argent, & Helye le deliberé, lefquelz venoiét pour fcauoir de Floreftan & Agraies, comme ilz deb-
uoient entreprédre la quefte d'Amadis de Gaule, & pource que Quedragant vouloit enuoyer à la court du Roy Lifuart en entendre nouuelles
par ces eftrangers, Floreftan luy dit, qu'il n'y gaigneroit rien, car luy mefmes leur en auoit demâdé, & n'en fcauoit nulles, mais nous auons fceu de
fes efcuyers qu'il a eu quelque debat côtre eulx, & qu'il les a fi bié chaftiez
qu'il en fera eftimé en tous lieux ou l'ô en parlera. Ie vous prie, dit Angriot
te, diƈtes nous doncques qui eft ce Floreftan ? C'eft, refpondit Dragonis,
l'vn des filz du Roy Perion de Gaule, qui reffemble affez bien à la grand
bonté de fes deux freres: Lors luy recita le combat qu'il auoit eu côtre les
Romains, en la prefence de la royne Sardamyre, & côme fon efcuyer arriua depuis en l'ifle Ferme auec leurs efcuz, efquelz eftoiét efcriptz leurs nôs
de leur propre fang. Et pource qu'il furent fi mal traiƈtez par Floreftan, la
Royne l'enuoya depuis prier de la côduire à Mirefleur, ou elle alloit pour
veoir Oriane. Tel propos pleut fort au cheualier Grec, & à fes côpaignons
toutesfoys quand il ouyt parler de Mirefleur, le cueur luy côméça à trem-
bler, fe fouuenant des grandz biens & plaifirs qu'il y auoit autresfoys receuz: Parquoy fe retirant à part, dit à Gandalin: Gandalin mon amy, tu as
peu auffy bien que moy entendre les nouuelles d'Oriane, & fcaiz certaine
ment que fi elle venoient iufques à l'effeƈt, ie ne vouldroys viure vne feule
heure apres: pourtant ie te fupplye, faiz pour moy vne chofe: toy & Ardâ,
direz à Grafinde, q̃ vous voulez aller chercher Amadis de Gaule auec ces
deux aultres cheualiers: vers lefquelz arriuez tu feras entédre côme ie fuis
icy, ad ce qu'ilz s'en retournét en l'Ifle Ferme, & vous auec eulx. La trouueras Quedragant & Agraies, tu les prieras de ma part, qu'ilz fe tiennent enfemble, iufques à mon arriuée qui fera(fe dieu plaift) dedâs huit iours au
plus tard, diz auffy à mon frere Floreftan, & à ton pere Gâdales, qu'ilz dô-
nent ordre à recouurir & armer le plus de nauires & aultres vaiffeaulx
qu'ilz pourront, car ie me delibere aller de brief en quelque lieu ou ilz me
tiendront compaignie s'il leur plaift, tu fcays affez de combien en cela la
diligence eft requife. Parquoy Gandalin mon amy, ie te prie de rechef n'y

N iiij   eftre

eſtre pareſſeulx. Puis appella le Nain,& luy dit, Ardan va auec Gandalin
& faictz ce qu'il te ordonnera.Lors Gandalin ſuyuant le commandement
de ſon maiſtre vint à Graſinde,& luy dit. Ma dame nous deux ſómes deliberez laiſſer le cheualier Grec,& nous embarquer en ce nauire, pour aller auec ces deux cheualiers chercher Amadis de Gaule, par ainſi ma dame aduiſez s'il vous plaiſt aucune choſe de nous,vous remerciant treshum
blement des biés que vous nous auez faictz ſans que nous les euſsions aucunemét meritez enuers vous,autát en dirent ilz au cheualier Grec, à Bru
neo & Angriotte:puis entrerent en la nef auec Dragonis. Or ſçauoit Angriotte ceſte entrepriſe,au moyen dequoy pour mieulx pallier leur intention,appella Dragonis,& luy dit:cheualier,voicy vn Eſcuyer & vn Nain,
qui vous accompaigneront pour aller trouuer Amadis , car ilz ſont à luy
comme ilz diſent:lors Dragonis & Enil les receurent en leur compaignie,
mais les recogneurét auſsi toſt, & leur feirét la plus gráde chere du móde:
& plus encores quád ilz entendirét ce que Gandalin auoit charge de leur
dire,& à ceſte cauſe firét auſsi toſt leuer les ancres,reprenás la route de l'iſle
Ferme,& Angriotte & les aultres,vers leurs cópaignie,eſperás le iour meſ
me entrer au port plus prochain de Tagades , ou pour lors eſtoit le Roy
Lyſuart,accópaigné de maintz bós cheualiers qu'il auoit faict venir pour
conclure le mariage de l'Empereur auec ſa fille Oriane : Toutesfoys pour
le bien de ſon Royaulme , eſtoient tous d'opinion contraire & luy remon
ſtrerent pluſieurs foys qu'il faiſoit contre droict & equité, mettre ſa propre heritiere en ſubiection d'vn eſtráger,volaige & preſumptueux:lequel
(comme ilz diſoient)la pourra cy apres prendre en hayne auſsi legieremét
comme il l'auoit eu ſoubdainemét fantaiſie à l'aymer,ce nonobſtát le Roy
leur contrediſoit par raiſons telles quelles, & propre à vng prince qui ne
veult trouuer bon aultre conſeil que celuy qu'il ſe dóne, & non celuy qu'il
demande,Au moyen dequoy le conte Argamon s'abſenta incontinent de
ceſte aſſemblée: & s'eſtoit retiré en vng ſien chaſteau à plus de deux iour-
nées de la court : neantmoins il fut mandé, & tant importuné qu'il s'y feit
porter en vne lictiere,pource qu'il eſtoit ſi caduc de grand vieilleſſe, qu'il
n'euſt peu endurer le trauail du cheual.Lors le Roy eſtát aduerty qu'il approcheoit de la court,móta à cheual & fut audeuát le recepuoir,puis le lédemain le mena au conſeil, & faiſant pluſieurs diuerſes remonſtrances a-
dreſſant ſa parolle à luy,dit ainſi: Mon oncle ie croy que vous ſçauez treſbien l'occaſion pour laquelle i'ay faict aſſembler ceſte gráde compaignie,
qui eſt expreſſement pour regarder au faict du mariage de ma fille Oriane auec l'Empereur de Rome,qui la demáde treſinſtámét,pourtát ie vous
prie me dire premier ce qu'il vous en ſemble,affin que ces ſeigneurs me fa
cent apres entédre plus librement leur opinion:longuemét s'excuſa le cóte,neantmoins voyant le cómandemét q́ luy faiſoit le Roy apres pluſieurs
proteſtatiós parla à luy de telle ſorte,móſieur puis qu'il vous plaiſt que ie
die

die deuant ceſte cõpaignie,ce qu'il me ſemble, du mariage de l'empereur,
auec ma dame Oriane voſtre fille,ie vous ſupplye treshumblement prendre de moy , ce que vous entenderez en bonne part : car ce n'eſt moindre
trahyſon & crime de leſe maieſté de diſſimuler enuers ſon prince le bon
conſeil que de l'offenſer en ſa propre perſonne , pourtant ſans diſſimuler,
croyez que ie vous en diray mõ aduis,écores qu'aſſez de fois ie le vous aye
particulieremẽt declairé.Sire vous ſçauez que ma dame Oriane voſtre fille
aiſnée vous doibt ſucceder & eſtre par raiſõ heritiere des pays,que dieu &
fortune vous ont baillez en garde,auſquelz par droiᵉt de nature elle a plus
iuſte tiltre que vous n'y euſtes oncques,car il vous eſcheurẽt ſeulemẽt par
la mort du Roy Flágaris qui ne vous eſtoit q̃ frere,& elle eſt voſtre propre
fille & aiſnée.Pourtát cõſiderez en vous meſmes,que s'il euſt fait en voſtre
ẽdroiᵉt,cõe vous deliberez faire à ma dame Oriane,vous ne fuſsiez maite-
nát ſi grád ſeigneur que vous eſtes.Pourquoy la voulez vous chaſſer pour
appeller ma niepce Leonor en ſon lieu?veu qu'õcques elle ne vous offença
cõme ie croy,& s'il vous ſéble,que la mariát auec l'empereur vous la rẽdez
gráde priceſſe & tresbiẽ pourueue:Certes mõſieur,vous eſtes biẽ loing de
voſtre compte,car vous ſçauez qu'ayás enfans enſéble, ſi elle ſuruit l'Empereur,elle demeura ſimple douairiere de Rome au lieu d'eſtre apresvous
dame & royne de ce Royaume,& qui plus eſt eſtimez vous que voz ſub-
ieᵉtz y cõſentẽt iamais?Sur mon ame ie péſe s'ilz diſent ouy, que ce ſera à
force & maulgré eulx,Et pourtát à ia dieu ne plaiſe que ie vous en die autrement que la cõſcience me iuge, eſtant toutesfoys aſſeuré que pour cho
ſe que l'on vous perſuade,vous ne dõnerez lieu qu'a voſtre ſeule fantaſie.
Par ainſi ie vous ſupplye treshũblement me pardõner:attẽdu que ie n'euſſe iamays parlé ſi auãt ſans l'expres commandement qne vous m'auez
faiᵉt:Lors ſe teut & ordonna le Roy que chaſcun diſt ce qu'il luy en ſem-
bloit:mais ilz s'accorderent tous à l'opinion du conte Argamon . Ce que
voyát le Roy,leur reſpõdit:Meſsieurs i'ay biẽ au long entẽdu ce que vous
m'auez remonſtré,& neátmoins cõme pourroye ie à mon hõneur reuoc-
quer la promeſſe que i'ay deſia faiᵉte aux ambaſſadeurs de l'épereur?Vous
ferez ce qu'il vous plaira,dit le cõte,& ſur l'heure chaſcũ ſe leua.Or étédez
que peu apres que le cheualier Grec & ſa cõpaignie furẽt rẽtrez dedãs leur
nauire , eſtant le iour cler & la Mer calme, les mariniers deſœuurirent la
montaigne,de laquelle la ville de Tagades auoit prins nom, ou pour lors
ſeiournoit le Roy Liſuart,comme il vous a eſté recité, & en vindrent aduertir Graſinde,l'aſſeurant que ſi le vent ne changeoit,qu'ilz la renderoiẽt
au port dedans vne heure ou pluſtoſt. Adoncq ſe meiſrent les Cheualiers
tous ſur le bort du nauire,remercians noſtre ſeigneur de la grace qu'il leur
auoit faiᵉt apres auoir eſchappé infinité de perilz & naufraiges,mais ſi aucun eſtoit ayſe & content,ce n'eſtoit rien au regard du Cheualier Grec,le-
quel depuis qu'il eut deſcouuert le pays,auquel viuoit toute ſon eſperáce,

ſon

son bien , sa vie , & son contentement : il fut si rauy en soy qu'il demeura
vng long temps sans en pouuoir tyrer l'œil de dessus : Toutesfoys à la fin
craignant que l'on s'apperceust de sa passion, rentra dans le nauire , & s'a-
dressant à Grasinde,luy dit,Ma dame nous sommes comme vous pouuez
veoir au lieu que vous auez tant souhaité,& ou i'espere(pour la grande &
parfaicte beauté qui est en vous)venir au dessus de mõ entreprise,en sorte
que vous retournerez en voz pays,auec l'hõneur qui vous est iustemét deu
car ie suis seur que le droict & la raisõ sont de mõ costé,par ainsi dieu qui
est iuste iuge sera entieremét pour vous & pour moy. Et cõbien q̃ Grasinde fust en grãd doubte,se voyãt si pres du but ou elle debuoit acquerir ou
perdre ce qu'elle desiroit tant,si mõstra elle la plus grande asseurãce qu'elle peut, & respondit au Cheualier : Certes i'ay plus d'esperance en vostre
prouesse & bõne fortune qu'en beaulté qui soit en moy:d'vne chose vous
supplye,c'est que quand viendra au fort de voz affaires,vous ayez deuant
les yeulx,que vous n'entreprintes oncques conqueste que n'en soyez venu
au dessus. Ce faisant,vostre renommée en augmétera,& ma ioye aussi, tel
lemét que ie me pourray nõmer la plus heureuse dame de la terre. Ie vous
diray que nous ferõs, dit le Cheualier, vous auez en vostre cõpaignie vne
damoyselle de tresbon esprit,nommée Gonisese, laquelle parle Françoys,
nous luy dõnerõs vne lettre qu'elle yra preséter au Roy Lisuart, & à la roy
ne Brisene,qui entédent & parlét aussi quelque peu le lãguaige,& fauldra
luy encharger expressement qu'elle ne responde à chose qu'ilz luy demã-
dent qu'en Frãçoys,puis aussi tost qu'elle aura la despesche d'eux,elle nous
viédra retrouuer en ce lieu,ou nous l'attéderons. Grasinde trouua cest aduis tresbon,parquoy sans tarder feit appeller la damoyselle & luy bailla la
lettre: Lors elle entra en vne barque auec son pere & deulx aultres cheualiers ses freres,& quasi à l'instant le Cheualier Grec depescha Lasinde Escuyer de Bruneo pour la suyure sans qu'elle l'apperceut pour luy raporter
au vray le recueil que l'on luy feroit,& les propos aussi que l'on tiendroit
apres qu'elle auroit son congé du Roy,& luy commãda expressemét qu'il
faignist chercher son maistre, disant à ceulx qui luy en demãderont nouuelles qu'il l'auoit laissé malade en Gaule , lors qu'il entreprint la queste
d'Amadis,&qu'il retournast vers eulx le plustost qu'il pourroit. Ainsi s'en
partit Lasinde,en esperant de bien paracheuer son entreprise.Et peu apres
arriua la damoyselle en laville ou elle fut regardée de plusieurs,tãt pour la
beaulté d'elle que pour estre si bien acompaignée, & trauersant de rue en
rue s'enqueroit ou elle trouueroit le roy,mais sur l'heure elle rẽcontra par
fortune Splandian qui alloit aux champs faire voller deux esmerillons
qu'il portoit sur le poing:lequel voyant la damoyselle estrangere,s'adressa
à elle,luy demandant s'il luy plaisoit quelque chose.Certes mõ enfant, respondit elle,ie cherche le logis du Roy ou ie vous prie me conduire. Ouy
vrayement, dit il, & si le vous monstreray voluntiers si ne le cognoissez.

Mille

mille mercis,refpondit la damoyfelle.Lors Splandian luy print les refnes
de fon pallefroy,& marchant deuát,la feruit d'efcuyer iufques au palays,
ou il la feit defcendre,puis la conduyt vers le Roy,lequel ilz trouuerét fe
pourmenant le long d'vne longue gallerie,auec les principaulx ambaffadeurs Romains aufquelz il venoit d'accorder fa fille pour eftre femme de
l'Empereur. Adonc la damoyfelle mettant les genoilz à terre,le falua húblement,puis luy dit:Sire,s'il vous plaift,la Royne & toutes fes damoyfelles feront prefentes auant que ie vous declaire la charge qui m'eft com-
mandée,de par celle qui m'enuoye vers vous, & fi d'aduenture aulcunes
d'elles fe trouuent intereffées,pour chofe que ie leur face entendre,qu'elles effayent, fi bon leur femble, à trouuer qui les defende contre le bon
Cheualier qui delibere eftre de bref pardeça, pourueu que luy donnez
faufconduit.Vrayement damoyfelle,refpondit le Roy, il ne tiendra à cela. Et fur l'heure enuoya le conte Argamon fon oncle, le Roy Arban de
Norgales,querir la Royne,qui ne tarda guieres à venir.Adonc la damoy
felle eftrangere luy baifa les mains,puis luy dit : Ma dame,fi ce que vous
entendrez de par celle qui m'enuoye vers vous,eft eftrange,ie croy pourtant que vous ne vous en esbahyrez, veu que cefte court eft renommée
par tout le monde,celle ou les plus grandes meruelles & aduentures fur-
uiennent,& de laquelle,côme i'ay fçeu pour vray,oncques Cheualier,da-
me ou damoyfelle ne s'en retourna mal contente,qui m'a fait croyre, que
ie ne feray moins fauorifée que les aultres,pourtát voyez cefte lettre, puis
accordez s'il vous plaift le contenu d'icelle, affin que vous puifsiez veoir
le gentil Cheualier Grec,& la plus belle princeffe de la terre, qu'il a en fa
garde.Lors le Roy commanda la lire,pour ouyr ce qu'elle contenoit.

Lettre de Grafinde au Roy Lifuart.

Reshault & magnanime prince,moy Grafinde belle fur toutes les belles dames de la Romanie , vous faiz fçauoir que ie
fuys nouuellement arriuée en voz pays, en la garde du Cheualier Grec,expreffement à ce que tout ainfi que i'ay efté iu-
gée & tenue pour la plus belle femme de toutes celles de Ro
manie,que fuyuant cefte gloire qui a rédu mô cueur fi contét,ie foys telle
eftimée fur toutes les belles filles de voftre court , & lors demeurera mon
efprit fatisfait,de ce qu'il defire plus que nulle aultre chofe,& s'il ya Cheualier,qui pour l'amour de quelqu'vne particuliere ou de toutes enféble,
vueille contredire,qu'il fe delibere à deux chofes:La premiere au combat
côtre le Cheualier Grec,& l'aultre qu'il puiffe auoir de la damoyfelle vne
couróne,ainfi que i'en porte vne,affin que le vaincqueur en figne de triũ-
phe de victoire,en face prefentà celle pour laquelle il aura côbatu. Et s'il
vous plaift,fire,accorder ce dont ie vous fupplye,vous enuoyrez par cefte
damoyfelle

Le T initial.

damoyfelle faufconduyt, à moy & à toute ma côpaignie, fpecialement au
Cheualier Grec, pour ne receuoir oultraige, fi n'eft de ceulx côtre lefquelz
il combattra, & s'il deffait le premier, vienne le fecond, le tiers, le quart, &
tous ceulx qui fe vouldront efprouuer l'vn apres l'autre. Sur mô dieu, dit
le Roy, ie croy que la dame doibt eftre belle, & le cheualier preux & hardy, ayant fait telle & fi grâde entreprinfe, de laquelle (côme il me femble)
ilz pourront mal ayféement venir à bout, car les fortunes font hazardeu-
fes, & les fantafies des perfonnes diuerfes, toutesfois damoyfelle ma mye
vous en pouez retourner quand il vous plaira, & attendât l'arriuée de voftre maiftreffe, ie feray publier le faufcôduit qu'elle demande, & fi elle ne
treuue qui contredie à fa beaulté, elle aura (felon mon opinion) l'accompli-
fferemét de tous fes defirs. Sire, refpondit elle, vous parlez côme bô Roy
que vous eftes: mais le Cheualier Grec a en fa côpaignie deux aultres che
ualiers qui font deliberez aufsi de côbatre pour l'amour de leurs amyes
contre tous ceulx qui vouldrôt fe prefenter, lefquelz vous fuppliét pareil-
lemét leur dôner feureté pour ce faire, Mamye, dit le Roy, vous auez tout
ce que vous demandez, & me plaift tresbien qu'il foit ainfi. Sire, refpondit
elle, tenez vous doncques tout feur, q̃ vous les pourrez veoir tous icy demain du matin, en la côpaignie de celle qui s'eftime la plus belle du monde. Pourtant ma dame, dit elle à la Royne, faites s'il vous plaift, parer voz
damoyfelles, & que les plus belles n'oublient rien de leurs bônes graces,
s'ilz efperent gaigner l'hôneur fur elles. Puis prenât côgé, remonta à cheual, tirât droiĉt le chemin qu'elle eftoit venue, & trouuât fa barque à propos entra dedâs, auec fi bon vent, que peu apres elle arriua vets Grafinde,
à laquelle elle recita bien au long les propos qu'elle auoit euz auec le Roy
Lifuart duquel elle auoit obtenu tout ce qu'elle demandoit: Au moyé de
quoy le Cheualier Grec fut d'âduis d'enuoyer deuât tédre leurs tentes &
pauillôs affez pres de la ville, déliberé de defcédre en terre le iour enfuy-
uât, auec toute la trouppe: Mais entendez qu'aufsi toft que la damoyfelle
meffagere fut partie, le prince Salufte Quide, qui auoit efté prefét, tât à ce
qu'elle auoit dit, qu'a la refpôfe qu'ô luy auoit faite, s'auâça auec plufieurs
aultres cheualiers Romains, & fe mettât à genoilz deuant le Roy, luy dit:
Sire, nous Romains eftrâgers vous fupplios treshûblemét nous oĉtroyer
vn don que nous deliberôs vous demander, lequel ne peult redôder qu'a
voftre trefgrand profit, & à noftre honneur. Vrayemét, refpôdit le Roy,
vous ne ferez dôcques pas refufez. Lors ilz le remercierét treshûblemét,
luy difât: Sire, il vous plaira permettre que nous foufteniôs la querelle de
tât de belles filles, qui font icy prefentes, & fi dieu plaift, & pour la raifon
aufsi nous en viédrôs mieulx a bout, que ne ferôt les Cheualiers de voftre
court, par ce que nous cognoiffons de longue main la façon de faire des
Grecz, côe ceulx auec lefquelz nous côbatôs ordinairemét, en forte qu'ilz
nous redoubtent plus par le nom feulemét, qu'ilz ne feront tous ceulx de
ce pays

ce pays auec l'effet. Oyant dom Grumedan la presumption du Romain,
& l'audace dont il parloit,ne la peut endurer sur l'heure, ains se leua, disant au Roy,Sire,combien que ce soit grand honneur aux princes quand
les aduentures estranges aduiennent en leurs cours, par lesquelles leur renommée est magnifiee & augmentée:Toutesfoys elles peuuent bien sou
uent tonrner à leur vitupere,si elles n'y sont receues auec discretion & reuerence,telle qu'elle est requise entre les grandz Roys:Ie le diz,Sire,pour
ce Cheualier Grec,qui est nouuellemét entré en ce pays, soubz l'esperáce
de paruenir aux choses qu'il vous a fait entendre : car s'il en vient au dessus,& qu'il rende vaincuz ceulx qui le vouldront contredire, encores que
le danger soit pour eulx, la honte en sera vostre : Par ainsi s'il vous plaisoit
differer le tout iusques à la venue de Galaor , & Norendel,qui seront icy
dedans quatre ou cinq iours comme i'ay entendu,mesmes qu'en ce temps
Guislan le pensif pourra estre guary,& porter armes , il me semble que ce
seroit pour le mieulx,veu que ceulx la (mieulx que nulz aultres que ie sçache) pourront luy faire fronc, & garder l'honneur & reputation de vostre court, & des damoyselles qui y ont tant d'interestz. Cela ne peult e-
stre,respondit le Roy,veu que i'ay desia accordé au prince Saluste Quide,
& à ses compaignons la protection d'elles, qui sont bien pour respondre
d'vne plus haulte & dangereuse entreprinse,que ceste la . Il peult bien e-
stre , dit Grumedan: mais ie suys certain que nulles des damoyselles presentes ny consentiront. Il suffist,respondit le Roy , ie ne feray aultre chose pour elles,que ce que i'en ay desia ordonné,& que l'on m'a requis. Lors
Saluste Quide remercia le Roy treshumblement, & s'adressant à Grumedan,luy dit : Seigneur Grumedan,vous direz ce qu'il vous plaira:tou-
tesfoys i'espere d'emporter l'honneur pour les damoyselles , & venir au
dessus du combat que i'ay entrepris contre ce Grec ,lequel vous estimez
tant, & pource qu'il a en sa compaignie deux aultres Cheualiers ,non
guieres moindres que luy en toute proesse, ainsi que i'ay entendu,ie suys
content aussi tost que ie l'auray vaincu , de les combatre encores, & vous
aussi si auez enuie d'estre de leur costé, pourueu que i'aye deux de mes
compaignons pour me secourir, & par ce moyen on pourra facilement
cognoistre à qui tumbera l'honneur de la victoire estant le combat esgal,
de troys Romains contre deuz Grecz, & vn Cheualier de la grand Bretaigne . Cela ne refuseray ie pas,respondit Grumedan,ains l'accepte pour
moy, & pour ceulx qui vouldront estre de ma part: Ce disant tira vn anneau de son doy , & faisant vne grande reuerence, dit au Roy: Sire, voycy mon gaige que ie vous supplye treshumblement receuoir pour mes
compaignons & pour moy, ce que iustement ne deuez refuser,puis que
le prince Saluste à demandé le combat comme vous auez entendu ,aul-
trement il fauldroit qu'il s'en desdist ,ou tint pour vaincu . Par dieu , respondit Saluste , plustost seicheront les mers,que parolles d'vn Romain se

O   retractast

retractaſt ou feiſt iniure à ſon honneur,& m'esbahiz Grumedan,comme
vous auez voulu proferer ce propos tant hors de toute raiſon : mais ſi en
voſtre vielleſſe le ſens vous deffault,voſtre corps en portera la penitence,
en la bataille que vous entreprenez ſi indiſcretemét.Certes,dit Grumedá,
ie ſuys encores aſſez ieune pour donner l'effet à mon entrepriſe, & veoir
tourner le bien que vous deſirez ſur vous meſmes , & ſi vous confeſſeray
ayſéement,que mon vieil aage m'a rendu l'experiéce qu'oncques orgueil
& preſumption ne vindrent à bonne fin, comme i'eſpere encores veoir
en vous meſmes: car par le teſmoignaige que vous portez de vous meſmes ,on peult bien iuger que vous eſtes leur chef & principal capitaine.
Adonc ſe leua le Roy Arban,& plus de trente aultres Cheualiers pour
prendre la parolle, & ſouſtenir Grumedan,quand le Roy leur impoſa ſilence,commendant ſur leurs vies de plus vſer de telz propos en ſa preſen-
ce:Parquoy chaſcun ſe retira en ſon logis, & demeura le conte Argamon
ſeul auec le Roy,auquel il dit : Sire, n'auez vous prins garde à la gloire de
ces Romains, qui tant irreueremment ont bien oſé deuant vous iniurier
les Cheualiers de voſtre court? A voſtre aduis que pourront ilz faire ail-
lieurs?Sur mon dieu puis qu'ilz ont eu ſi peu de diſcretion,ie crains beaucoup qu'ilz facent peu de cas de madame Oriane incontinent que vous
l'aurez perdue de veue:Et neantmoins a ce que i'ay entendu vous leurs a-
uez deſia accordée,ie ne ſçay dont vous eſt procedé ceſte fantaſie,veu que
oncques prince ſi ſaige ne s'oublia tant,& ſemble qu'ayez enuye d'irriter
la fortune contre vous,& de deſlier malheur,qui à eſté ſi long temps atta-
ché à voſtre porte:Auez vous mis en oubly les graces que noſtre ſeigneur
vous à faites?craignez vous point ſa fureur?Fortune n'eſt elle pas muable?
Eſtes vous à cognoiſtre quand elle s'ennuye de faire bien à celuy qu'elle à
eſleué,elle ne le chaſtie puis apres auec des verges : mais par cruelz & diuers tourmens , pires cent foys que la mort? pardonnez moy , ſire,la foy
que i'ay à vous,me donne la hardieſſe de vous tenir ce propos: car vous
ſçauez comme les choſes de ce monde ſont tranſitoires & perilleuſes, &
que la gloire & renommée que l'on peult acquerir en la vie par long trauail, eſt ſouuent eſtainĉte & enſepuelie par peu d'occaſion, ſi vne foys
fortune deffauoriſe le perſonne,tellement que s'il en reſte quelque ſouuenir au lieu de louange,ſera ſeulement blaſme pour n'auoir peu entretenir
le bon heur ou il eſtoit au parauant:Pourtant,ſire,penſez ie vous ſupplie,
à la faulte que vous auez faite naguieres , ayant eſlongné de vous tant de
bons Cheualiers,comme Amadis,ſes freres,parens & amys, par leſquelz
vous eſtiez craint , honoré, & redoubté par tout le monde: Toutesfoys
n'eſtant quaſi hors de ce mal,vous voulez rentrer en vn pire, qui me faiĉt
croyre que dieu vous oublie,l'ayant premier oublié: car s'il eſtoit aultremét,vous prédriez le conſeil de ceulx qui ont deſir de vous ſeruir loyaul-
ment: mais voyant ce que ie voy , ie ſuys content me deſcharger de la foy
& hom

& hommaige que ie vous dois,& me retirer en mes pays, pour ne veoir
(s'il m'est possible)les iustes plaintes,& pleurs estrãges que fera ma dame
Oriane au téps que vous la liurerez ainsi que vous auez promis, & pour
ce faire l'auez desia enuoyé querir à Mirefleur, qui m'a contrainct vous dire premier ce qu'auez entendu. Mon oncle respondit le Roy, ce qui est
fait,est fait,ie ne fauceray(pour mourir)ma parolle:mais ie vous prie demeurer encores deux ou trois iours,pour veoir quelle fin auront les combatz nouuellemét entrepris,desquelz ie vous vueil faire iuge, auec ceulx
que vous eslirez,& en cela me ferez plaisir & seruice tresagreable veu que
vous entendez mieulx que nul de ceste court le langaige Grec.Sire,dit il,
puis qu'il vous plaist,ie vous obeyray,soubz condition qu'apres vous me
donnerez congé: car il me seroit impossible demeurer plus longuement
entre tant de doleance:Lors meirét fin à leurs propos,pource que le prince Saluste Quide suruint , & se retira le conte Argamon laissant le Roy.
Or auoit Lasinde,escuyer de don Bruneo esté aduerty de tous les propos
que l'on auoit tenuz depuis le partemét de la damoyselle messagere: Parquoy voyant que la nuict s'approchoit , secretement partit de la court , &
rentra en son bateau,& peu apres arriua vers le Cheualier Grec,auquel il
recita bien au long la requeste que le prince Saluste auoit faite au Roy,la
response & les propos de don Grumedan , & semblablement toutes les
choses comme elles s'estoyent passées. A quoy il prenoit grand plaisir,spe
cialement pour estre asseuré qu'il n'auroit affaire qu'aux Romains: car au-
parauãt il craignoit que son frere Galaor ou aultre Cheualier de la grand
Bretaigne,se meist en ieu pour l'amour des damoyselles,& sçauoit bien
que ce faisant iamais la meslée ne se departyroit,sans la mort de luy ou
de quelqu'vn de ses amys,& peult estre de tous deulx enséble: Mais estãt
hors de ce doubte , il luy tardoit beaucoup qu'il n'estoit au combat: Et à
ceste cause,dit à Grasinde : Madame, s'il vous plaist,nous orrons demain
la messe en noz pauillons , puis prendrons le chemin vers le Roy Lisuart
auec telle compaignie qu'il vous plaira, & là i'espere auec l'ayde de dieu,
que vous obtiendrez tout ce que vous soubhaittez , à quoy elle s'accorda
ayséement.

Comme le Cheualier Grec

& ses compaignons , conduyrent la belle Grasinde,au lieu ou le combat deuoit estre
fait,& de ce qu'il en ad-
uint.

Chapitre XVI.

Eu repofa Grafinde toute la nuict, & moins
le Cheualier Grec, pour le defir qu'ilz a-
uoyét l'vn & l'autre de paracheuer leur entre
prife. Parquoy le lendemain enfuyuát, dés
l'aube du iour defcédirét en terre, auec leur
cópaignie, & apres auoir ouy deuotemét la
meffe, monterent tous à cheual, pour tirer
droict en la ville de Tagades, ou le Roy Lifuart les attédoit. Or eftoit Grafinde fi riche
ment parée que merueilles, efperát bié par
l'ayde de fon Cheualier, acquerir femblable louáge fur toutes les plus bel
les filles de la grand Bretaigne, quelle auoit eue fur les belles femmes de
la Romanie, & croyez que fi de fa part elle eftoit bié en ordre, que le refte
de fa compaignie l'enfuyuoit en cela: Specialement fes damoyfelles, qui
donnoyent bien à cognoiftre à ceulx qui la veoyent qu'elle eftoit dame ri
che & puiffante. Et pour plus encore l'embellir, elle portoit fur fa tefte la
riche couronne qu'elle auoit de long temps conquife, en tefmoing de fa
grád beauté. A cofté d'elle marchoit le Cheualier Grec en tresbon equippaige, comme d'vn trefriche harnoys, couuert d'vne cofte d'armes de
fes couleurs, & le fuyuoyent Bruneo, portant vn efcu de Sinople, au mei-
lieu duquel eftoit figurée vne damoyfelle, ayant à fes piedz vn Cheualier armé d'vnes armes à vndes d'or, lequel à genoilz fembloit luy demander quelque grace: Et tout ioignant eftoit Angriotte, monté fur vn
gentil

gentil deſtrier, armé ſemblablement d’vnes armes dorée en pluſieurs en-
droiɛtz, lequel cõduiſoit la damoyſelle qui auoit eſté le iour precedẽt vers
le Roy Liſuart: En tel equippaige arriua Graſinde, au lieu ia ordonné par
le Roy Liſuart pour ceſt affaaire: Au meilleu duquel eſtoit eſleué vn perrõ
de marbre noir de la haulteur d’vn homme, ſur lequel celuy qui vouloit
combatre eſtoit tenu mettre armet, eſcu, gãtelet, ou quelque rameau vert.
Lorsle Cheualier Grec ieɛtãtſa veue & de toutes pars, aduiſaleRoy, & plu
ſieurs Cheualiers de la grand Bretaigne, meſmes le prince Saluſte Quide,
armé d’vn harnoys ſemé de ſerpens, que ſe monſtroit tant grand, eſtant
monté ſur vn deſtrier aduantageux, qu’il ſembloit proprement d’vn Geant, puis haulçant ſa veue, apperceut la Royne & bonne trouppe de damoyſelles autour d’elle, qui toute auoiẽt vne riche courõne ſur leurs chief,
ſuyuant les conuenances que le Cheualier auoit requiſes: Mais il ne veit
point Oriane, dont le cueur luy commença à eſmouuoir, & regardant
Graſinde, qui auoit l’œil ſur le prĩce Saluſte Quide, cogneut qu’elle eſtoit
aulcunement en doubte, & à ceſte cauſe luy dit en riant: Ma dame, il
ſemble que la grandeur de ce Cheualier vous eſpouuente: toutesfoys deuant que nous ſeparions, ie vous feray cognoiſtre, que s’il eſt plus hault
monté que moy, que i’ay le cueur plus entier qu’il n’a, & que le droiɛt qui
eſt noſtre me fera auoir la viɛtoire. Dieu vous en doint la grace, reſpondit
Graſinde. Lors print le Cheualier la couronne qu’elle portoit ſur la teſte,
& marchant au petit pas vers le perron, la meiſt au deſſus, puis retourna
vers ſes eſcuyers qui tenoiẽt troys lãces groſſes & rudes, en toutes leſquelles pendoit la petite banderolle enrichie de gros flotz de fin or, & prenãt
celle qui meilleure luy ſembloit, marcha vers le Roy, auquel il dit en
langaige Grec: Roy treſexcellẽt, ie te ſalue comme le meilleur prince de
la terre: Saches que ie ſuys vn Cheualier de nation eſtrange, comme tu
peuz voir, qui par le commandement de la dame (laquelle a toute puiſſance ſur moy) eſtoys venu ce pays m’eſprouuer, contre les Cheualiers
de ta courr, tant eſt grande leurs renommée par tout endroiɛt: Mais à
ce que ie voy mon intention eſt du tout fruſtrée & as accordé aux Romains ce que ie deſiroys ſur les tiens: Et puis qu’ainſi eſt, il te plaira (ſans
plus differer) commander à celuy qui premier voudra combatre, prendre la couronne de la damoyſelle qu’il delibere ſeruir, & la mettre ſur le
perron ainſi que i’ay fait celle de ma dame: Ce diſant donna des eſperons
à ſon deſtrier, & de bien bonne grace commença à le voltiger parmy la
place ſi dextremẽt que chaſcun prenoit garde à luy, en le louãt autant, que
Cheualier fut oncques. Puis eſtãt au bout du camp, retourna viſaige pour
attẽdre celuy qui ſe vouldroit preſenter. Or ne ſçauoit le Roy ce qu’il luy
auoit dit: car il n’entendoit le langaige Grec: Parquoy le conte Argamon
qui eſtoit tout au plus pres, le luy expoſa, puis luy dit, Sur mon dieu, ſire, ie
prendrois grand plaiſir à veoir l’oultrecuydance de ces Romains vn peu

O iii   abaiſſée

abaiſſée par ce Cheualier. En bóne foy, reſpondit le Roy: ie croy bien que nous verrós tátoſt l'vne des plus rudes meſlée que nous veiſmes oncques car i'apperçoys deſia le prince Saluſte Quide entrer ſur les rancz: Et à dire vray il s'eſtoit auancé , & de grand deſpit qu'il eut d'entendre le bien que l'on diſoit du Cheualier Grec, ſe print à crier cótre le peuple : Ha ſotte gét Bretons idiotz, & de peu eſtónez, qui vous meut de faire tant de cas d'vn tel lourdault mal adroiƈt, qui n'a aultre contenance que de tourméter vn cheual ſans nulle occaſion ? Par dieu s'il eſtoit aduiſé il l'eſpargneroit pour tantoſt ſe deffendre contre moy , ou bien pour mieulx fuyr, lors que force le contraindra, vrayement vous monſtrez bié tous, le peu de cognoiſſance que vous auez du nom Romain, qui eſt tant redoubté par tout l'Orient qu'il n'ya ſi hardy Grec, qui oſa oncques attédre Cheualier de Rome, auſsi voy ie deſia la mort de ce pauure malheureux , lequel ie renuerſeray du premier coup, ſi rudemét que ie luy romperay les rains, & auray pour mó butin la couronne & la dame glorieuſe, qui a tant prins de peine & de trauail pour venir en ce pays recepuoir honte & infamie . Ce diſant, picqua droiƈt vers les dames , & s'adreſſant à Olinde , luy demanda s'il luy plaiſoit pas luy bailler ſa couronne, pour deffendre la beaulté d'elle: car ie croy ſelon mon aduis, dit Saluſte, que toute perſonne de bon iugement accordera que iuſtement vous deuez auoir celle que le Cheualier Grec a miſe ſur le perron , & d'aduantaige vous ay choyſie entre toutes pour ma mieulx aymée: pourtant ie vous ſupplie m'accorder que ie comméce le combat pour vous, à qui ie me ſuys voué & dedié eſperát (toſt apres que l'Imperatrix aura fait ſon entrée dedans la grand ville de Rome) vous prendre à femme, & faire dame & gouuernante de moy & des grans biés que i'ay. Olinde ennuyée des propos que luy tenoit Saluſte Quide , ne luy reſpondit mot, ains tournant la teſte d'aultre coſté , faignit parler à quelque vne de ſes compaignes. Ce que voyant le prince, luy dit quaſi en colere : il ſemble ma dame, à veoir voſtre façon de faire, que ie ne ſoys homme pour mettre à excecution ce que ie diz , mais n'ayez iamais eſtime n'y amytié en moy, ſi ie ne faiz encores d'aduantaige , & permettez ſeulement que le premier coup de lance que ie donneray , ſoit à l'adueu de vous. Ceſte importunité embellit le viſaige d'Olinde, par vne mutatió de couleur laquelle pourtant n'en feit cas. Ce que voyant la Royne, luy oſta la couronne & l'enuoya au prince Saluſte , lequel la receuant de tresbon cueur , s'en alla vers le perron, & la meiſt ioignant celle de la belle Graſinde, Puis prenant vne forte lance commença à la branſler ſi fort, qu'il la faiſoit quaſi ployer en deux, Parquoy deceu d'oultrecuydance , ayant armet en teſte & l'eſcu au col, s'approcha du Roy Liſuart , luy diſant : Sire vous pourrez tantoſt cognoiſtre la difference des Romains aux Cheualiers de voſtre court, car ce Grec braue & preſumptueux , qui penſe combatre tant de gens l'vn apres l'aultre, receura preſentement la plus grande iniure qui aduint onc-

ques

ques à Cheualier: Puis viennent pour le venger ses deux compaignons si
bon leur semble, desquelz auant que sortir de ce lieu, ie vons presenteray
les testes au lieu, de couronnes. Tant marry fut Grumedan d'entendre le
propos de Saluste, qu'il ne se peust quasi tenir de l'iniurier : Toutesfoys
pour les deffenses que luy auoit fait le Roy au parauāt, il dissimula sa collere & luy respondit seulement: Seigneur Saluste, auez vous desia mis en
oubly ce combat que vous & moy deuons auoir l'vn côtre l'autre si vous
eschappez des mains du Grec comme vous dites? Cela n'est pas fort à faire, respondit Saluste Quide, & vous en verrez presentement l'effait. Lors
baissant la veue de son armet tenant son escu bien serré, meist sa lance en
l'arrest, & courut de droict fil contre le Cheualier Grec, qui le receut de si
grand force sans faillir d'attainte l'vn sur l'autre, que leurs boys volla en
esclatz: Mais le Cheualier Grec le rencontra si rudement, que nonobstāt
qu'il fust tresbien à cheual, si le desarçonna il, puis parfaisant sa carriere
passa oultre, portant vn grād tronçon de sa hâte qui luy estoit entrèe si a-
uant dedans l'escu, que chacun pensoit qu'il fust nauré: Toutesfoys peu
apres il môstra bien qu'il n'en estoit rien: car l'arrachant, le iecta par terre
& tourna visaige côtre son ennemy, lequel ne remuoit pied ny main, tant
estoit estourdy de sa cheute, & non sans cause veu le grād sault qu'il auoit
prins pour estre si pesantement armé & monté à l'aduantaige, dont il eut
le bras droit rompu: Et pis encores luy aduint: car en tumbant, le pied luy
demeura en l'estrier, parquoy auant que l'en tirer, son cheual sentāt le faiz
luy donna si grād coup par l'armet qu'il le feist sortir de la teste, le laissant
là esuanouy. Lors le Cheualier Grec le voyant en si mauuais estat, se print
à dire si hault que chascun l'entendit : Vrayement gentil Romain, la damoyselle pour laquelle vous auez fait si grande cheualerie, est merueilleu
sement obligée à vous: Neantmoins si vous ne quittez sa couronne à ma
dame (qui la merite deuant elle comme la passant en toute beaulté) vous
estes bien taillé de perdre presentemét la teste: Mais Saluste ne luy pouoit
respondre, & à ceste cause le Cheualier se retirant vers le Roy, luy dist en
langaige Grec: Sire cestuy qui nagueres vouloit tant persuader le peuple à
le faire croyre en ses proesses, ne veult accorder maintenant la couronne
de sa damoyselle à madame à qui elle apartient, comme chascun peult
veoir. Parquoy il vous plaira (comme iuge droicturier) m'é faire la raison:
Aultrement ie luy osteray la vie deuant toute l'assistance, puis tout soubdain tourna bride , & mettant pied à terre s'approcha du prince. Saluste
Quide, faignāt le vouloir mettre à mort. Ce que voyāt le conte Argamon
dit au Roy. Sire, vous deuez (ce me semble) accorder au Cheualier Grec
ce qu'il demande, & sauluer la vie de l'autre, aultrement vous en pourrez
cy apres estre blasmé. Pourquoy? respôdit Grumedā: Ie vous prie seigneur
côte, laissez tumber la fortune côme il luy plaira: Ne cognoissez vous encores l'oultrecuydance de ces Romains ? ie vous prometz ma foy qu'auec
O iiii   leur

leur audace,ilz ne font nõ plus malicieulx que vielz cinges, & vous le ver
rez par experiéce fi l'on retarde le Cheualier Grec à pourfuyure fa victoi-
re:car encore que Salufte foit fi pres de fa fin : Ie vous dõne tout mon bié,
fi le Roy le faulue,s'il ne dit tant qu'il viura,que l'on a fait peu pour luy,&
qu'il eftoit pour deffaire fon ennemy:Pourtant,fire,retardez quelque peu
s'il vous plaift,voftre fentence,iufques à ce que l'on puiffe affeuréement
cognoiftre,qu'elle fin pourra auoir leur combat. Durant cefte remonftrã-
ce le Cheualier Grec faifoit femblãt de defarmer Salufte pour mieulx luy
trancher la tefte,ce que craignant le Roy,pria fon oncle le faire arrefter &
luy accorder la couronne qu'il demandoit.Lors le vieil conte s'aduança &
en lãgaige Grec luy dit ce que le Roy luy mãdoit: Et à cefte caufe le Cheualier fe tira arriere,& remettant l'efpée au fourreau,parla au conte,de cefte forte:Pour l'hõneur du bon Roy & de vous,ie faulueray pour ce coup
la vie à ce prefumptueux Romain:Toutesfois fi aultres de fes cõpaignons
tumbent en pareil danger, ilz fe peuuent bien tenir feurs,qu'ilz payeront
l'amende pour luy , car ie n'ouyz oncques parler de gloire fi extreme que
la leur,par laquelle ilz font eftat & couftume de mefprifer vn Cheualier,
pour eulx aduantaiger , & au furplus ie vous prie dire à voftre Roy , que
pour les biens que i'ay entendu de luy,ie n'euz oncques enuye de luy dõner ennuy, ne faire chofe ou il print defplaifir, Mais ie le fupplie qu'il me
laiffe pourfuyure ma victoire , fi aultre fe prefente pour combatre , affin
qu'vne aultrefoys ilz ne foyent fi promptz à mefdire , fuyuant la façon de
faire de leur Empereur,qui eft couftumier de menaffer,& d'eftre plus fou
uét batu. Adonc remonta à cheual , & s'en alla droit au perron ou il print
les deux couronnes, & les porta à Grafinde , Laquelle eftoit tant ayfe que
rien plus,& le remercia humblement,luy fuppliant puis qu'il auoit fi bien
commençé, de continuer. Lors demanda vne nouuelle lance qui luy feut
apportée, puis retourna au bout du camp, attendant fe quelque aultre fe
prefenteroit , & voyant que nul ne fe mouuoit, ennuyé de tant attendre,
appella la damoyfelle qui auoit le iour precedent apporté les lettres à la
court,& luy dit,Amye allez dire au Roy,que ie luy fupplie humblement
fi les Romains ne veulent plus cõbatre,qu'il ne permette pourtant aulcun
des fiés fupplier à leur faulte, car oultre ce que leur feroit peu de gloire ve
nir au deffus d'vn fimple Cheualier tel que ie fuys,ie n'ay vouloir quelcõ-
que pour cefte heure d'auoir combat à eulx:Mais fi les aultres veulent véger leur cõpaignon, ie fuys pour les receuoir,tous l'vn apres l'autre, voire
les deux meilleurs d'eulx enfemble. La damoyfelle s'é alla au Roy,& luy
dit ce que le Cheualier Grec luy mandoit,lequel luy refpondit,qu'il en e-
ftoit trefcontét,& que vrayemét il auoit bien cogneu le grand deuoir en
quoy il s'eftoit mis,& que s'il vouloit eftre des fiés,il luy feroit autãt d'hõneur qu'a Cheualier de fa maifon,& l'affeurez de ma part,dit le Roy,qu'il
n'aura defplaifir ne cõbat cõtre aultre que les Romains qui m'en ont priè,

Et

Et certes il ne difoit cela fans grande occafion : mais pource qu'il n'auoit
lors Cheualier qui fe peuft mefurer au Grec: Car tous s'eftoient abfentez
pour le trouble de la court, fors Guiflan le penfif qui eftoit encores malade,& Cédil de Garnate qui auoit eu le iour precedét par fortune les deux
iábes percées d'un coup de fleche, ainfi que le Roy arriuoit à la mort d'un
cerf. Cefte refponce entendue par la damoyfelle, comme faige & aduifée
remercia treshumblemét le Roy,& luy dit:Sire,fi le Cheualier Grec euft
voulu prendre party,l'Empereur de Conftantinople ne l'euft fi ayféemét
perdu:mais il ne fe voulut oncques affubiectir, aymát toufiours fa liberté
plus que tous les biens & trefors de ce monde,& croyez que le plus grád
defir qu'il a, eft de s'employer à deffendre le droit des dames & damoyfelles,& garder qu'õ ne leur face tort,& en ce faifant,a tát acquis de renõmée,par fes haultes entreprifes que c'eft chofe incroiable, & fur ce point,
fire, ie m'en retourneray vers luy,s'il vous plaift aultre chofe me cõman-
der,d'une chofevous puifie affeurer,qu'il attendra iufques au midy ceulx
qui vouldront le combatre: Mais de la en auant mal ayféemét le pourrez
vous arrefter:Lors retourna vers le Cheualier Grec, lequel ayant entendu
la refponce du Roy,vint dire à Grafinde:Madame,à ce que ie voy,la couronne vous demereura franche,& moy hors de danger des Romains,toũ
tesfoys pour me mettre en tout deuoir,l'attenderay encores quelque peu,
veoir fi nul d'eulx vouldra venir. Ce difant appella vn de fes efcuyers, &
luy dit:Porte mon efcu fur le perron,& crie à haulte voix,que f'il ya plus
Romain qui vueille combatre qu'il f'auance. Ce que feit l'efcuyer : Mais
pour cela nul d'iceulx ne f'efmeut :ains regardans l'un l'aultre,cõme trop
esbahis,fpecialemét Maganil,lequel eftoit eftimé entre les Romains l'un
des meilleurs Cheualiers dn monde : Toutesfoys doubtant trop le Grec
pour f'excufer, dit à fes compaignons: Vous fçauez que le prince Salufte
Quide entreprint hier le combat contre Grumedan & que ie luy promis
(f'il eftoit vaincu) me metre en fa place auec mes deux freres, parquoy il
m'eft force me depórter:Mais ie m'eftonne de vous aultres,qui auez tous
ainfi perdu le cueur,pour vng feul coup de lance, qu'auez veu donner par
ce Grec:Lors appella Gradamor & Lazanor,deux ieunes Cheualiers Romains d'affez bon vouloir,& leur dit:Il me femble que vous tardez beaucoup à vous mettre en deuoir, vous voyez que le Grec s'offre à combatre
deux de nous aultres,ie fuys bié feur fi vous voulez qu'il ne pourra nullement refifter contre vous,parquoy ie vous prie ne le laiffer plus en repos.
Cefte parolle leur haulça tant le couraige, qu'ilz demanderent incontinét
leurs armes,& entrans dans le camp,comme trefmal appris,ou peult eftre
par trop de prefumption, pafferent deuant le Roy fans le faluer,ny faire
femblant de le veoir : Puis marchant vers le perron, Gradamor de grand
defpit meit l'efpée au poing,& commença à ruer de toute fa force fur l'efcu qui eftoit deffus,en forte qu'il le meit en pieces, criant tant qu'il peult:
Malencon-

Malencontre puiſſe auoir celuy qui ſouffrira plus louguement les armes de ce malheureux, en la reputation qu'elles ſont. Quand le Grec entendit ceſte iniure, il entra en ſi grãd colere, que ſans s'aduiſer de demander vng aultre eſcu, empoigna vne nouuelle lance, & donnant des eſperons à ſon cheual vint rudement contre les deux Cheualiers Romains, l'un deſquelz il print ſi à propos, qu'il le iecta à terre tant eſtourdy qu'il ne ſçauoit s'il eſtoit iour ou nuict, & pẽſoit chaſcun qu'il euſt le col rompu, & pource que de ceſte rencõtre ſon boys volla en eſclatz, meit la main à l'eſpée, & tournant viſaige contre Lazanor, le preſſa de ſi pres qu'il l'euſt renuerſé, s'il ne ſe fut tint aux crains du cheual, & cõme il ſe courboit, le Cheualier Grec le ſaiſit au corps, & à force de bras (en luy arrachant l'eſcu du col) le iecta par terre: Toutesfoys il ſe releua prõptement, & s'aprocha de ſon frere qui eſtoit deſia ſur bout, ce pendant le Cheualier Grec meit pied à terre craignant perdre ſon cheual, & ſe couurant de ſon eſcu, entra peſle meſle ſur ſes ennemys, frappant à dextre & à ſeneſtre, ſi aſprement qu'ilz ne le pouuoient ſouffrir. La feit il bien cognoiſtre l'effort de ſon couraige, & qu'il n'eſtoit apprenty en telles extremitez, & ainſi que l'vng & l'aultre de Romains tournoient autour du perron, pour euiter le trẽchant de l'eſpée du Grec, il attaignit la iambe droicte de Lazanor ſi au vif, qu'il la luy couppa quaſi en deux, & de grand angoiſſe qu'il endura, ſe laiſſa cheoir à la renuerſe, demandant piteuſement mercy. Neantmoins le Cheualier Grec feit ſemblant de ne l'entendre, ains luy donnant du pied contre l'eſtomach, le laiſſa eſtẽdu ſur le champ, & retourne à Gradamor, qui s'en ſuyoit vers le Roy pour ſe garentir de mort: Mais le Cheualier Grec le ramena pres le perron à coups d'eſpées, & ainſi qu'ilz tournoyoient à l'entour, Gradamor ſe trouua ſi hors d'alaine qu'il tumba tout eſtendu: Parquoy le Cheualier Grec ſe iecta ſur luy, luy dõnant tãt de coups ſur l'armet, qu'il le luy feit ſortir de la teſte, adõc leua le bras pour la luy oſter de deſſus les eſpaulles: mais l'aultre s'eſcria: Ha a gentil Cheualier, pour dieu mercy, ie ſuys preſt de faire tout ce qu'il vous plaira. Lors ſe leua de deſſus luy, & voyãt que Lazanor ſe deſroboit, courut le prẽdre & le treina tant qu'il l'aprocha tout au plus pres de Gradamor, qui feit penſer à chaſcun, qu'il vouloit les faire mourir enſemble. Au moyẽ dequoy Grumedã qui leur ſoubhaittoit mal de mort, dit ſi hault qu'il fut entẽdu de pluſieurs: Par dieu il me ſemble que le Grec a ſi bien vengé le tort que l'on a fait à ſon eſcu, que Gradamor en doit auoir ſouuenãce toute ſa vie, & cõe il diſoit ceſte parolle, Splã dian s'approcha d'eulx. Lors le Cheualier Grec luy demãda qu'il vouloit. Sire, reſpõdit il, ie vous prie pour l'amour de moy, auoir pitié de ces deux Cheualiers, puis qu'ilz ſe tiénét pour vaincuz, Mais faignoit ne l'entẽdre, Parquoy Splandian pria au conte Argamon de luy declairer, ce qu'il feit. Vrayemẽt, dit le Cheualier, ie les luy donne de bon cueur, à la charge que vous me direz qu'il eſt. En bõne foy, reſpõdit le cõte, ie ne ſçache hõe en

ceſte

cefte court qui le vous fçeut dire:Car il y a efté amené par la plus grãde a-
uanture du monde: Adonc luy recita bien au long comme l'Hermite l'a-
uoit trouué.I'ay,dit le Cheualier, ouy parler autresfoys de luy en Romanie,& me femble qu'il fe nomme Splandian,qui a, à ce que l'on m'a affeuré,fur les deux tetins quelque lettres de nature. Vous dites vray , refpondit le conte , & vous les verrez prefentement s'il vous plaift : Lors commanda à Splandian qu'il les luy monftraft. Ce qu'il feit, dont il s'efmer-
ueilla grandement, luy difant : Ie prie à Dieu mon enfant, qu'il te donne
bonne fortune:Puis remonta à cheual & vint vers Grafinde, à laquelle il
dift: Ma dame ie croy qu'il vous a longuement ennuyé:mais i'ay efté con-
trainct(comme vous auez veu)de tant arrefter . Sur mon dieu , refpondit
elle , vous ne ferez iamais chofe que ie ne preigne à bonne part, & allons
quand il vous plaira . Lors fortant de la preffe , prindrent le chemin vers
leurs nauires, tant ioyeulx l'vn & l'autre, qu'il feroit impofsible de le reciter : Puis eftans embarquez commanderent aux mariniers faire voile
droict en l'Ifle Ferme : mais pource que le Cheualier Grec fe doubta que
dom Grumedan auroit affaire pour trouuer Cheualier qui luy aydaft à
maintenir le combat qu'il auoit entrepris , il pria Angriotte & Bruneo,
demourer la pour là fecourir , & ce pendant qu'il meiffent peine de fçauoir nouuelles d'Oriane,s'il leur eftoit pofsible.

Comme le Roy Lifuart enuoya

querir Oriane,pour la liurer aux Romains, & de ce qu'il
aduint à vn Cheualier de l'Ifle Ferme, mefmes
du combat qu'eut Grumedan contre
ceulx qui l'auoient deffié.

Chapitre　　XVII.

I Lvous a efté recité comme eftant Oriane à Mirefleur, la
Royne Sardamyre la fut veoir du confentement du Roy
Lifuart, pour luy faire entendre l'amytié que luy portoit
l'Empereur, & la magnificence qui s'apreftoit pour la recepuoir dedãs Rome:Maintenãt pourfuyuant noftre hi-
ftoire entendez , qu'apres qu'elle fut du tout accordée aux Romains , le
Roy la voulut faire venir : Et pour ce faire commanda à Giontes fon nepueu prendre deulx aultres Cheualiers auecq luy, & l'aller querir . Mais
que fur fa vie il gardaft qu'aultre que ceulx de fa compaignie ne parlaf-
fent à elle. Parquoy Giontes executant le commandement du Roy,mena
Sadoce,& Lazanor,lefquelz arriuez à Mirefleur(apres auoir fait entendre
à la prin-

à la princesse ce que son pere luy mandoit, feirent apprester vne lictiere
pour la mener: Car aultrement elle n'eust peu venir, tant estoit foyble, &
matte d'auoir si côtinuellement pleuré, & accôpaignée de la Royne Sardamire & aultres damoyselles, se meirent en chemin : Mais entre Mirefleur & Tagades ou le Roy seiournoit, approchans pres d'vne tresbelle
fontaine qui sourdoit d'entre vne infinité d'arbriseaux, apperceurent dedâs les taillis, vn Cheualier prest à combatre, qui portoit l'escu de sinople,
& vne lance, en laquelle pendoit vne banderolle de semblable couleur,
lequel appellant l'vn de ses escuyers, luy dit: Va & dis à ceulx qui gardent
ma dame Oriane, que ie leur prie par courtoysie me laisser parler à elle,
aultrement que i'essayray de ce faire maulgré qu'ilz en ayent. L'escuyer
s'aduança, & s'adressant à Giontes luy dit ce que son maistre leur mâdoit,
dont il se print à rire, mesmes quand il entendit la menasse qu'il leur faisoit estant seul, & respôdit à l'escuyer : amy retourne au Cheualier & luy
ditz qu'il ne peult à present parler à ma dame Oriane, & que s'il s'efforce
de faire d'aduantaige, qu'il s'en trouuera (peult estre) mal. Quand Oriane
entendit ceste parolle, elle la print tresmal, & dit à Giontes: Et beau sire
que vous doit il challoir s'il parle à moy? peult estre m'apporte il nouuelle
de chose qui me sera agreable. Ma dame, respondit il, le Roy nous a commandé sur noz vies ne laisser approcher aulcun de vostre personne, tant
que vous soyez auec luy. L'escuyer s'en retourna court vers le Cheualier.
Ce pendant Giontes se doubtât bien qu'il fauldroit côbatre, se tint prest.
Et aussi tost le Cheualier sortit en campaigne. Et donnans des esperons à
leurs cheuaulx coururent l'vn sur l'aultre, se chargeans par si grand roy-
deur, que leurs lances vollerent en esclatz, & s'espaulla le cheual de Giontes tûbât à terre, & son maistre dessoubz, en sorte qu'il ne se peult prôpte-
ment releuer. Parquoy le Cheualier Verd tournant visaige s'approcha de
luy, le priant de rechef qu'il le laissast parler à la princesse. Par ma foy, respondit il, si vous le faites, ce sera maulgré moy, & par l'infortune seule aduenue à mon cheual: Mais à peine eut il acheué ceste parolle, que le Cheualier entendit Sadoce cryer qu'il se gardast de luy : Au moyen dequoy
laissant là Giontes, s'adressa à l'aultre, neantmoins il faillit d'attainte, non
pas Sadoce, qui le rencontra de si grand force qu'il meit son boys en esclatz, dequoy le Cheualier marry ayant recouuert nouuelle lance, tourna
visaige, & donnant des esperons à son cheual, print Sadoce si à point, qu'il
le desarçonna. Ce que voyant Lazanor (pensant venger ses deux compaignons) coucha sa lance contre le Cheualier Verd, esperant le surprendre:
Mais gauchissant au coup l'vn de l'aultre, se chargerent de si grande force
l'vn contre l'autre, que Lazanor se rompit le bras demeurant sur son cheual estourdy, en sorte qu'il n'eust moyê de l'arrester au bout de la carriere,
car le cheualier Verd luy auoit osté en passant le frain de la teste, parquoy
le voyât ainsi courir, se print à rire: Lors vint vers Oriane, laquelle il salua
humblement

humblemēt:Or penſoit elle que ce fut Amadis,parquoy ſe leuant dans ſa
litiere le receut d’vn treſbon viſaige.Adonc le Cheualier luy donna vne
lettre qu’il portoit,luy diſant.Ma dame,Agraies & Floreſtá ſe recōmédét
bien humblement à voſtre bonne grace,& m’ōt expreſſemēt enuoyé vers
vous pour vous aduertir de ce que entédrez par ce qu’ilz vous eſcripuent,
pourtát aduiſez s’il vous plaiſt rien leur máder,car ie m’en retourne vers
eulx en la plus grande diligence qu’il me ſera poſsible,eſtant aſſeuré que
encores que ie ſoys de peu de valeur,ſi auront ilz,peult eſtre,affaire de
moy auant que leur entrepriſe preigne fin.En bonne foy,reſpondit elle,il
pourront bien faillir à trouuer vn meilleur Cheualier que vous eſtes,teſ-
moing le deuoir que vous auez fait pour parler à moy,Mais beau ſire puis
qu’auez tant prins de peine,ie vous prie me dire qui vous eſtes,affin que ie
vous en ſçache gré quelque foys qu’il viédra à propos.Ma dame,reſpódit
il,ie ſuys Garnate du val craintif,à qui il poiſe beaucoup de ce que le Roy
voſtre pere veult faire cótre vous,Toutesfoys à grand peine en viédra il à
bout cōe ie croy,pluſtoſt verrez vous mourir maintz bós Cheualiers,qui
pour l’amour de vous ſót tous deliberez de l’égarder par force.Ha à Gar
nate mó amy,ie prie noſtre ſeigneur me dóner le moyen de pouoir reco
gnoiſtre ceſte gráde loyauté.Ma dame,reſpóditil,i’ay toute ma vie deſiré
vous faire ſeruice,cōme celuy qui eſt voſtre treshumble ſeruiteur,& ſur ce
poinct ie prédray cōge de vous.Lors s’approcha la Royne Sardamyre,&
voyát Oriane plus ioyeuſe ce luy ſembloit qu’elle n’auoit encore eſté,luy
dit:Ma dame,ie ne cognois le Cheualier qui a parlé à vous: mais il à auſſi
mal traicté voz gardes que Floreſtá feit ceulx qui me cōduyſoiét,en ſorte
qu’ilz ne ſe doiuét gueres reprocher l’ū à l’aultre,ie ne ſçay pas pourtát ſi
c’eſt du malheur de ce chemī, ou par deffault de bō cueur:mais ie ſçay bié
que ie ne veiz oncques deux plus gētilz Cheualiers,que luy & Floreſtá.Ie
n’ay point veu,reſpódit Oriane,le traictemēt des voſtres,& quant à ceulx
cy,il me ſemble qu’ilz ont trouué qui les a chaſtiez:Et cōme elles ſe moc-
quoyét d’eulx,Giótes & les deux aultres retournerét vers elles,tát hōteux
qu’ilz n’oſoiét quaſi leuer la teſte pour les regarder,& reprenát le chemin
de Tagades,Oriane feit étrer Mabile en ſa litiere pour luy tenir cópaignie.
Lors eſtás elles deux enſemble,leurét la lettre par laquelle Floreſtá faiſoit
ſçauoir à la princeſſe que Gandalin & Ardá le Nain d’Amadis eſtoiét arriuez en l’Iſle Ferme,ou ſe deuoit trouuer leur maiſtre huict iours apres,
ainſi qu’il leur mandoit,& l’attédoient Galuanes,Agraies,& maintz aultres bons Cheualiers,leſquelz s’eſtoient ainſi aſſemblez pour la ſecourir
auſsi toſt qu’ilz ſeroient aduertiz de ſon embarquemét pour eſtre cōdui-
cte à Rome:Et pourtant qu’elle ſe reſioyſt & print couraige . Ces nouuelles pleurent tát aux deux damoyſelles,qu’il ſeroit ipoſsible de plus,& leur
fut aduis qu’elles ſortirent de mort à vie, ou d’vne priſon tenebreuſe, en
vne treſgrande clarté:Et tant que le chemin leur dura,ne tindrent propos

P

d’aultres

d'aultre chofe , n'eftant contentes l'vne ne l'aultre , pour lire,& relire plus
de cét foys la lettre que leur auoit apporté Garnate:mais quád elles fe veirét pres du logis du Roy,nouuel ennuy maiftrifa cefte grád ayfe,craignát
que les Cheualiers de l'Ifle Ferme ne peuffent ayféemét executer leur entreprife,parquoy incótinét qu'Oriane fut defcédue,elle fe retira en fa chábre,fans aller vers la Royne,cóe elle auoit de couftume,& difoit pour ex-
cufe,qu'elle fe trouuoit mal. Dequoy le Roy aduerti la vint trouuer,accó-
paigné feulemét du Roy Arban de Norgalles,& aufsi toft qu'elle l'aduifa
fe vint iecter à fes piedz & fondát quafi en larmes, luy dit trefpiteufemét:
Helas mófieur,pour l'hóneur de dieu regardez voftre tát defolée fille en
pitié,& ne luy foiez moins fauorable que vous auez efté toute voftre vie
enuers les plus fimples damoyfelles qui vous ont demádé ayde:Ha a mófieur,quát Arcalaus vous emmena prifónier,ce fut foubz le tiltre de voftre
grád bóté,pour aller ayder à celle qui vous en auoit requis,& maintenant
eft il pofsible qu'oubliant cefte vertu qui vous a efté toufiours familiere,
vous me voulez pis faire que ne feiftes oncques à aultre viuát:I'ay fceu que
vous me voulez enuoier vers l'Empereur de Rome, pour eftre fa femme:
Mais fi vous me contraignez à cela,vous ferez trefgrand peché:car fe fera
maulgré moy,& fi fuys bié feure que la mort me preuiédra pluftoft. Mamye,refpondit le Roy,eftimez vous que iene vueille voftre bié & hóneur
autát que ie vous doiz?Ha a mófieur ie ne fçay pas cóme vous l'entédez:
Toutesfoys fi me feparez de vous, vous eftes homicide de voftre propre
fang.Lors fe meit tellemét à foufpirer,que le Roy fut tótraict de fortir de
la chábre & la laiffer,tát elle luy faifoit de pitié . Adóc s'approcha le Roy
Arbá,lequel la cuydát recóforter luy dit:Ma dame,vous auez iufques icy
efté eftimée faige & cóftáte,& maintenát il femble que vous vueillez fortir hors de cefte bóne reputation ,ne fçauez vous qu'il ya remede à toutes
chofe ? peult eftre que le Roy fe pourra aduifer fe vous le fçauez tant foit
peu gaigner. Ha a mon coufin,refpódit elle,puis que fortune m'eft fi con
traire,& qu'elle delibere móftrer en mó endroit tout l'effort de fa cruaulté,vous oftát le moyé & à maintz aultres aufsi de me fecourirpar armes,a-
uec lefquelz vous eftes tát de foys mis en vne infinité de dangers,pour deliurer de tribulation les aultres dames & damoyfelles affligées,ie vous fup
plie au moins m'ayder de voftre parolle,có feillát au Roy fe defporter du
tort qu'il me fait,fans vouloir téter dieu,& contraindre le bon heur qu'il a
toufiours eu iufques à prefent fe feparer de luy,laifsát en fon lieu toute infortune & malécótre,& pour dieu retournez vers luy,& trouuez moyé de
le ramener icy auec mon oncle le conte Argamon & don Grumedá,affin q́
vous trois enfemble luy puifsiez mieulx remonftrer:Difát ce propos,la do
léte princeffe eftoit tant affligée,qu'elle fembloit mieulx morte que viue:
Car elle tumba efuanouye fur le plácher,ce que voyát le Roy Arbá fortit
de la chábre,tádis que Mabile & les aultres eftoiét au tour d'elle pour luy
donner

dõner quelque allegement,Et vint trouuer le Roy auquel il feit entendre
tout ce qu'Oriane luy auoit dit,qui l'efmeut tellement à pitié,qu'ayféemét
lon pouuoit cognoiftre en luy la peine qu'il en portoit,Neantmoins il ne
vouloit aller vers elle pour priere qu'elle luy en fift,iufques ad ce que le cõ
te Argamõ & le vieil Grumedã le fupplierét tát qu'il s'y accorda, Et ainfi
qu'il entroit dãs la chãbre,il l'aduifa écores en fon efuanouyffement: Lors
s'approcha d'elle,Et la leuãt entre fes bras cõmença à luy dire,Mamye,par
lez à moy:mais elle ne remuoit pied n'y main,Toutesfoys à force de vin-
aigre & eaue froide,on luy feit reuenir le cueur, Adõc iecta vn hault foufpir,& voyãt le Roy,luy dit:Helas,mõfieur,ayez pitié de moy.Mamye,re
fpõdit il,que voulez vous que ie face?Sire,dit elle,auãt que m'eflõgner de
vous,ie vous fupplie aduifez au mal qu'il en aduiédra,car iamais Rome ne
me verra,plus toft la mer me deliura de cefte peine,ainfi ferez vous caufe
de deux maulx enfemble.Le premier de l'inobediéce que ie cõmettray en
uers vous,L'aultre de l'homicide que voftre fille fera en fa propre perfonne,Et par ce moyé cuydãt faire aliãce & amytié auec l'Empereur (m'efti-
mãt ainfi deffaiĉte par defpit de luy)il aura iufte occafion de vous vouloir
mal,nõ luy feulemét,mais tous ceulx qui en orrõt parler à l'aduenir,en for
te que d'autãt que vous eftes renõmé par tout le monde prince begnin &
mifericordieux,ferez dit impitoiable & cruel plus que nul aultre pourroit
eftre:Pardonnez moy,Sire,la douleur qui me preffe,me cõtrainĉt vous di
re ce que i'en péfe,& fe vous voyez que trop irreuerément ie parle à vous,
prenez de mon indifcretion, telle vengeance qu'il vous plaira, Car vous
ne me pourriez donner peine ou tourment fi grand,comme eft celuy que
ie me voy appareillé,me priuant de la prefence de vous. Mamye refpõdit
il,ie vous entendz tresbien,voftre mere vous dira ce que i'ay deliberé de
faire,& pluftoft ne vous defcõfortez ainfi:mais faiĉte bõne chere & vous
aurez peult eftre ce que vous demãdez:cefte promeffe luy feit le roy pour
ce qu'il auoit le cueur fi ferré de pitié qu'il n'euft peu parler à elle d'aduan
taige,mefmes que la Royne furuint,Laquelle voyãt fa fille en tel eftat feut
bien esbahye,Car aufsi toft qu'Oriane l'aduifa,elle s'efuanouyt de rechef.
Ce pendant le Roy fe retira,laiffant les femmes autour d'elle toutes bien
empefchées,Et apres qu'elle eut recouuert la parolle, ainfi que la Royne
luy demãdoit cõme elle fe trouuoit,La dolente Oriane ouurãt les yeulx
tous couuertz de groffes larmes,fe print à la regarder trop piteufemét,puis
d'vne voix quafi forcée luy dit,Helas ,ma dame,le portement que i'ay eft
trop meilleur qu'il ne me feroit befoïg,La mort eft maïtenãt tout ce que ie
defire,& à quoy mõ efprit téd le plus,veu que ie me voy habãdonnée du
roy & de vous,péfãt m'éuoier à Rome:Mais le voyaige que feray fera vn
peu plus loingtain,vous láiffãt le corps duquel voulez difpofer cõtre raifõ
pour réuoyer l'efprit à dieu qui a puiffance fur luy.Mamye,dit la royne,le
Roy vous ayme tãt qu'il ne penfe qu'à voftre bien,& grãd aduãtaigemét

P ii   pour-

pourquoy vous tourmentez vous tant?Ie ne ſcay,reſpondit Oriane,côme
vous trouuez ce baniſſement tant à mon aduantaige , Pourquoy diĉtes
vous que le roy m'ayme,ſe monſtrant plus impitoyable enuers moy,que
ne feit oncques pere enuers ſon enfant: Mais entendez que durant que
telles lamentations ſe faiſoyent entre la royne & ſa fille,Le roy ſe pourmenoit en vng iardin auec peu de compaignie. Le voyant le conte Argamon melancolique & reſuer à ce que la princeſſe luy auoit dit , eſtimant
que peult eſtre il s'eſtoit rauiſé, s'aprocha de luy, & luy dit : Monſieur
ie me tiendroys pour trop heureulx de n'auoir occaſion vous dire ce
que la raiſon m'oblige vous cognoiſſant ſaige & vertueulx prince , pour
diſcerner facilement le bien d'auec le mal:Toutesfoys la pitié que m'a faiĉt
nagueres ma dame voſtre fille , me contrainĉt vous ramenteuoir ce que
ie vous ay autrefoys dit d'elle,Et vous ſupplier tant qu'il m'eſt poſſible
(auant que l'eſlongner de vous) y penſer meurement & ſans affeĉtion.
Car combien que peu communéement l'homme ſaige face faulte , ſe gou
uernant par raiſon,Auſsi quand il preſume tant de ſoy qu'il ne veult auoir
conſeil que de ſa propre teſte,il tumbe ſouuent en plus de danger que ne
feroit vng moins aduiſé. Monſieur vous voyez l'extremité en quoy eſt
madame Oriane , & ſi bien vous y penſez, vous iugerez ayſéement l'inconuenient qui peult aduenir en ſa perſonne par vng trop grand deſeſ-
poir,Dont puis apres vous ſeriez marry toute voſtre vie , & oultre ce vous
en pourrez eſtre blaſmé , non ſeulement des eſtrangers:mais de voz ſub-
ieĉtz meſmes , & leur eſtre cy apres odieux, dont il pourroit venir maintes malheuretez , Pourtant croiez le conſeil de ceulx qui deſirent le bien,
proffit & honneur de vous & de voſtre royaulme, Ce faiſant il ne vous en
pourra mal venir,& encores qu'il en aduint aultrement , vous ſerez ex-
cuſé,& eulx obligez à y trouuer remede,Et d'aduantaige vous ſçaues que
la faulte que l'on faiĉt par conſeil ne ſe peult aultrement nommer que faul
te ſaigement faiĉte , Voyla monſieur pourquoy ie vous ſupplie treshumblement (en vſant de pitié paternelle) contenter ſes ambaſſadeurs par aul
tre moyen qu'au pris du ſang de voſtre fille.Mon oncle,reſpôd le Roy, ce
propos a eſté aſſez demené , n'en parlez plus ſi me voulez faire plaiſir, &
luy tournât viſaige le laiſſa ſeul,pource qu'il veit êtrer au iardin le price Sa
luſte Quide,& Brandadel,leſquelz arriuez pres de luy les appella & leur
dit:Or ça,ma fille eſt arriuée:mais elle ſe treuue vn peu mal,vous la verrez
demain en bône ſanté,ſe dieu plaiſt.Sire,reſpondit Brádadel, quand vous
plaiſt il la nous liurer pour l'emmener à noſtre maiſtre qui l'attéd de iour
en iour,ſuiuant ce que nous luy auôs eſcript?Ie vous diray,dit le roy,vous
ſçauez que ie la luy ay vrayemét accordée,contre l'opinion de tous les che
ualiers de ma court,& maulgré qu'elle en ait eu.Toutesfois ie l'ay faiĉt có
ſiderát la vertu de l'Empereur,& l'eſperáce que i'ay au bô traiĉtemét qu'il
luy fera.Ce pédát ie vous prie le gaigner petit à petit pour luy faire oublier
vous

ce qu'elle laiffe & donner ordre que voz vaiffeaulx foyent preftz à partir:
car ie la vous liureray de tout poins cefte fepmaine prochaine . Sire , refpódit le Prince Salufte Quide,il ne fe fault esbahyr fi elle à regret pour le
commencement de vous laiffer:mais ie fuys feur qu'auffi toft qu'elle fera
arriuée à Rome(voyát tant de grands feigneurs luy porter obeyffance,les
triumphes qui luy font appareillées pour la receuoir,& fur tout le grád a-
mour & bon traiĉtement que luy fera l'Empereur) qu'elle oublyra facile
ment fon anciéne nouriture , & s'il vous plaift luy donner pour l'accompaigner Olinde,i'ay efperance de la prédre pour ma femme,nous arriuez
pardela,tant ie l'ay trouuée faige & vertueufe princeffe . Vrayement , dit
le Roy,ie l'en prieray voluntiers , &commença à luy en dire d'aduátaige
tous les biens qui pourroient eftre en ieune damoyfelle:Et fur l'heure s'en
allerent mettre à table qui defia eftoient couuertes pour le difner ,durant
lequel fe vindrent prefenter ceulx qui vouloiét combatre Grumedan di-
fans au Roy : Sire vous fçauez les propos qu'a tenu ces iours paffez Grumedan,au defaduátaige des Romains,tant que le prince Salufte (& nous
pour luy)luy auons prefenté le combat,affin de luy faire cognoiftre qu'il
n'appartiét à vn vieil refueur,cóme il eft, s'adreffer aux Cheualiers de Rome,pourtát s'il vous plaift,ce fera pour demain:car il nous ennuye trop de
laiffer fi long téps cela impuny.Lors don Grumedan fe fentát iniurié, cóméça à changer couleur:& ainfi qu'il cuidoit refpódre.le Roy voyát qu'il
entroit en colere,print la parolle,& luy dit : Grumedan , vous vous eftes
toufiours móftré faige & froid,principalemét au parler, ie vous prie beau
fire,diffimulez pour ce coup,& refpondez feulemét au cóbat que deman
dét ces cheualiers.Sire,dit il,ie le feray puis qu'il vous plaift,& demain ne
fauldray à me trouuer au camp ainfi que i'ay promis,ou i'efpere me véger
de l'iniure qu'ilz m'ót faite en voftre prefence . Adóc le Roy fe leua de table,& entra en fa chábre auec Grumedan,auquel il demanda qui eftoient
ceulx qu'il auoit choifiz pour eftre des fiens.Sire,refpondit il,le droit pre-
mieremét qui eft deuers moy,& fi Galaor arriue demain,ie fuys feur qu'il
me tiédra volútiers cópaignie,& s'il ne vient ie les cóbatray eulx trois l'vn
apres l'aultre.Ce ne peult eftre , dit le Roy: car vous leur auez accordé de
trois enfemble,cótre trois,& ainfi le iuraftes en mes mains,qui me fait a-
uoir grád doubte de vous,pource qu'ilz font ieunes & fors , & vous defia
caduc & fans fecours.Sire,refpó dit il,dieu y pouruoira s'il luy plaift,q hait
orgueil & prefumptió,dót ilz fót fort entachez:Et au pis aller, ie cognois
deux de mes parés qui pour mourir ne refuferont à m'ayder cótre eulx.Ie
feray aultrement,dit le Roy, ie me defguiferay, & feray pour l'amour de
vous le fecód,affeuré que vous & moy les cóbatrons bien tous troys.Ha a
fire,refpondit il , ia dieu ne plaife que vous mettez pour moy voftre perfonne en tel danger.Pourquoy dit le Roy,en meilleur lieu ne pourray ie
(peult eftre)iamais recognoiftre les feruices que vous m'auez faitz,hazar

P iii   dant par

dant par tant de foys voſtre vie pour la deffenſe de moy & de mon Roy-
aulme.Sire,reſpõdit il,le bon vouloir que vous me monſtrez à preſent au
gmẽte tant l’obligation que i’ay en vous,que ſi ie mourois de mille mors
en voſtre ſeruice,ie pẽſerois encores eſtre voſtre redeuable.Ne vous chail-
le,dit le Roy,i’ay encores le cueur vif,& le bras aſſez royde pour ſouſtenir
voſtre querelle.Ha a ſire, pardonnez moy , iamais n’y conſentiray veu le
tort que vous feriez à vous meſmes,eſtant Roy droicturier,qui deuez au
tãt fauoriſer l’eſtrãger cõme le voſtre bien familier.Puis qu’ainſi eſt,dit le
Roy,ie me deporteray doncques:mais ce ſera maulgré moy : Or vous en
allez pouruecir à voſtre affaire : car vous n’auez que tarder. Lors Grumedan luy donna le bon ſoir,& ſe retira en ſon logis , ou il feit appeller deux
Cheualiers ſes parens,& leur dit:Vous ſçauez le combat que ie dois auoir
demain cõtre les trois Romains,& pource que vous eſtes ceulx , à qui i’ay
plus de fiãce,ie n’ay voulu choiſir ne prier autres Cheualiers de ceſte court
pour m’ayder que vous deux,ne le voulez vous pas faire?Et ilz luy reſpon
dirent que ouy,le remerciant affectueuſement de l’honneur qu’il leur faiſoit,& à ceſte cauſe allerent mettre à point leurs armes, & Grumedan entra en vne chapelle ou il demeura en oraiſon iuſques au lendemain qu’il
en ſortit ponr s’eſquiper,& ainſi qu’il commençoit à s’armer, ſuruint la da
moyſelle de Graſinde,de laquelle cy deuãt vous a eſté parlé,qui portoit l’v
ne des plus belles eſpées du monde,& ſaluant Grumedan,luy dit:Le Che
ualier Grec qui vous ayme & eſtime pour la preud’hõmie qu’il a entendu
eſtre en vous,vous enuoye ceſte eſpée qu’il vous donne de bon cueur.cõ-
me eſtant l’vne des meilleures du monde,& eſt celle meſme de laquelle il
chaſtia l’aultre iour ſi bien les Romains en voſtre preſence, & ſi vous man
de par moy que pource qu’il a ſçeu la neceſſité ou vous eſtes pour trouuer
deux Cheualiers telz qu’il vous eſt beſoing,il vous a laiſſé deux de ſes cõ
paignons qu’il eſtime en proueſſe autant qu’aultres que veiſtes oncques,
& vous prie par l’amytié qu’ilz vous porte,que les receuez ſans en prẽdre
d’aultres:car s’ilz n’eſtoiẽt telz qu’il les vous aſſeure par moy,il ne les vous
eut preſentez.Damoyſelle mamye , reſpondit il,ie remercie de bien bon
cueur le Cheualier,& vous auſſi de la peine qu’auez prinſe à m’apporter
tant bonnes nouuelles:Lors print l’eſpée,& luy ſembla l’vne des plus belles qu’il euſt oncques veu,puis la ceignit à ſon coſté,diſant à la damoyſelle:
Vrayement le Cheualier Grec fait beaucoup pour moy,veu le peu de cognoiſſance que nous auons enſemble,& dieu me doint la grace de luy pouoir recognoiſtre,en quelque endroit.Ses deux compaignõs,dit elle,vous
attendent,& ſont tous preſtz à combatre quand il vous plaira , pourtant
vous n’auez que tarder:car i’ay naguieres veu les trois Romains bien deliberez de monſtrer ce qu’ilz ſcauent faire . Allons , reſpondit Grumedan,
(quand il vous plaira.)Lors feit amener le Cheual que Floreſtan luy auoit
dõné(celuy meſmes qu’il conqueſta deuãt la Royne Sardamyre) & mõta
deſſus,puis marcha au petit pas droict au lieu ou deuoit eſtre le cõbat:Là à

trouua

trouua les deux Cheualiers qui luy eſtoiēt venus de ſecours , & ſe ſaluans
l’vn l’autre,leur dit Grumedan : Seigneurs, ie ne ſçay qui vous eſtes : mais
ce que voulez faire pour moy me dōne aſſez à cognoiſtre que ie vo⁹ dois
toute ma vie eſtimer de mes meilleurs amys,& cōme il acheuoit ceſte parolle,ilz veirent entrer au camp les troys Romains, auec trōpettes & clai-
rōs,faiſant vn tel bruict, que l’air en retentiſſoit de toutes pars. Et à l’inſtāt
mōta le Roy en ſon eſchauffault,lequel iectāt ſa veue de toutes pars pour
choyſir Grumedā,l’aduiſa au meillieu des deux Cheualiers,& la damoyſelle tout ioignāt,laquelle il recogneut auſsi toſt : mais il ne pouoit preſumer qui eſtoient ceulx qui ſe preſentoient de la part de Grumedan : Et à
ceſte cauſe,il la fit appeller,& luy demāda ſi elle les auoit emmenez . Sire,
reſpōdit elle,les bons ſont voluntiers ſouſtenuz de leur ſemblables, voyla pourquoy le Cheualier Grec aduerty de la loyauté de Grumedā, & du
combat qu’il à entrepris contre les Romains, auſsi du peu de moyen qu’il
auoit pour eſtre ſecouru à preſent, eſtās tous les bōs Cheualiers de voſtre
court quaſi abſens,luy a enuoyé deux de ſes compaignons, leſquelz vous
n’eſtimerez guieres moindres de luy en tout ce qu’il appartiēt à preud’hō-
mes, & ſi vous puis aſſeurer que Grumedan ne s’y attēdoit aucunemēt:car
il n’en fut oncques aduerty, iuſques à ce qu’il s’eſt trouué preſt à monter à
cheual,& que ie les luy ay preſentez. Vrayemēt damoyſelle,dit le Roy,le
Cheualier Grec a beaucoup fait pour luy.Et comme elle acheuoit ce propos,les troys Romains s’approcherent de l’eſchaffault du Roy, auquel ilz
dirent ſi hault que chaſcun les entendit: Sire,pource que nous auons deliberé emporter à Rome , les teſtes des troys Cheualiers qui nous veulent
cōbatre,vous ſupplyons treshumblement n’en eſtre mal content,ſpeciale-
ment pour celle de dom Grumedan, ou luy mandez qu’il ſe dedie preſen
temēt deuant voſtre maieſté,accordant libremēt que nous Romains ſommes les meilleurs Cheualiers de tout le monde. Faites,reſpōdit le Roy,ce
qui eſt en vous,& qui demeurera vaincueur, traicte ſon ennemy ainſi que
bon luy ſemblera. Lors paſſerent oultre & arriuerēt les dames pour veoir
le paſſe tēps,accōpaignées de Guiſlan le penſif,& Cendil de Ganotte,tous
deux encores ſi debiles de leur maladies qu’ilz ne ſe pouuoient quaſi ſou
ſtenir:car Guiſlan ſortoit nouuellemēt d’vne fieure cōtinue, & Ganotte a-
uoit peu deuant eu les deux iambes percées d’vne fleſche eſtant le Roy à
l’aſſemblée dedans la foreſt. Or craignoit la Royne merueilleuſemēt que
fortune feuſt cōtraire au bon vieillart Grumedan,& à ceſte cauſe appellāt
Guiſlan luy demāda que luy en ſembloit. Ma dame,reſpōdit il, le hazard
des armes eſt en la volunté de dieu,& au bon droit qu’ont les combatans,
& non en la force des bras, ny en la preſumption des perſonnes:Parquoy
ma dame,cognoiſſant Grumedan ſaige,vertueulx Cheualier, & hōme de
bien,autāt qu’il en ſoit point au monde, & l’outrecuydance de ceulx auſquelz il a affaire,il me ſemble que ſi i’eſtois en ſa place, que i’en viendrois

P iiii   ayſéement

ayféement à mon honneur. Cefte refponfe contenta merueilleufement la Royne, tant que de la en auant elle eut meilleure efperance de la victoire de Grumedan, qu'elle n'auoit encores eu. Et fur ce point les Cheualiers d'vne part & d'aultre fe chargerent par fi forte rencontre, qu'ilz briferent leur lances en efclatz: mais il aduint vne aduenture qui n'eftoit oncques aduenue en la court du Roy Lifuart: car les troys Romains furét defarçonnez, fans que nul des aultres perdift l'eftrier, parquoy tournant promptement vifaige contre eulx, veirent qu'ilz fe railloient enfemble. Lors Bruneo de bonne Mer, l'vn des deulx que la damoyfelle auoit amenez au fecours de Grumedan, luy dit: Puis que nous auons monftré aux Romains côme nous fçauôs rompre láces, il n'eft pas raifonnable ḡ les affaillôs à cheual, eulx eftant à pied, & deuons ce me femble defcédre. Faifons, refpondit Grumedan, tout ainfi qu'il vous plaira: Ce difát meit pied à terre, & fe couurans de leurs efcuz marcherent contre les Romains, auxquelz Angriotte dit fi hault, que chafcun l'entendit: Seigneurs Romains, ie croy, ou que pour peu ou riens nous eftimer, ou pour efpargner voz cheuaulx, vous auez efté contens de defcendre fi liberallemét, & nous auffi pour l'amour de vous. Les Romains qui au parauant auoient les cueurs haulçez iufques à l'extremité, fe trouuans ainfi deceuz de leurs efperance, furent tant honteulx, qu'ilz ne refpondirent vn feul mot, ains baiffans la tefte ruerent fur leurs ennemys, par telle legereté que ayféement l'on pouuoit cognoiftre la grand colere qui les maiftrifoit: mais s'ilz fe monftroient rudes & afpres à l'affaillir, les aultres n'eftoient pareffeux à eulx deffendre, principallement Grumedan, lequel de grand defir qu'il eut à fe venger, entra parmy eulx, ne ruant guieres coup qu'il ne portaft, & auffi fut il nauré en maintz endroitz: Toutesfoys à la fin luy & fes deux compaignons poftpofant tout peril prefferent les aultres, en forte qu'ilz les forcerent de reculler, & cheut Maganil à la renuerfe. Lors Bruneo de bonne mer qui le pourfuyuoit, fe lança fur luy, & à force de tyrer luy arracha l'armet de la tefte & le iecta contre l'efchauffault ou eftoit la Royne & les dames, vers lefquelles Maganil fe voyant en danger de mort cômença à crier, les fupplians auoir pitié de luy: mais Bruneo faifoit femblant de ne l'entendre, & luy difoit qu'il fe rendift, ou qu'il luy ofteroit la vie. Seigneur, refpondit il, ie feray tout ce qu'il vous plaira, & fuis preft de confeffer que i'ay faulcement menty: Car les Cheualiers Romains ne font telz que les ay maintenuz, ny en rien comparables à ceulx de la grand Bretaigne. Cefte recognoiffance fut entendue de la Royne & de Guilan, lequel ayant pitié de celuy qui demandoit pardon, dit à Bruneo: Cheualier Grec, il me femble que vous ne deuez auoir nulle enuye fur fa tefte, qui n'eft pleine que de gloire & oultrecuydance, & que la luy deuez laiffer pour chofe qu'elle vaille, affin que cy apres, luy eftant de retour à Rome, puiffe racompter quel proffit fon orgueil & prefumption luy auront porté pardeça, & vous

ça, & vous en prie la Royne & ces aultres dames aufsi. Ie le feray, refpondit Bruneo, puis que tant vertueufe princeffe me le máde, & que vous m'é
priez, encores que ie ne vo' cognoiffe. Lors fe leua de deffus Maganit,&
retourna vers Grumedan qui auoit abatu le fecond, lequel craignant perdre la tefte, feit telle améde que fon compaignon. Ainfi ne reftoit il plus
que le tiers, qui auoit tant perdu de fang qu'il cheut mort aux piedz d'An
griotte, Parquoy il le print par la iambe, & le traina hors du camp. Ce pé-
dant Grumedan remonta à Cheual, & péfant que fes deux compaignons
le fuyuiffét fe retira en fon logis pour faire regarder à fes playes, mais auffi toft qu'il fut party Bruneo & Angriotte fans ofter leurs armetz, craignás
d'eftre cogneuz, fe prefenterét deuant le Roy, & luy dirét, Sire, nous pré-
drons congé de vous pour nous en retourner en la compaignie du bon
cheualier Grec, auec lequel nous fommes honorez & eftimez autant qu'é
lieu ou nous puifsions eftre, & s'il vous plaift quelque chofe luy mander,
nous luy dirons de bien bon cueur. Dieu vous conduye, refpondit il, certes vous & luy auez affez faict cognoiftre à chafcũ, que vous n'eftes appré-
tiz en telz combatz, & que Grumedan vous eft grandement obligé, Sire,
dit la damoyfelle qui les auoit amenez: S'il vous plaifoit ie parlerois à vous
priuéement, pour chofe qui vous importe grandement. Ouy vrayement
damoyfelle, refpondit il, Et à cefte caufe, cõmanda que chafcun fe retiraft,
& pourtant Angriotte & Bruneo fortirent du camp, reprenans le chemin
qu'ilz eftoient venuz, Puis demanda le Roy à la damoyfelle qu'elle luy
vouloit. Sire, refpondit elle, vous auez iufques icy efté tenu pour le plus e-
ftimé prince de la Chreftiété, amy d'hõneur & de toute vertu, & fur tout
protecteur des dames & damoyfelles, leur faifant tant de biens & de graces, qu'elles ont eu gráde occafion de vous en louer plus que d'autre qui vi
ue. Et à cefte heure perdans l'efperance qu'elles auoyent en vous, elles fe
veoient entierement habandonnées de cefte voftre grande bóté, cognoiffant le traictement que vous faictes à ma dame Oriane voftre fille, en la
desheritant du bien que par droict luy deuoit appartenir apres vous, dót
elles ne fe peuuent affez esbahir, Cõfiderans comme il a efté pofsible que
voftre naturel tant begnin, foit fi promptemét tourné en tant de cruaulté
qu'elles n'efperent iamais aucune chofe de vous qui foit à leur aduantaige, vfát de telle façon de faire enuers celle à laquelle pitié & amour paternelle vous ont obligé oultre le tiltre que vous auez du nom de Roy, par
lequel vous debuez eftre droicturier, faifant iuftice à chafcũ. Et croyez, Sire, qu'il vous en pourra prendre pis, tát pour la mauuaife exéple que vous
donnez au peuple, que pour l'abondáce des pleurs & dures lamentations
de ma dame Oriane, qui font deuant dieu requerát vengéace, en forte que
fi n'y prenez garde, la fin de voftre regne n'enfuyuera le commencement
d'iceluy. Auquel vous auez profperé autant que nul aultre Roy ou Prince
que l'on fçaiche, & plus ne vous en diray, Sire, car ie m'en voys apres ces
deux

deux cheualiers qui m'ont attendu longuement . Damoyfelle, refpondit
le Roy, dieu vous vueille côduyre, vous auez parlé treffaigement, & en fé-
me de bon efprit, Ainfi s'en partit la damoyfelle, & arriuant auec les deux
cheualiers, prindrent le chemin de la mer, ou ilz trouuerent vn Brigantin
preft, que Grafinde leur auoit faiᢏ laiffer, Et pource qu'ilz fçauoient certainement que le Roy Lifuart auoit côclud liurer fa fille aux Romains des
premiers iours de la fepmaine enfuyuant, ilz feirent fi grande diligence
d'attaindre le Cheualier Grec pour le luy faire entendre, qu'ilz n'arrefte-
rent que deux iours & deux nuiᢏz à prédre port en l'Ifle Ferme, ou peu de
uant il eftoit arriué, dequoy Agraies, Floreftan, & aultres aduertis, vindrét
le recepuoir en grád ioye, là peult on veoir le bon recueil qu'ilz feirent les
vns aux aultres , les careffes & embraffemens , & fur tout l'honneur que
l'ô portoit à Amadis: dequoy Grafinde esbahye, ne fçauoit que prefumer,
iufques ad ce qui luy vint dire: Ma dame, ie vous fupplie n'eftre mal côten
te fi iufques à prefent, ie vous ay celé mô nô, qui eft Amadis de Gaule: du
quel vous mefmes m'auez parlé quelque fois, & ces aultres font mes parés
compaignons, amys & fubieᢏz, tous deliberez de vous faire feruice pour
l'amour de moy. Seigneur Amadis, refpôdit elle, ce n'eft à vous à demáder
pardon, veu que ne m'offençaftes oncques, mais moy qui vous ay fi long
temps tenu en ma maifon , non comme prince & grád feigneur que vous
eftes, ains tout ainfi qu'vn fimple Cheualier errant : Toutesfoys vous en
auez efté caufe, vous couurát de moy, car fi ie vous euffe aufsi bié cogneu
comme ie faiz à prefent, i'euffe effayé de vous faire l'honneur & bon trai-
ᢏemét que vous meritez. Ie vous prie, dit Amadis, ne me tenez iamais tel
propos, veu que vous auez tant faiᢏ pour moy , qu'il ne fera iour de ma
vie que ie ne m'en tienne voftre obligé. Et deuifans ainfi entrerent au palays d'Apolidon , ou ilz trouuerent les tables dreffées & le difner preft:
Parquoy ilz s'affeirent, mais ilz neurent quafi le premier feruice, que Angriotte, Bruneo & la damoyfelle, fe prefenterent deuant eulx , s'ilz furent
bien receuz il n'en fault doubter. Et comme Amadis leur demádoit quelle
fin auoit eu le combat de Grumedan contre les Romains, ilz luy reciterét
que le Roy auoit arrefté de liurer fa fille aux ambaffadeurs de l'épereur de
dans troys ou quattre iours, dont il fut fi efmeu qu'il changea incontinent
de vifaige, craignant ne pouuoir eftre affez à téps pour la fecourir, ou que
ceulx de l'Ifle Ferme ne voufiffent le fuiure en vne telle entreprife côtre le
Roy Lifuart. Parquoy pour fentir d'eulx ce qu'ilz en penfoient, aufsi toft
qu'ilz eurét difné, tôbant de propos en propos en parlát de fon lôg voyage, leur dit, à ce que ie voy les chofes fôt grádemét chágées en la grád Bretaigne depuis que nous en fômes hors, & a bié le roy autre fátafie qu'il n'a
eu par le paffé, car ie l'ay veu plus prôpt à dôner fecours aux dames qu'a fes
affaires propres , & m'esbahys maintenant qui le meut de fe vouloir ainfi
deffaire de ma dame Oriane, veu qu'ôcques enfát ne fut plus obeyffant à

pere

pere qu'elle s'eſt touſiours monſtrée,& neantmoins à ce que nous recitent
Angriotte & Bruneo, maulgré elle & tous les Cheualiers de la gråd Bretaigne,il a relegué & confiné auecq la perſonne du monde qu'elle hayt le
plus, dont i'ay telle pitié que ſi me voulez croyre & ayder , nous luy donnerons ſecours & la metterõs en liberté: Toutesfoys ie ne veulx riens entreprendre ſans vous tous:mais il vous doit ſouuenir du ſermét que nous
feit faire la Royne Briſene à la derniere court qui fut tenue en la ville de
Londres : Nous iuraſmes tous ne ſouffrir iamais eſtre fait tort à dame ou
damoyſelle qui nous en requiſt : Maintenant donc endurons nous ſi mal
traiĉter & captiuer celle de laquelle nous auõs aultresfoys receu tant d'hóneur & de faueur? Seront les damoyſelles de ſa compaignie enleuées par
force & bannies pour iamais de leur propre pays? Sur mõ dieu ſi nous le
ſouffrons nous ſerons dignes d'en receuoir blaſme, ſans auoir moyen ou
excuſe pour nous en ſauluer, & tumberõs en reputatió des Cheualiers recreuz & malheureux. Or aduiſez dóc enſemble que vous voulez qu'il en
ſoit fait: car quát à moy ie ſuys deliberé de differer vn voyage que i'auoys
entreprins , ainſi que ces iours paſſez i'ay fait entendre à mon couſin A-
graies,Floreſtã & aultres, par Gandalin , & auec les nauires que i'ay trouuées en ce port, me mettre en tout deuoir de rõpre l'étrepriſe du Roy Liſuart,& ſauluer ces pouures damoyſelles,entre leſquelles ie n'en ſçache de
plus dolente apres ma dame Oriane,que Olinde,à laquelle le Roy (vſant
de ſa nouuelle cruaulté) veult par toute contrainĉte donner pour mary
Saluſte Quide qui l'a demandée:mais ie vouldroys bien ſçauoir de quelle
auĉtorité il veult maintenant ainſi traiĉter celles qui ne luy ſont ſubieĉtes,
ne de ſes pays ? meſmes ma couſine Mabile, laquelle le Roy ſon pere enuoya en la grand Bretaigne, non pour eſtre confinée en Rome, ains pour
demeurer ſeulement auec la Royne,& tenir compaignie à Oriane qu'elle
aymoit, ainſi que deux ieune priceſſes ſe peuuét porter amytié familiere:
& mesbahys que deſia tous ſes pays ne ſont reuoltez contre luy, ou pour
le moins que quelque Cheualier ne s'eſt mis en effort pour cõtredire par
armes à ceſte folle fantaſie : Toutesfois nul ne s'eſt mis encores en auant
pour ce faire:Parquoy mes amys,ie vous ſupplie tous,que ſuyuát l'anciē-
ne couſtume qui a eſté diligément obſeruée entre tous Cheualiers errans
garder que l'on ne leur face vn ſi grand tort & mal traiĉtement: Ce faiſant
nous acquerrons hóneur & louange plus qu'au parauant, ſans qu'en puiſſions recenoir blaſme en quelque ſorte que ce ſoit:Or m'en dites donc ce
qu'il vous en ſemble, affin que ſuyuant la concluſion que nous prendrons
puiſſions dóner ordre pour l'executer . Lors Agraies à qui il touchoit de
plus pres, tát pour ſa ſeur,que pour la grãde amour qu'il portoit à Olinde
ainſi qu'il vous a eſté recité au premier liure, reſpondit deuant tous : Ie ne
ſçay qui ſeroit celuy qui voulſiſt retarder vne ſi gétille entrepriſe,veu meſ
mement qu'auparauant que vous monſeigneur & couſin arriuiſiez par-

deça,

deça,eſtions aſſemblez en ce lieu pour y pouruoir,& maintenāt qne nous vous trouuós ſi cóforme à noſtre vonloir,ie ſuys ſeur que nul de nous n'é pēſe aultre choſe,ſinon que la fortune nous appelle pour paracheuer,nous promettāt la victoire certaine,eſtant ennuyée de la faueur qn'elle a portée ſi lóg temps au Roy Liſuart,qui ſe meſcognoiſtà preſent en toutes les ſor tes du monde,& qu'ainſi ſoit:qu'a il affaire d'éuoyer ma ſeur maulgré elle en pays eſtráge?le Roy mó pere la luy a il baillée pour en faire à ſon plaiſir? Vous ſçauez que peu apres noſtre partement de la grand Bretaigne ie la feiz demander à la Royne:mais elle me la refuſa,me mandant par Gandalles qu'elle la feroit traicter & nourrir comme ſa propre perſonne.Eſſe donc le bon traictemét qu'elle luy gardoit à la fin pour s'en deffaire? Mabile n'a elle aultre lieu pour ſe retirer qu'en la maiſon de l'Empereur? Le Royaulme d'Eſcoſſe n'eſt il aſſez opulét pour la nourrir?Par dieu,ceſte fa çon de faire du Roy Liſuart eſt tant malheureuſe & ſi hors de raiſon, que i'aymeroys mieulx mourir cēt foys (s'il eſtoit poſsible) que ie ne m'en vé-geaſſe,& deſia i'ay enuoyé vers mon pere pour y pouruoir : Ce pendāt ie vous ſupplie meſſeigneurs tous m'ayder,ſpeciallement vons aultres à qui l'iniure touche quaſi autāt cóme à moy meſmes,eſtāt faite non ſeulemét à la perſonne de ma ſeur voſtre couſine & proche paréte : mais à Olinde & aultres deſquelles ſuyuāt ce que nous auons promis & iuré (comme a dit monſeigneur Amadis)nous deuons eſtre protecteurs & deffenſeurs. Seigneurs, dit Quedragant, quāt à moy ie ſuys preſt de partir quand il plaira à la compaignie , & ſi ie m'y eſpargne , n'ayez iamais bonne eſtime de moy,& croy qu'il n'y a celuy preſent qui n'en die autant:car ſi nous hazar dons ſouuent noz vies pour peu d'occaſion, nous auons bien raiſon de ne nous eſpargner pour ceſte cy,n'eſt il pas vray mes amys? Lors chaſcun reſ-pondit,que pour mourir ilz ne differeroiét: mais qu'il eſtoit requis grāde diligence,pour garder que les Romains ne paſſaiſent le deſtroit de la mer Mediterranée,auant que de les cóbatre.Nous y pouruoyrons ayſéement, dit Amadis, demain il nous fault tous embarquer & gaigner le deuant,ce qui fut arreſté.Or eſtoit Graſinde preſente à ceſte reſolutió,laquelle pour leur dóner encores plus de courage,leur dit: Sur mó dieu,voſtre entrepriſe eſt haulte & digne de treſgrande louáge,veu que oultre le bié que vous faites à celle que vous allez ſecourir,vous acheminez les aultres bós Cheualiers(ſoient de ce pays ou eſtrangers) à ce que doreſnauāt(vous imitāt) ilz ne permettront que l'on face tort à dame ou damoyſelle quelconques. Et pourtant vous les rédez tant vóz redeuables, qu'elles,& celles qui ſont & viendront d'icy à cent ans & plus,vous en doiuent ſçauoir gré. Ma dame, reſpondit Amadis, dieu nous doint la grace d'executer noſtre entrepriſe,ainſi que nous la deſirons, & tandis s'il vous plaiſt vous tiédrez icy, en la compaignie de Yſanie Gouuerneur de ceſte Iſle,lequel vous obeyra cóme à moy meſmes,& maiſtre Heliſabel me ſuyura:car i'ay grāde fiāce

en

en luy comme vous ſcauez. Monſeigneur, dit elle, vous pouez diſpoſer de
moy & des miens ainſi que bon vous ſemblera. Amadis la remercia humblement, & commanda que chaſcun ſe tint preſt pour entrer le lendemain
dés l'aube du iour aux nauires que Agraies & Floreſtan auoyẽt fait armer,
ſuyuant ce qu'il leur auoit mandé par Gandalin, puis le iour enſuyuant eſtant tous embarquez, feirent voille droiƈt en la
grand Bretaigne, eſperant rencontrer l'armée
des Romains, ainſi qu'ilz
feirent.

Comme le Roy Liſuart

liura aux ambaſſadeurs de l'Empereur, ſa fille
Oriane & aultres damoiſelles pour les
conduyre à Romme, leſquelles peu
apres furent ſecourues des
Cheualiers de l'Iſle
Ferme.

Chapitre XVIII.

Q   Venu le

Enu le iour que le Roy Lifuart auoit promis aux Romains de leur liurer fa fille pour la cõduire à l'Empereur,cõtinuant touſiours en ce vouloir,fansqu'il fuſt pofsible l'en diſtraire pour pitié qu'elle luy feiſt,importunité de laRoyne,ny remonſtrãce de fes Cheualiers voulãt executer fa deliberatiõ vint la trouuer en fa chãbre, & la prenãt par la main,fe feant aupres d'elle , luy dit: Mamye,vous vous eſtes monſtrée touſiours obeyſſante à mõ vouloir,fans que iamais vous y ayez contredit,ne voulez vous pas encore cõtinuer ainſi q̃ la raifon veult? vous vous melancoliez(à ce que ie voy)du mariage que ie vous ay trouué dont ie m'esbahis,eſtimez vous que ie voulfiſſe pêfer à faire chofe qui ne tournaſt à voſtre honneur & profit? me pêferiez vous biẽ de fi mauluaife nature enuers vous?ie vous iure ma foy que l'amitié que ie vous porte eſt fi certaine,que ie n'ay moins de regret à voſtre elõgnemẽt que vous auez: Mais vous fcauez qu'il feroit impofsible vous pourueoir fi bien aupres de moy,pourtant ie vous prie(qu'en vfant de voſtre prudence accouſtumée) faites meilleure chere,& vous refiouyſſez du bien qui vous eſt aduenu, eſtant femme du plufgrãd prince du mõde,& fi vous faictes cela,oultre ce que vous en ferez eſtimée,vous refiouyrez voſtre pere qui eſt fi triſte(de voſtre ennuy)que rien plus:Mais durãt ce propos Oriane auoit le cueur fi ferré qu'elle n'euſt peu faire fortir vne feule larme de fes yeulx, & quafi cõme femmē oultrée de fon mal,voyant qu'il n'y auoit plus de remede en elle,refpondit au roy d'vne parolle hardie & aſſeurée : Monfieur,vous a-uez dõc à ce que ie voy refolu le mariage de moy & de l'Empereur:mais vous auez(peult eſtre)fait l'vne des plus grandes faultes que prince fcau-roit faire: Car premierement ie n'aymeray de ma vie le mary que vous me dõnez,& fi fuis toute certaine(ainfi que ie vous ay declairé ces iours paf-fez)que iamais Rome ne me verra , voulant pluſtoſt tumber en la mercy des poiſſons,que demeurer en lieu ou ie n'ay defir ny affection,& ne puis penfer qui vous à induict ne perfuadé à ce faire , finon l'amitié que vous portez à ma feur,& le defir que vous auez de la laiſſer voſtre feule heritie-re,& moy la plus malheureufe damoyfelle du mõde:toutesfoys dieu qui eſt iuſte ne permettra que voſtre intention tant defraifonnable , vienne à effet,pluſtoſt m'enuoyera il la mort f'il luy plaiſt.Quand le Roy entẽdit Oriane ainfi parler à luy,pitié & collere meſlez enfemble luy feirent auſſi changer de langaige,& pêfant la gaigner par menaſſes,luy dit:vous faites la folle,& ne me voulez obeyr pour prieres que ie vous face:mais fi vous m'importunez guieres plus,au lieu de vous marier à l'Empereur ,ie vous feray efpoufer vne tour ou ne verrez de voſtre vie foleil, ny lune. Monfieur refpondit elle,vous ne me fçauriez donner prifon pire que celle de Rome,& me ferez vne grand grace fi me mettez en la tour que vous di-tes.Lors fe leua le Roy trop ennuyé,& la laiſſant là,vint trouuer la Roy-ne,à laquelle il dit:ie vous prie allez à voſtre fille, & voyez f'il ya moyen

de la re-

de la reduire: car pour chofe que ie luy aye remonſtré , elle ne veult aller
vers l'êpereur,& ſi ne puis reuoquer ce que i'ay promis aux âbaſſadeurs.
Or auoit elle par tous moyés taſché à rópre ceſte entreprinſe:mais le Roy
luy auoit dit la derniere foys,que ſi elle luy en parloit iamais , qu'elle luy
feroit deſplaſir : Parquoy ne l'oſant importuner d'aduátaige,ſans luy reſ-
pôdre,alla vers Oriane qu'elle trouua tát côtriſtée qu'il ſeroit impoſſible
de plus,& la voyant appuyée ſur ſon bras gauche toute eſpleurée,luy dit:
Mamye,le Roy ſe meſcontente merueilleuſemét de vous, ie vous prie o-
beyſſez luy , veu que tout ce qu'il fait eſt pour voſtre bien & aduantaige.
Ha a madame,reſpondit elle,ie ſçay bien qu'il fault que ie vous perde:Car
ie ſens ma mort ſi prochaine, qu'il eſt impoſſible que ie puiſſe plus viure:
Diſant ceſte parolle ,elle tumba eſuanouye ſur le plancher , & la Royne
d'aultre coſté. Lors commençerent les damoyſelles à crier ſi hault que le
Roy l'entédit,& y ſuruint,péſant que Oriane ſe fuſt deffaite: mais la trouuant en tel eſtat,commáda l'emporter dans ſon nauire , ſans auoir eſgard
aux lamentations de ces femmes:Et par ainſi elle fut enleuée, & celles qui
eſtoient ordonnées pour l'accompaigner: Entre leſquelles eſtoit Olinde,
laquelle à toute force ne vouloit marcher,& crioit ſans ceſſe au Roy qu'il
eut pitié d'elle:Toutesfoys il n'entédoit à choſe qu'elle luy diſt,tant auoit
la colere grande,& l'eſprit troublé. Au moyen de quoy non obſtant ſes ef
fors,elle fut portée aux nauires,commandant le Roy faire voile,& les enle
uer le pluſtoſt qu'il ſeroit poſſible: mais deuant qu'ilz tiraiſſent les ancres
il feit appeller le prince Saluſte Quide , & les principaulx ambaſſadeurs,
auſquelz il recómanda ſa fille , les priant la traiſter le plus gratieuſement
qu'il ſeroit poſſible ,ce qu'ilz luy promiſrét faire,puis prenás cógé les vns
des autres,le Roy ſen retourna en la ville,& les Romains entrans en plaine
mer perdirent de veue en peu d'heure la coſte de Tagades,ſans ce que O-
riane ſen apperceuſt,tant eſtoit hors de ſoy,& l'auoient les ambaſſadeurs
de l'Empereur éfermée en vne chambre auec Mabile ſeule,& la Royne Sar
damire auec le ſurplus des femmes en vn autre vaiſſeau. Ainſi nauiguoiét
les Romains treſcótens du Roy Liſuart,quád ilz deſcouurirét en mer vne
grande quátité de nauire,tirans droiſt à eulx:Toutesfoys péſant de prime
face que ce feuſſent marchans, ou aultres gens de paix, n'en feirét cas,iuſ-
ques à ce qu il les veirent ſeparer en troys bandes, & ſ'approcher d'eulx à
force de rames:Lors ſe tindrét preſt pour eulx deffédre ſi on les aſſailloit:
Mais entendez que c'eſtoit le ſecours d'Oriane que conduiſoit Amadis
auec bon nombre de Cheualiers,tant de l'Iſle Ferme que aultres ſes amys
qu'il auoit aſſemblez,tous deliberez de mourir ou de ne laiſſer paſſer les
dames que l'on emmenoit par force:Et pour ce faire,ſ'eſtoient tenuz longuement cachez au paſſage : Toutesfoys quand ilz veirent tant de voilles
enſemble,& ſi grand nombre de vaiſſeaulx, la plus part d'eulx commença à doubter. Ce que congnoiſſant Amadis,craignans qu'ilz feiſſent diffi-

Q ii   culté

culté d'aſſaillir les aultres,parla à eulx en telle ſorte : Mes compaignons &
amys , n'eſtoit l'aſſeurance que i'ay de la vertu & magnanimité qui eſt en
vous tous,ie retarderois ſans doubte à hazarder le côbat que nous voyôs
preſt,ſi nous le voulôs enteprédre:Toutesfoys vous cognoiſſans telz que
vous eſtes,meſmes la iuſte occaſion pour laquelle non ſommes entrez en
mer,il me ſemble que nous ne debuons differer,ains mettre arriere toute
crainɗe,pour deliurer de captiuité tât de damoyſelles deſolées , qui nous
appellent à leurs ſecours,par l'obligation ſeulemét que nous auons à deffendre leur liberté:Pourtant doncques ie vous ſupplye donnons viuemét
au trauers de ces nauires,faiſans en ſorte que mettás les dames hors de dáger,les côduɗeurs d'elles n'en portent iamais nouuelles à leur Empereur.
Ce diſant commençerent les trompettes à ſonner : car les deux armées ſe
trouuerét ſi pres l'une de l'aultre,qu'il leur eſtoit impoſsible reculler ſans
combatre:Parquoy ſe prindrent à lancer dartz,fleches,potz à feu, & toutes telles munitions,en ſorte que le combat(pour le commençemét) fut ſi
aſpre,que l'on n'euſt peu iuger qui auoit le meilleur ou le pire, neátmoins
à la fin,ceulx de l'Iſle Ferme (par le moyen de maiſtre Heliſabel) eurét le
deſſus du vét,& meiſrent à fôs deux ou troys barques de leurs ennemys,
& à meſme inſtant le nauire ou eſtoient Agraies & Quedraguát, coupla à
force de crocz celuy du prince Saluſte Quide, & entrerent dedans: lors y
eut grand meurtre ſur les Romains , & y fut durement nauré le prince Sa-
luſte:Mais ſi Agraies & Quedragant faiſoient bien leur deuoir,Floreſtan
& Garnate du vál craintif,eſtás en vn nauire à part,môſtroient bien qu'ilz
n'eſtoient en rien eſtonnez : car ilz auoient aſſailly le marquis d'Ancone,
& l'archeueſque de Talence,tádis que Amadis combatoit la nef de Brandaiel,vers laquelle il s'eſtoit adreſſé,pource qu'elle luy ſembloit la mieulx
en ordre,à cauſe de la quátité des enſeignes,& fanôs qui pédoient de toutes pars,ſemez aux armes de l'Empereur,qui luy donna ſouſpeçon,que la
princeſſe y eſtoit. Grande reſiſtance feirent ceulx de dedans:mais Amadis
& les ſiens leur dônerent tant d'aſſaulx qu'ilz la forcerent non ſans grand
perte de leur gens,& criant Amadis à haulte voix:Gaule,Gaule,tailloit en
pieces tout ce qu'il rencontroit,& comme il ſuyuoit ſa viɗoire,rencontra
Brandaiel,auquel il donna ſi grand coup d'eſpée ſur l'armet, qu'il le ren-
uerſa,puis le luy arrachant de la teſte, feit ſemblant de le vouloir mettre à
mort.Parquoy il s'eſcria:Helas ſeigneur prenez de moy telle rançon qu'il
vous plaira,& me ſauluez la vie.Dis moy donc,reſpondit Amadis,que tu
as fait de madame Oriane.Vous la trouuerez,dit il,en ceſte chambre auec
Mabile,& comme il y vouloit aller,ſuruint Angriotte, auquel il bailla en
garde ſon priſonnier:Et approchát,trouua l'huys fermé d'un fort cadenas:
mais donnant du pied contre,l'enfonça au dedás.Or auoit Mabile auparauant entendu le cry qu'il auoit fait, appellant Gaule , & diſoit à Oriane,
qui eſtoit couchée ſur vn liɗ tant troublée, qu'elle n'auoit riens ouy de

tout

tout ce combat:Madame, croyez que dieu nous ayde, i'ay ce me femble
entendu voftre Amadis qui vous demande, pourtant leuez vous & vous
refiouyffez:car ie croy qu'il a defia deffait ceulx qui nous gardoient. A ce
mot d'Amadis fe leua la princeffe, comme en fourfault, & regardant ef-
frayement d'une part & d'aultre demanda ou il eftoit. Madame,refpondit
elle, ie l'ay entendu parler & combatre en ce nauire, ne oyez vous encores le bruit,qu'il y a aux aultres vaiffeaulx ?affeurez vous que la meflée eft
grande.Helas,dit elle,ie penfe que vous l'auez fongé. Non ay fur mon a-
me,refpôdit Mabile,pour le moins i'ay ouy coups d'efpées remuer, & l'a-
larme groffe . Difant ce mot, Amadis entra, lequel aduifant Oriane vint
fe iecter à genoulx deuant elle:Mais elle (furprife d'une ioye extreme)luy
tendit les bras & l'embraffa tenant fa bouche ioincte contre la fienne fi
ferrée, qu'elle demeura bien long temps fans pouoir parler,puis luy dit:
Helas mon amy, puis que ie vous tiens maintenant , ie n'efpere pas aller
plus auant auec ceulx qui m'emmeinent fans vous : Car ie ne vous laifferay iamais pour mourir.Ma dame,refpondit il,l'une des plus grandes faueurs que noftre feigneur me feit oncques eft cefte cy , m'ayant donné le
moyé de retourner en ce pays,auec occafion de vous faire feruice,& côme
ilz vouloiét entrer plus auant en matiere.Mabile leur dit,ie ne fçay pourquoy vous amufez ainfi: Car voyla vn merueilleux affault en ces aultres
nauires,mô coufin il vault mieulx les fecourir,puis vous pourrez deuifer
plus à voftre ayfe auec ma dame . Mon amy, allez leur doncq ayder,
dit Oriane: Mais ie vous prie reuenir vers moy le pluftoft que vous
pourrez . Madame, refpondit Amadis,ie le feray , puis qu'il vous plaift:
Lors fe leua,& fortant de la chambre laiffa Oriane & Mabile en la garde
d'Angriotte , puis rentra en fon nauire, & voyant Landin de Faiarque &
fes compaignons affailliz d'un vaiffeau Romain qui les preffoient merueilleufement,donna à trauers fi rudement qu'il le meit en fons , par ainfi
ne reftoit plus à combatre que celuy du prince Salufte Quide, lequel re-
fiftoit fort contre Agraies & Quedraguât,Ce nonobftant à l'arriuée d'A-
madis , il fe trouua fi prefsé , qu'il fut abatu fur le tillac . Lors Agraies qui
luy vouloit mal de mort,fçachant qu'il emmenoit s'amye Olinde par force,luy arracha l'armet de la tefte , luy donnant fi grand coup d'efpée,qu'il
la luy fepara du corps.Adonc les Cheualiers de l'Ifle Ferme, voyans que
fortune les auoit fi bien conduictz , meifrent gardes à toutes les nauires
conquifes,tâdis que Amadis s'enqueroit ou eftoit la Royne Sardamire,&
les aultres dames,lefquelles furent trouuées en la nef, ou le prince Salufte
Quide eftoit mort,fi efperdues qu'elles trembloient comme la fueille fur
l'arbre:Mais quând Olinde veit Agraies,elle(tant ayfe que rien plus) vint
l'embraffer auant qu'il l'euft apperceue, dont luy furprins de femblable
plaifir,luy faifant la reuerence,luy dit : Ma dame ie vous fupplye me pardonner le tort que i'ay fait au prince Salufte Quide , qui vous auoit tant

bien choyfie pour amye, ie m’en fuis vengé au tranchant de mon efpée.
Mon amy, refpõdit elle, ie ne fçay pas qui le mouuoit à m’aymer tant, veu
que ie n’euz oncques moins d’amytié à homme viuant, & s’il eft mal traiété fon dan, ie n’efpere pas le pleurer pour cefte année : Mais ie vous prie
dictes moy commét nous auez vous fecourues fi bien à propos? Madame,
refpondit il, vous l’entenderez tout à loyfir, incontinent que nous ferons
hors de ce tumulte. Durant que Agraies & Olinde deuifoient enfemble,
Amadis parloit à la Royne Sardamire, qui ne le congnoiffoit, & la recon-
fortoit, luy priant ne s’ennuyer de l’infortune aduenue à ceulx de fa compaignie : Ce nonobftant elle pleuroit fi amerement, qu’elle faifoit pitié à
tous ceulx qui la regardoient : Parquoy Amadis la laiffant là, vint vers la
damoyfelle de Dannemarc qu’il aduifa, & tãdis la Royne demanda à Floreftan qui eftoit celuy qui parloit naguieres à elle. Madame, refpondit il,
c’eft mõ feigneur Amadis le bon Cheüalier. En bonne foy, dit elle, ie fuys
donc bien affeurée que ie ne puis faillir à auoir bon traictement en cefte
compaignie: car i’ay toute ma vie entendu qu’il ne feit oncques que honneur & plaifir à toutes dames & damoyfelles. Lors Amadis qui auoit ouy
le propos qu’elle tenoit, laiffa la damoyfelle de Dannemarc, & retournãt
à elle, luy dit: Madame, vous pouez tenir feure que vous ferez aufsi bié ve
nue en cefte compaignie, qu’en celle du prince Salufte Quide, pourtãt ne
vous melancoliez. Ie vous fupplie feigneur Amadis, refpondit elle, i’ay
maintesfois ouy parler de l’hõneur que vous portez aux femmes, qui me
fait croire ayféemét que vous ferez enuers moy tout ainfi que vous le dites, & mieulx fi vous pouez. Ouy bié madame, dit Amadis: car vous eftãt
Royne meritez que l’on vous dõne bien meilleur traictement, & quant à
moy, ie vous prometz ma foy que ie m’y efforceray, & pour commençer
vous plaift il pas que ie vous conduyfe vers madame Oriane, affin que
vous eftant enfemble, puifsiez mieulx auoir confolation l’une de l’aultre?
Tout ce qu’il vous plaira, refpondit elle. Lors Amadis cõmãda ioindre les
deux nauires, & entrans dedans celle ou eftoit la princeffe, tenãt la Royne
Sardamire par la main, la luy prefenta, difant : Madame, voicy la Royne
Sardamire & toutes les aultres dames & damoyfelles qui vous accompai-
gnerét, lefquelles vous fuppliét les receuoir en voftre cõpaignie. Amadis,
refpondit elle, ie fuys voftre prifonniere, & partant vous me pouez commander. Or fcauoit bien Amadis qu’elle difoit telle parolle pour defgui-
fer leurs affections: Parquoy ne luy refpondit mot. Et s’adreffant Oriane à
la Royne, luy dit: Madame à ce que ie voy il nous fauldra prendre aultre
chemin que celuy de Romme, & endurer patiemmét noftre fortune puis
qu’elle nous eft ainfi contraire. Ie fçay bié, refpõdit elle, que ce me fera cho
fe trop dure, & plus auant vouloit tũber en matiere, quand Agraies entra
en la chambre conduifant Olinde par la main : Laquelle aduifée d’Oriane, laiffa la Royne Sardamire, & vint l’embraffer cõme fi elle ne l’euft de

long

long temps veue, autant en feit elle à Agraies, Floreftan, Quedragant &
aultres, les remercians tous particulierement du bon fecours qu'ilz luy a.
uoyent fait, principalement Garnate, auquel elle dit: Garnate, mon amy, ie
croy que fans vous ie fuffe morte: mais l'efperáce que i'ay receue par la let
tre que m'apportaftes de Floreftan, m'a conferué la vie. Madame, refpondit il, ie feiz en cela mon deuoir, comme ie vouldrois faire en toutes chofes qui vous touchent, eftant voftre treshumble feruiteur, puis ayans fait
les remerciemens particuliers à tous ceulx qui fe prefenterent à elle, appella Amadis, & eftans en vn coing feparez des aultres, luy dict: Croyez
mon amy, que fi ie fuffe paffée plus oultre que c'eftoit fait de moy: Mais
noftre feigneur ya pourueu pour le bien de nous deux, comme ie fuis cer
taine. Madame, refpondit il, ie n'ay rien fait pour vous qui merite la moindre faueur d'vne infinité que vous m'auez monftrée, & vous fupplye tref
humblemét me pardonner la pœur que vous auez eu par le combat qu'il
nous à conuenu faire. Mon amy, dict elle, ie ne fçay quel combat, i'eftois fi
ennuyée que ie n'en ouys oncques rien, & fi Mabile ne m'en euft parlé, ie
n'en fceuffe non plus que ceulx qui font demourez en la grand Bretaigne:
Mais dites mòy ou auez vous deliberé me mener? ie vous prie mon amy
par celle grande amour que vous me portez, que tant que nous ferons enfemble en telle cópaignie, ne parlez point à moy en lieu qui nous puiffe
tourner à blafme, & ce pendant (fi auez defir de fçauoir quelque chofe) vo
ftre coufine Mabile pourra ayféemét fupplier à tous deux, au demourát
trouuez moyen que ie fois menèe en l'Ifle Ferme, ou i'ay trefgrand defir
d'aller, attendant que noftre feigneur me regarde en pitié, & que mó pere
cognoiffe le tort qu'il me fait. Madame, refpondit Amadis, ie n'euz oncques enuie de viure que pour vous faire long feruice, pourtát vous deuez
croire que ferez entierement obeye, & me femble pour le meilleur, que
vous ne deuez craindre de faire entendre voftre vouloir à Agraies, Que-
dragan, & Floreftan, lefquelz prendront plaifir à vous complaire, autant
qu'il leur fera pofsible. Et bien, dit Oriane, fi vous affemblez, i'enuoyray
voftre coufine parler à eulx. Madame, refpondit il, ie leur vois demander
qu'ilz deliberent faire de vous. Or allez doncques, dit elle. Lors fe retira
Amadis, & feit appeller la plufpart des cheualiers de l'Ifle Ferme, pour aduifer le chemin qu'ilz prédroyét, & cóme ilz eftoyent fur ce propos (mais
cótraires d'opinion) les vns trouuát bó que Oriane fuft conduicte en l'Ifle
Ferme, les aultres en Gaule vers le Roy Perion. Et la plufpart en Efcoffe,
furuint Mabile qui leur dit: Meffeigneurs, madame Oriane vous fupplie
qu'elle foit menée en l'Ifle Ferme, attendant fa reconciliation auec le Roy
fon pere, & que puis qu'auez dóné fi bon commencemét à fon affaire, que
cótinuát de bié en mieulx, vous employez pour elle, ainfi qu'auez accouftu
mé de faire pour toutes dames & damoyfelles qui vous en ont requis, eu
regard mefinement à la qualité de la perfonne. Madame, refpondit Quedragant

draguant, ie fuis feur que monfeigneur Amadıs & nous tous de fa compaignie, fommes deliberez de la feruir iufques à la mort, fans y efpargner
argent, amys, n'y aultres chofes qui puiffe eftre à noftre pouoir, foit côtre
le Roy fon pere, l'Empereur, ou aultre qui la vouldra offenfer, efperans a-
uec l'ayde de dieu, & le bon droit que nous auons à luy faire feruice, que
nous leurs pourrons refifter, attendu mefmement qu'il n'y a celuy de nous
qui n'ayt iuré de ne partir d'enfemble premier qu'elle foit remife en fa liberté, pourtant vous la pourrez affeurer de tout ce que ie vous ay dit, eftât
certain que ie ne feray defauoué de nul de cefte trouppe. Lors Mabille les
remercia tous affectueufement, & les laiffant enfemble vint trouuer O-
riane, à lequelle elle recita au long ce que les Cheualiers luy mandoyent.
Dequoy elle fe refiouyt grandement: Et fur l'heure chafcun d'eulx rentra
en fon nauire, puis fuyuant leur conclufion, prindrent la routte de l'ifle
Ferme, ou nous les laifferons nauiguer, pour mettre fin à ce troyfiefme
liure.

Fin du Tiers liure d'Amadis de Gaule, nouuellement imprimé à Paris pour Vincent Certenas li-
braire. Et fut acheué d'imprimer le premier iour
de Decembre, mil cinq cens quarante fept.

Acuerdo Oluido.